Le Livre de Poche Jeunesse

Moi, Gulwali, réfugié à 12 ans

Gulwali Passarlay

Né dans la province de Nanghahar, dans l'Est de l'Afghanistan, Gulwali Passarlay est élevé dans une famille aimante, et très religieuse. Son oncle était un personnage important chez les talibans. Son père, médecin, est tué dans une fusillade entre les talibans et l'armée américaine. En 2006, après des menaces proférées à leur encontre par les deux camps, la mère de Gulwali, qui est alors âgé de douze ans, paie des milliers de dollars pour que lui et son frère Hazrat puissent quitter le pays et passer en Europe. Malheureusement, Gulwali est immédiatement séparé de son frère et devra traverser huit pays dans des conditions inhumaines avant d'être accueilli au Royaume-Uni.

Depuis, Gulwali vit en Grande-Bretagne où il s'illustre dans de nombreuses causes en tant que bénévole, excelle dans son parcours scolaire et universitaire alors qu'il ne parlait pas un mot d'anglais avant de commencer son voyage. Il a retrouvé la trace de sa famille et poursuit ses études, dans le but de revenir un jour dans son pays et d'y commencer une carrière politique.

GULWALI PASSARLAY
Nadene Ghouri

Moi, Gulwali, réfugié à 12 ans

Traduit de l'anglais (Royaume-Uni)
par Michel Laporte

L'édition originale de cet ouvrage a paru chez Atlantic Books,
an imprint of Atlantic books Ltd., sous le titre :

THE LIGHTLESS SKY :
AN AFGHAN REFUGEE BOY'S JOURNEY OF ESCAPE TO A NEW LIFE IN BRITAIN

Traduit de l'anglais (Royaume-Uni) par Michel Laporte.

Carte © Jamie Whyte, 2015.
Couverture : © AP Photo / Muhammed Muheisen.

Pour ma mère.
Et pour les soixante millions de personnes
déplacées à l'intérieur de leur propre pays
et de réfugiés qui sont là
quelque part dans le monde aujourd'hui,
en train de risquer leur vie pour accéder à la sécurité.

Mer Baltique
Mer du Nord
ALLEMAGNE
ROYAUME UNI
Bolton
Londres
Calais
Gand
Courtrai
Mons
Cologne
Paris
FRANCE
Gênes
Cannes
Vintimille
ITALIE
Rome
Bari
SICILE
Lampedouse
Sophia
BULGARIE
Istanbul
Ankara
GRÈCE
Athènes
Patras
Izmir
Mer Méditerranée
Mer
LE VOYAGE DE GULWALI
Distance parcourue : > 20 000 km
Durée (mois) : 12
Types de transport utilisés : 6
Nombre de passeurs : 25

TRAJET DE GULWALI
Mer Caspienne
Noire
Makou
Van
Tabriz
Téhéran
Mechhed
Kaboul
Jalalabad
Peshawar
Nangarhar
Waziristan
AFGHANISTAN
PAKISTAN
IRAN
URQUIE
Ispahan
Chiraz
Mer d'Arabie
Mer Rouge
N
E
O
S
Miles

PROLOGUE

Avant de mourir, j'ai songé à comment ça serait, de se noyer.

Il était clair désormais que c'était ainsi que je m'en irais ; loin de l'affection de ma mère, de la force de mon père, de l'amour de ma famille. Les vagues blanches allaient me dévorer, m'avaler entier avec leurs mâchoires terrifiantes, puis rejeter mon jeune corps qui sombrerait lentement dans les profondeurs froides et sombres.

— *Morya ! Morya !* ai-je crié en implorant ma mère de venir, de prendre son fils de douze ans et de le mettre en sûreté.

Le voyage devait être le commencement de ma vie, pas sa fin.

J'avais entendu dire que la mort par noyade est une mort paisible. Celui qui a dit ça n'a pas vu des hommes adultes faire sur eux de peur, à bord d'un bateau surpeuplé en panne au milieu d'un orage en pleine Méditerranée.

Le peu de nourriture et d'eau dont disposait le capitaine, nous l'avions consommé. La peur, la nausée et les déjections humaines étaient tout ce que nous avions en abondance. L'espoir avait sombré au cours de cette nuit sans fin ; il avait emporté le courage avec lui. Le désespoir remplissait mes poches comme des pierres.

Quand nous avions pris la mer, en Turquie. Le passeur kurde à cheveux blancs avait promis que nous atteindrions la Grèce en une heure ou deux. Il travaillait pour un agent important, un de ces hommes d'affaires de l'ombre qui possèdent et contrôlent le flux commercial des migrants désespérés. L'argent change de mains et les accords sont conclus grâce à une série d'agents régionaux et d'intermédiaires locaux. Un agent puissant pouvait avoir sous ses ordres plusieurs agents de second rang et des centaines de passeurs, de chauffeurs, de guides de niveau local, lesquels étaient à même de prendre en charge des centaines voire des milliers de réfugiés à tout moment, cela dans plusieurs pays à la fois.

Pourtant, malgré les promesses du Kurde, cela faisait deux jours que nous étions partis, et nous étions encore en mer.

Le matin du second jour, loin au large, le capitaine avait changé le pavillon turc du bateau pour un pavillon grec. Cela aurait dû être un bon signe, mais si nous étions dans les eaux territoriales grecques, pourquoi n'avions-nous pas encore accosté ?

Quelque chose clochait. Les hommes, dont beaucoup étaient enfermés dans la cale, ont commencé à paniquer. C'étaient ceux qui avaient embarqué les premiers, qui avaient bousculé les plus faibles pour être sûrs d'avoir une place à bord. À mesure qu'ils étaient arrivés, le capitaine et son aide, à peine plus âgé que moi, leur avait ordonné d'aller en bas. Comment auraient-ils pu deviner que se refermerait sur eux une porte en métal ? Ils ne s'attendaient pas à être piégés dans un cercueil flottant. La moitié de la nuit, ils avaient hurlé leur désespoir, leur volonté d'en sortir. J'ai remercié le Créateur de ne pas être avec eux.

Étant un des derniers à embarquer, j'avais craint de ne plus avoir de place. La cale était déjà pleine : on m'avait casé sur le pont – un heureux coup du sort. En tant que seul enfant sur le bateau, mes chances de survivre étaient minces, mais, au moins, me trouver à l'air libre me donnait une possibilité de me battre s'il le fallait.

Il n'y avait pas de toilettes. Des hommes avaient souillé leurs vêtements, d'autres se soulageaient dans des bouteilles en plastique – certains, même, mettaient leur urine de côté pour la boire. Le désespoir peut être une grande source de motivation. Un mélange répugnant d'eau de mer, de pisse et d'excréments clapotait contre nos pieds ; même en plein air, la puanteur me brûlait les narines. J'avais les fesses douloureuses à force d'être assis sur le banc de bois dur qui longeait le bastingage tout autour du pont. Impossible de grappiller plus de deux minutes de sommeil de suite. Nous étions tellement serrés les uns contre les autres que je ne pouvais pas dormir autrement que tout droit. Hamid, un jeune d'une petite vingtaine d'années que j'avais rencontré un peu plus tôt, était à mon côté. Nous posions la tête sur l'épaule l'un de l'autre chacun à notre tour. Mon ami Mehran était un des malheureux pris au piège en bas. Au cours de ces nuits, je l'ai entendu crier avec terreur : « Allah, s'il te plaît, aide-nous ! »

Le seul moment de répit est survenu pendant la seconde nuit, quand le capitaine nous a laissés, Hamid et moi, monter sur le toit du bateau. Je ne sais pas pourquoi il l'a permis – peut-être était-il peiné pour moi, parce que j'étais un petit garçon qui voyageait seul. Ce fut un tel soulagement d'avoir de l'air frais et de pouvoir étirer bras et jambes ! Là-haut, je me suis senti plus en sûreté même si, j'en étais effroyablement conscient, le moindre faux mouvement pouvait m'expédier par-dessus bord. Je n'avais pas la moindre notion de natation : si je tombais, j'étais mort. Et je ne m'attendais pas à ce que quiconque plonge pour me sauver.

À l'aube de notre troisième jour en mer, le capitaine a commencé à se montrer très agité ; il criait en turc dans sa radio. Il savait que nous ne pourrions plus tenir longtemps sans eau ni nourriture. Et que si on découvrait sa cargaison, il serait arrêté.

J'ai surpris une conversation entre deux passagers – afghans comme moi – qui se demandaient s'il ne fallait pas prendre le contrôle du bateau.

— Attaquons le capitaine et ligotons-le, disait l'un d'eux.

Son ami a secoué la tête.

— Tu es fou ! Qui nous conduirait jusqu'en Grèce ?

Cet homme avait raison. Que ça nous plaise ou non, nous étions à la merci du capitaine – et de la mer.

À ce moment-là, je me suis mis à avoir des hallucinations à cause du manque d'eau et de nourriture. J'avais la gorge tellement desséchée que je ne pouvais plus respirer par la bouche. Je songeais sans arrêt combien ce serait plaisant en Grèce – juste me laver, ne plus sentir l'urine et le vomi. Ça peut paraître stupide mais, plutôt que de nourriture, je rêvais d'habits neufs, et de la sensation tellement agréable qu'ils produiraient sur ma peau propre.

Ma mère avait payé des passeurs pour que mon frère Hazrat et moi quittions l'Afghanistan ; elle espérait ainsi nous mettre en sécurité dans des terres inconnues. Au lieu de quoi, lui et moi, nous nous trouvions plongés séparément en enfer. J'essayais de me concentrer sur sa détermination inébranlable, sur sa voix qui m'enjoignait de ne pas abandonner : « Soyez courageux. Ne revenez jamais ! » C'étaient ses derniers mots avant de nous envoyer chercher asile en pays étrangers. Elle voulait nous sauver la vie, nous faire échapper à ceux qui voulaient notre mort.

J'ai souhaité si souvent qu'elle ne l'ait pas fait.

À un moment, l'après-midi du troisième jour, le moteur a crachoté avant de s'arrêter complètement. Le capitaine a d'abord fait comme si tout allait bien, mais à mesure que le temps a passé, il est devenu de plus en plus nerveux. Il transpirait et jurait tout en essayant de redémarrer le vieux Diesel. Finalement, il est revenu à sa radio et s'est mis à crier après quelqu'un dans une langue que je n'ai pas reconnue. Au terme de cet échange orageux, il a demandé à un passager turcophone de nous traduire ceci :

— Ils envoient un autre bateau pour vous récupérer. Ne vous inquiétez pas !

S'il faisait des sourires à la ronde en découvrant des dents noires et abîmées, son regard trahissait la vérité, ce qui m'a rempli d'une intense terreur. Aucun d'entre nous ne survivrait, j'en étais désormais certain. Je me suis senti plein de rage à cause des mensonges mielleux qu'il nous avait débités avec tant d'aisance.

Mes craintes se sont confirmées quand le temps a empiré. Des rafales de vents tourbillonnants ont soulevé les vagues de façon frénétique tout en hurlant comme des bêtes démoniaques.

— *Morya*, *Morya*. Je veux *Morya* ! ai-je crié en appelant ma mère, cette mère qui était au loin, en Afghanistan.

J'étais un petit garçon perdu sur le point de rencontrer la mort dans une froide mer étrangère… Avant de monter sur ce bateau, je n'avais encore jamais vu la mer ; je la connaissais juste par mes lectures scolaires. La réalité dépassait les excès les plus fous de mon imagination. Pour moi, ces vagues étaient véritablement les portes de l'enfer.

J'ai pu rejoindre une position plus en hauteur – sur le toit de la timonerie. Ce déplacement m'a fait gagner de l'air et de l'espace mais, du coup, les vagues qui déferlaient me balançaient d'avant en arrière comme une poupée de chiffon. De mes doigts maigres, je me cramponnais au garde-fou, au point d'en avoir les phalanges blanches et exsangues.

Au bout de deux heures à peu près, le bateau a commencé à embarquer de l'eau. Tout le monde s'est mis à crier ; les hommes pris au piège en bas ont cogné frénétiquement à la porte avec leurs poings ou leurs chaussures.

— Nous allons nous noyer. Pour l'amour de Dieu, laissez-nous sortir ! Nous allons mourir ici !

Le capitaine a brandi un pistolet et a tiré en l'air, mais personne n'a fait attention à lui. Il était clair que le bateau allait chavirer. Pendant un bref et étrange moment, je me suis senti calme, résigné. « Ainsi, Gulwali, c'est comme ça que tu vas mourir. » Je l'ai imaginé – me noyer – dans les moindres détails : la fraîcheur propre de l'eau au moment où les ténèbres se refermeraient au-dessus de ma tête, ma vie qui commencerait à défiler devant mes yeux… Les visages sages et ratatinés de mes grands-parents ; moi, à quatre ans, gardant des brebis près d'un ruisseau de montagne ; en train de traverser fièrement le bazar au côté de mon père ; sous les treilles de la vigne avec mes frères ; l'odeur chaude de la vapeur tandis que je repasse des vêtements dans la boutique de tailleur familiale ; ma mère qui fredonne en balayant la cour…

Non ! Je n'abandonnerais pas.

Cela faisait presque un an que j'étais en voyage. Toute ingénuité enfantine m'avait quitté depuis longtemps. J'avais surmonté des avanies et des dangers indicibles, vu des hommes réduits en bouillie à force de coups, sauté d'un train en pleine vitesse. J'étais resté des jours entiers à suffoquer dans des camions chauffés à blanc. J'avais passé des frontières par des chemins de montagne périlleux. Je m'étais retrouvé en prison trois fois. Des gardes-frontières m'avaient tiré dessus. Il s'était rarement passé un jour sans que je sois témoin de l'inhumanité de l'Homme pour l'Homme.

Puisque j'étais arrivé aussi loin, j'allais encore m'en tirer maintenant. Un instinct de survie profondément ancré en moi m'a aiguillonné. Je ne voulais pas mourir. Pas là. Pas comme ça, pas en suffoquant, en m'étouffant dans les profondeurs froides de la mer.

Cette pensée m'a redonné de la force. Je savais que le capitaine avait menti : il n'y avait pas d'autre bateau qui venait nous chercher, et celui-ci sombrait rapidement. Il n'était plus question de me faire tout petit et de me cacher. J'ai pris dans mon sac la chemise rouge que j'avais achetée à Istanbul et que j'avais gardée neuve pour la porter à notre arrivée en Grèce. Je me suis mis à l'agiter en criant :

— Au secours ! Quelqu'un, au secours !

Sans que je l'entende, le capitaine est arrivé derrière moi. Quand je me suis tourné, il m'a flanqué en plein visage un coup de poing qui m'a renvoyé tituber sur le pont – il s'en est fallu de peu que je passe par-dessus bord. Tout étourdi et souffrant le martyre, je me suis cramponné au garde-fou. Le bateau roulait d'avant en arrière, pourtant j'ai continué de lever la main aussi haut que possible, sans cesser d'agiter ma chemise. Le capitaine est revenu à la charge. Je pense qu'il avait l'intention de me jeter à l'eau mais, à ce moment-là, les autres ont suivi mon exemple en criant pour appeler à l'aide et en agitant tout ce qu'ils pouvaient pour attirer l'attention.

Le bateau a fait un grand bruit. L'avant s'est enfoncé dans l'eau. Tout le monde a hurlé et tenté de gagner l'arrière. J'étais toujours étourdi par le coup du capitaine : je suis seulement parvenu à éviter de me faire piétiner.

C'en était fini du bateau. Avec un sifflement qui me rendait malade, l'arrière s'est enfoncé à son tour.

Cette fois, nous sombrions pour de bon.

J'ai fermé les yeux et me suis mis à prier.

CHAPITRE UN

— Je t'ai trouvé dans une boîte qui flottait sur la rivière.

J'ai lancé à ma grand-mère un regard soupçonneux.

Ses yeux d'un brun profond pétillaient de malice et éclairaient son visage sillonné de rides, buriné par une vie entière de labeur sous le rude soleil d'Afghanistan.

J'avais quatre ans, et je venais de poser la question classique en demandant d'où je venais.

— Tu te moques de moi, *Zhoola Abhai* !

Cela la faisait toujours sourire quand je l'appelais « vieille mère ».

— Pourquoi une vieille femme mentirait-elle ? Je t'ai trouvé dans la rivière et je t'ai fait mien.

Là-dessus, elle m'a gratifié d'un petit rire sans dents et m'a enveloppé de ses bras puissants.

J'étais le deuxième petit-fils de mes grands-parents, né un an après Hazrat, mais je sentais que j'étais leur préféré.

Ma famille fait partie d'une tribu de Pachtounes, un peuple réputé pour sa loyauté et sa férocité. Ma patrie était la province de Nangarhar, à l'est de l'Afghanistan, la plus peuplée du pays, mais aussi une région de vastes déserts et de hautes montagnes. C'est également un lieu où les traditions sont très fortes et où, aujourd'hui encore, les structures du pouvoir local suivent des lignes féodales et tribales.

Je suis né en 1994, un an avant que le gouvernement des talibans prenne le contrôle du pays. Pour beaucoup d'Afghans, et pour ma famille en particulier, la montée de l'ultraconservatisme était une bonne chose. On voyait les talibans comme une force de stabilisation, porteuse de paix et de sécurité dans un pays qui, pendant plus de quinze ans, avait subi l'invasion russe et, ensuite, une brutale guerre civile.

Depuis leur mariage, mes grands-parents avaient vécu l'essentiel du temps dans un camp de réfugiés à Peshawar, une ville du nord-ouest du Pakistan. Le camp de réfugiés était aussi l'endroit où mes parents s'étaient rencontrés et mariés. Au moment de ma naissance, l'Afghanistan n'était pas en guerre, et mon plus ancien souvenir remonte à mes quatre ans, quand je courais avec les brebis de mon grand-père, haut dans les montagnes. Grand-père ou *Zoor Aba* (« vieux père »), comme je l'appelais dans ma langue maternelle, le pachto, était un fermier nomade et un pasteur. C'était un homme petit que le turban gris traditionnel qu'il portait en permanence grandissait. Ses yeux verts piquetés de noisette brillaient d'une vitalité qui démentait son âge avancé.

Chaque printemps, mes grands-parents emmenaient leur troupeau de brebis et de moutons aux cornes en spirale sur les contreforts de la montagne en quête de nouveaux pâturages. Leur habitation, une tente traditionnelle, les suivait. Deux ânes la transportaient, en même temps que les bidons d'huile pour la cuisine, les sacs de riz et la farine dont ma grand-mère avait besoin pour cuire le *naan*, le pain.

Je regardais, fasciné, ma grand-mère pétrir et étaler des pâtons sur une pierre plate avant de les cuire sur les braises d'un feu de bois. Elle cuisinait avec une seule casserole en métal qui pendait par des chaînes à des branches installées en équilibre au-dessus du feu. J'aimais l'aider à ramasser des poignées d'orties dont elle faisait une soupe délicieuse. Je ne sais pas comment elle s'y prenait : tout ce qu'elle préparait dans cette casserole avait un goût de pur paradis pour l'enfant constamment affamé que j'étais.

Chaque année, quand les feuilles prenaient leurs couleurs d'automne, mes grands-parents regagnaient les terres basses avant que ne tombent les neiges d'hiver qui les auraient pris au piège sur les pentes de la montagne. Là, ils rejoignaient le reste de la famille, leurs six enfants et les petits-enfants qui allaient avec, dans le bâtiment de plain-pied où logeaient tous les membres de notre famille. Malgré sa simplicité, notre maison, perchée au-dessus d'une claire rivière vive, était tout à fait charmante.

Grand-père vouait à sa famille un amour passionné, et il riait volontiers, de même que ma grand-mère. Je ne pense pas l'avoir jamais vu en colère. Une fois, j'ai manqué lui arracher l'œil avec un lance-pierres. Le sang ruisselait sur sa joue où ma pierre mal lancée était venue le couper. Cela devait lui avoir fait mal, mais il ne m'avait pas puni. À la place, avec son humour caractéristique, il avait plaisanté : « Joli coup, Gulwali ! »

Ma grand-mère était solidement bâtie et plus massive que mon grand-père. Définitivement, c'était elle le patron. Pourtant, je voyais bien qu'ils s'adoraient. L'amour n'est pas réellement quelque chose dont on discute en Afghanistan. Les familles passent des accords matrimoniaux fondés sur des critères sociaux ou tribaux ou même pour faciliter des accords commerciaux. Personne ne s'attend à être amoureux ni même ne désire l'être. On se contente de faire ce que ses parents exigent, et on s'arrange au mieux pour que son mariage marche – il le faut bien, puisque le divorce est interdit aux femmes.

Mon grand-père m'a expliqué une fois qu'une femme est trop écervelée et trop peu sûre de son esprit pour mesurer quelles seraient les conséquences si elle rompait son mariage. De plus, qui veillerait sur elle si elle le faisait ? Les hommes ont le droit de divorcer de leurs femmes, mais c'est une chose qu'on considère toujours avec sévérité. Je ne connaissais qu'une seule femme dont le mari avait divorcé. Son frère l'avait prise en charge, cependant cela restait une grande honte pour la famille. Elle avait eu de la chance qu'il ait bien voulu d'elle et ne l'ait pas laissée à la rue.

Mes grands-parents n'auraient jamais songé à se séparer, même s'ils avaient pu le faire. Ils s'étaient mariés alors qu'elle avait quinze ans et lui, dix-huit, en se rencontrant pour la première fois le jour des noces, comme c'est encore souvent la norme. Mais n'importe qui pouvait voir que les années qu'ils avaient passées ensemble avaient créé un lien particulier entre eux.

J'ai été ravi quand, à l'âge de trois ans, mes grands-parents m'ont pris avec eux lorsqu'ils ont regagné les montagnes. Au cours des trois ans et demi suivants, j'ai partagé leur mode de vie nomade. Le soir venu, je m'endormais sous un immense ciel de montagne plein d'étoiles, bien à l'abri dans la tente où je couchais blotti entre eux deux. Leur plus jeune fille, ma petite tante Khosala (« Heureuse »), venait aussi avec nous. Elle avait quinze ans, et était comme une grande sœur pour moi.

À cinq ans, j'étais déjà un berger habile, capable de tondre une toison à moi tout seul. Je connaissais chaque bête, et j'aimais qu'elles me reconnaissent à mes sifflements. Je prenais un plaisir tout particulier à regarder les deux chiens de berger de mon grand-père travailler. L'un était un gros animal avec une tête épaisse répondant au nom de Totie et l'autre un petit chien à poil raide de type terrier appelé Tandar. Ils couraient en rond autour du troupeau pour le parquer en bon ordre. Et quand le vétérinaire local – un homme qui se rendait dans les coins les plus reculés de la montagne pour se mettre au service de ses clients – venait soigner les brebis, je me rappelle avoir pensé devenir vétérinaire quand je serais grand. Ils me fascinaient, lui et les divers instruments qu'il utilisait. C'était une vie aussi merveilleusement simple et rurale qu'il est possible d'imaginer.

En hiver, j'étais tellement fier de redescendre en ville avec grand-père à mon côté ! Nous rapportions avec nous les dons précieux de la montagne : des fruits sauvages, du miel et du *koch* – une espèce de beurre non pasteurisé que nous étalions en couche épaisse sur du *naan* fraîchement cuit pour le petit déjeuner. Et mon grand-père m'emmenait toujours au bazar où il échangeait ses marchandises contre des provisions de riz ou un nouvel instrument agricole. Il y avait abondance de tout.

Revenir à la maison familiale signifiait que j'allais revoir mes parents et mes frères. Même si j'aimais être avec les brebis, ils me manquaient. Et bien sûr, je leur manquais aussi de sorte qu'on me gâtait beaucoup quand je rentrais.

Comme c'est la coutume dans notre tribu, mes parents étaient de la même famille : ma mère était la nièce de mon grand-père paternel, la fille de sa sœur. Elle avait quinze ans, et mon père vingt quand ils s'étaient mariés dans le camp où mes grands-parents s'étaient réfugiés après l'invasion de l'Afghanistan par les Russes en 1979. Durant les quinze années qu'avaient duré l'occupation et la guerre civile qui l'avait suivie, on estime qu'environ trois millions de personnes sont mortes – presque un tiers de la population – et qu'un nombre équivalent de réfugiés ont fui le pays.

Au milieu de tout ce chaos, mon grand-père avait fait des économies et s'était battu pour que mon père, son fils aîné, soit le premier à faire des études supérieures et devienne médecin. Sa profession était une immense source de fierté familiale.

Mes oncles, les deux frères nés après mon père, connaissaient la réussite eux aussi. Ils étaient tailleurs tous les deux, et tenaient ensemble dans le bazar un grand atelier de couture très prospère. Le quatrième fils, Lala, le plus jeune de mes oncles, n'était pas aussi souvent dans les parages. Il jouait un rôle de premier plan chez les talibans. Il avait pour habitude de venir nous voir en se faisant accompagner d'hommes en armes. Je trouvais qu'il était froid et qu'il respirait le pouvoir. Je savais qu'il s'agissait d'un homme important, mais je ne comprenais pas vraiment pourquoi, ni ce qu'il faisait exactement.

Les parents de ma mère étaient restés vivre au Pakistan, si bien qu'à ce moment-là je ne les connaissais pas très bien. Ma mère était l'une de leurs douze filles. Son père était un homme très instruit – un mollah – et il avait donné de l'instruction à ses filles, chose très inhabituelle chez les Pachtounes. Ma mère était la seule femme de toute la maisonnée à savoir lire.

Je pense que mes parents étaient heureux ensemble ; en tout cas, ils semblaient l'être. Mais en Afghanistan, un enfant n'aborde pas ce genre de sujet et ne pose pas de questions. Il y a certaines limites qu'on ne franchit pas. J'ai pourtant demandé une fois à ma grand-mère si elle aimait bien mon grand-père. Elle s'est contentée de rire et de répondre : « Je pense que c'était lui qui m'aimait bien. » Aussi innocent que cela puisse paraître, c'était quelque chose d'assez osé à dire, même pour notre grand-mère bien-aimée.

Mes parents avaient trois garçons à l'époque : moi, mon frère Hazrat, et Noor, qui avait un an de moins que moi. Hazrat et Noor étaient très proches et avaient coutume de me harceler un petit peu. J'étais envieux de leur petit monde de plaisanteries privées et de communication muette. Je pense que j'étais plutôt solitaire, peut-être parce que je m'étais habitué à la solitude de la vie de berger

J'ai continué de l'être jusqu'à mes six ans, quand ma vie a complètement changé. Inquiets de voir que leurs parents devenaient trop vieux pour mener une vie de nomades, mon père et mes trois oncles leur ont ordonné de rentrer à la maison. Ils voulaient qu'ils demeurent auprès d'eux afin de pouvoir s'en occuper mieux. Il était aussi question d'honneur familial : la profession de mon père signifiait que c'était un homme très respecté dans la communauté strictement conservatrice qui était la nôtre. Selon les mœurs rigides de notre société tribale, le fait que son père vive comme un pauvre nomade ne semblait pas convenable. Le « standing » de mon père était tel, en fait, que les étrangers à la famille ne faisaient jamais référence à nous, mes frères et moi, en utilisant nos noms. Nous étions les « fils du docteur ». Même grand-père était connu comme le « père du docteur ».

Mes deux grands-parents aimaient la vie qu'ils menaient. Au début, ils ont été opposés à cette idée, mais, finalement, ils ont cédé. Grand-père a vendu l'intégralité de son troupeau – plus de deux cents têtes. Il en a tiré de l'argent et un tracteur rouge vif tout neuf. L'ensemble de la famille – mes parents, mes grands-parents, mes deux oncles et leurs épouses, la sœur de mon père encore célibataire, tante Khosala, mes frères et moi-même – a déménagé dans une maison neuve du district de Hisarak. Cette maison était, elle aussi, un bâtiment de plain-pied, fait de terre et de paille, avec quantité de pièces disposées autour d'une cuisine centrale commune. Chaque soir, nous mangions tous ensemble, assis sur le sol. La nourriture – généralement du riz, de la viande, du *naan* et des épinards – était disposée en abondance sur une grande nappe au centre de la pièce. C'était une maison heureuse, pleine de bavardages et de bruits. J'aimais toujours la compagnie de mes grands-parents et j'insistais pour dormir dans leur chambre.

Ma mère, en tant qu'aînée, avait en charge l'organisation de la maison pendant que les épouses de mes oncles, secondes en âge et en position, faisaient l'essentiel de la cuisine et du ménage. Comme chez la plupart des Afghanes, son naturel extérieur était dur et impassible, ce qui n'était pas étonnant. À peu près toutes les femmes travaillent de l'aube au crépuscule pour s'acquitter des tâches ménagères. La lessive se fait à la main, et il faut aller chercher de l'eau et du bois pour le feu chaque jour. Il y a toujours du pain à cuire, du thé frais à préparer avant que les époux et les enfants ne s'éveillent le matin.

C'est aussi un pays où deux enfants sur cinq meurent avant d'atteindre leur cinquième anniversaire, aussi est-il plus facile de ne pas montrer trop d'amour pour sa progéniture. Ainsi, un an après la naissance de Noor, ma mère a donné naissance à des jumeaux qui, malheureusement, sont morts l'un et l'autre quelques jours plus tard.

Mais l'amour est dur à cacher quand il fait partie de votre être, comme c'était le cas pour ma mère. Sous son masque de survie, j'ai souvent aperçu son côté gentil – la façon dont elle me disputait quand elle soignait une écorchure ou une ecchymose, son souci quand l'un de nous était malade, sa fierté évidente quand elle faisait part de nos succès à une visiteuse ou à une de mes tantes. Elle avait une voix très grave pour une femme, mais elle était grande et élégante, avec le nez long et des yeux ronds et bruns.

Les gens disaient que je lui ressemblais. Elle souriait rarement, à l'exception de ces sourires secrets qui passaient furtivement sur son visage quand j'étais vilain ou que je faisais quelque chose d'amusant. Elle était dure parce qu'elle devait l'être, mais il y avait une chaleur indiscutable chez elle et je devinais que sa famille signifiait tout pour elle.

Culturellement, c'était une grande honte de permettre à nos femmes de sortir car elles risquaient d'être vues par d'autres hommes, si bien que ma mère et mes tantes quittaient rarement la maison. Quand cela arrivait, elles étaient intégralement couvertes d'une *burqa*, comme c'était la règle sous le gouvernement des talibans. À l'intérieur du foyer, elles portaient un long châle pour couvrir leurs cheveux. Il aurait été très mal vu que quiconque du sexe masculin n'appartenant pas à la famille immédiate, même un cousin, aperçoive leur tête découverte.

J'étais un enfant extrêmement religieux. Je le tenais de mes oncles Lala, Haji et Thedak, tous d'une grande piété, bien plus que de mon père. Suivant leur exemple, j'aimais faire respecter les règles de l'islam : « La colère d'Allah sera sur vous ! Allez vous couvrir la tête ! » avais-je coutume de dire à mes tantes. Les jeunes épouses travaillaient dur du matin au soir. Quand je ne jouais pas avec mes frères ou mes cousins, je venais m'asseoir avec elles dans la cuisine, à faire le chef et à leur ordonner de m'apporter du thé. Quand mes oncles étaient absents, je refusais de les laisser sortir pour aller ramasser du bois pour le feu, rendre visite à des gens ou assister à des mariages. Je considérais qu'ainsi je protégeais l'honneur de la famille. Je faisais toute une histoire en disant que je ramasserais le bois moi-même de sorte qu'elles n'auraient pas à le faire. « Pourquoi avez-vous besoin d'aller dehors ? disais-je. Vous êtes les reines de cette maison. » C'était quelque chose que j'avais souvent entendu mes oncles dire. Et il y avait aussi cette expression en pachto, *Khor yor ghor*, c'est-à-dire qu'il y a deux places pour une femme : « la maison ou la tombe ».

J'étais un sale marmot et j'aimais exercer mon pouvoir sur mes jeunes tantes. Je sais qu'elles m'aimaient, pourtant j'ai dû leur taper sur les nerfs par moments. Et si elles se plaignaient de mon comportement, mes oncles leur disaient de se taire et de m'obéir. Ce n'était pas le meilleur moyen de garder sous contrôle l'égo d'un enfant, mais cela se passait ainsi. Dans notre culture, les mâles ont tout le pouvoir, même s'il s'agit de petits garçons.

La seule fois où j'ai été sévèrement réprimandé parce que je harcelais mes tantes, je l'ai été par ma mère. Une des épouses de mon oncle ne parvenait pas à avoir d'enfant, ce qui était une source de consternation pour toute la famille. « Si tu n'as pas un bébé vite fait, je trouverai une nouvelle femme à mon oncle ! » lui ai-je dit un jour avec beaucoup de grossièreté. La malheureuse a pleuré. Ma mère a été absolument furieuse contre moi et m'a envoyé lui faire des excuses sur-le-champ. Ma tante m'a serré dans ses bras, et j'ai compris que j'avais dit quelque chose de vraiment méchant, même si, à l'époque, je n'en saisissais pas la dureté. Il lui a fallu neuf ans pour tomber enceinte mais, après ça, elle a eu six filles à la suite.

Une autre de mes tantes, une sœur de mon père, Meena, avait épousé un homme qui n'habitait pas le district. C'était réellement toute une affaire, car il s'agissait de la première fois que quelqu'un de la famille se mariait en dehors de la tribu ; cela a déplu à de nombreuses personnes, mes oncles inclus.

Tante Khosala fut la prochaine à se marier Elle et moi avions un lien particulier à cause de tout le temps que nous avions passé dans les montagnes. J'étais triste pour elle parce que – même si elle ne savait pas lire, elle était naturellement très intelligente – l'homme qu'elle avait épousé n'était pas seulement analphabète mais, à l'évidence, obtus. Néanmoins, le mariage avait été arrangé alors qu'elle était bébé : ma grand-mère était enceinte en même temps que la femme du frère de mon grand-père, et quand les enfants étaient venus au monde, à quelques jours d'intervalle, les deux hommes avaient décrété que les deux nouveau-nés se marieraient quand ils seraient grands. Dans notre culture, on ne tient pas ces propos à la légère. Une fois qu'on a dit, on ne peut pas se dédire, et les choses doivent se faire.

En plus d'être épouse de fermier, ma grand-mère était aussi une sage-femme traditionnelle. Les hommes pachtounes n'aiment pas mener leurs femmes chez un docteur – on considère comme particulièrement honteux de laisser quelqu'un, plus particulièrement un homme, poser la main sur votre femme. Seulement, le gouvernement taliban avait interdit aux femmes médecins d'exercer. Rien d'étonnant dès lors à ce que, depuis son retour de la montagne, les talents de ma grand-mère aient été très recherchés.

Certains hommes lui auraient interdit ce travail de sage-femme parce qu'il signifiait être dehors dans les rues à toute heure. Mais mon grand-père était très fier d'elle. Il aimait plaisanter à propos des centaines de bébés « à qui elle avait donné la vie ».

Je suis souvent allé assister aux naissances avec elle, mais ce n'était pas quelque chose que j'aimais. On me laissait hors de la chambre, à surveiller les enfants de la famille ou à discuter avec le mari. Parfois, quand les gens étaient pauvres, la maison avait une pièce unique de sorte que je demeurais assis dans un coin pendant que la femme hurlait et saignait. L'accouchement me terrifiait. Le travail pouvait durer des heures. Je restais tranquille à souhaiter et espérer de façon assez puérile que la femme en finisse de pousser et expulse cette chose stupide afin que nous puissions rentrer.

Ma grand-mère savait que j'étais dégoûté, aussi me taquinait-elle sans pitié :

— Tu as vu tout ce sang, Gulwali ? Tu as regardé, vilain drôle !

— Non ! Je n'ai pas regardé. Non !

— Ah ! tu me mens !

Elle me gratifiait d'un sourire édenté et me passait les doigts dans les cheveux.

— Bas les pattes ! Tu as touché ces femmes !

Cela la faisait rire encore plus. Elle me prenait dans ses bras à la façon d'un ours et s'essuyait les mains sur ma tête tandis que je poussais de grands cris d'horreur.

Ma famille possédait plusieurs boutiques dans le bazar, y compris l'atelier de tailleur de mes deux oncles et le dispensaire de mon père. Le long des toits plats courait tout un réseau de vignes chargées de grosses grappes de raisin dont nous faisions commerce. Nous avions également un grand nombre de champs en dehors de la ville où poussaient du blé et divers légumes. Au plus gros des moissons, nous employions jusqu'à cent personnes des environs. Et avant que les talibans ne prennent le pouvoir et l'interdisent, mon grand-père cultivait aussi de l'opium et du cannabis, ce qui était tout à fait habituel pour des fermiers afghans.

À la saison chaude, la cité tout entière devenait torride. La poussière des déserts qui l'entouraient pénétrait partout, piquant nos yeux et obstruant nos nez. Ma mère et mes tantes faisaient leur possible pour la garder hors de la maison ; elles passaient toute la journée à nettoyer avec un balai ou à taper les tapis contre les murs. Leurs efforts étaient vains. Le sable se ramassait en petits tas dans les angles des pièces, sur les embrasures des portes, derrière les sièges, sur les rebords des fenêtres fermées.

Avec cette poussière venait une armée d'insectes et d'indésirables : de dangereux scorpions et des petites fourmis noires qui me captivaient. J'aimais les regarder se former en colonnes et se ruer vers la cuisine. Bien sûr, tenir les fourmis à l'écart de nos réserves de riz était une autre bataille perdue d'avance. Chaque fois que j'entendais ma mère pousser un long grognement en ouvrant une des jarres en terre qui gardaient les grains au frais, je ricanais ; je savais combien sa grimace serait drôle lorsqu'elle découvrirait que nos repas à venir étaient infestés par des envahisseurs.

Quand les activités nomades de mes grands-parents ont cessé, on m'a inscrit à l'école où allaient mes frères. Le premier jour, il a fallu qu'un de mes oncles m'y traîne tandis que je hurlais le long du chemin : « Je n'y vais pas ! Je ne veux pas y aller ! » Je voulais retourner dans les montagnes courir avec les brebis, pas être collé dans une salle de classe. Mais je me suis vite habitué, et j'ai travaillé dur.

Le plus grand amusement que nous avions en classe pendant l'hiver, c'était quand il fallait réparer le plafond de la salle. Le bâtiment avait été endommagé pendant l'invasion russe, si bien qu'aucune pièce n'avait plus de toit. En été, ce n'était pas un problème, mais en hiver, les élèves coupaient des branches qu'ils rapportaient en classe pour faire une toiture provisoire. J'aimais ça.

En Afghanistan, les enfants ne sont pas dorlotés. On attend d'eux qu'ils mettent la main à la pâte et travaillent aux côtés des adultes. Avant la mosquée, chaque matin, il y avait des choses à faire dehors : couper de l'herbe pour les vaches, arroser les cultures, récolter les légumes, ramasser du bois pour le feu et rapporter des jerrycans pleins d'eau du puits voisin. Tout le monde participait, y compris les deux nouvelles venues dans ma famille : mes petites sœurs Taja et Razia. Comme les talibans prohibaient toute instruction pour les filles, elles aidaient ma mère et mes tantes à cuisiner et nettoyer durant la journée. Dans notre culture, on considère comme important que les filles s'initient à ces tâches ménagères dès leur plus jeune âge afin que, quand elles seront mariées, elles sachent tenir une maison. Elles apprenaient aussi à coudre et à broder, et elles étudiaient le Coran. Avant de nous préparer pour l'école, nous allions prier à la mosquée.

Nous ne jouions pas dans les rues ; les garçons qui s'amusaient dehors étaient considérés comme des voyous. Mes parents jugeaient que cela dénotait une mauvaise éducation et de la paresse. Aussi, après l'école, mes frères se tenaient-ils près des vignes pour veiller à ce que personne ne se serve.

Je préférais passer mon temps avec mes oncles tailleurs, Haji et Thedak. J'étais charmé par le bourdonnement de la machine à coudre et par les plis des tissus colorés en coton ou en laine qu'ils utilisaient pour confectionner des *shalwar kamiz*, la tunique large et le pantalon traditionnels des Afghans. En période de fêtes, mes oncles étaient submergés de commandes ; ils restaient à l'atelier jour et nuit à coudre férocement pour que tout soit fini à temps. Je les aidais en coupant les tissus et en m'occupant des clients.

Ils ont été très fiers de moi quand j'ai mis au point mon propre système de numérotation et de rangement. Cela me permettait, quand les gens venaient chercher leurs vêtements, de les trouver parmi des centaines d'autres. J'étais content de l'efficacité et mon organisation. À mes yeux, c'était une façon de mettre en œuvre une notion d'ordre.

Passer une longue journée à aider mes oncles, à vérifier mes listes et à suspendre les vêtements prêts pour le lendemain était un de mes grands plaisirs. À cette époque, je voulais devenir tailleur moi aussi. J'avais même ma petite boutique devant leur atelier, qui vendait du fil et des boutons, après l'école.

Le chemin de l'école nous amenait à passer devant le dispensaire de mon père de sorte que, à l'occasion, Hazrat, Noor et moi y entrions pour lui dire bonjour. J'avais coutume de balayer le sol pour lui ou d'aller remplir une cruche à la pompe. Je le plaignais de travailler si dur dans son dispensaire surpeuplé, aussi voulais-je m'assurer qu'il avait toujours de l'eau fraîche à boire.

Tôt le matin, mon père faisait sa tournée à l'hôpital local. Traiter la malaria, cette maladie due aux moustiques qui était une plaie pour la région, était sa spécialité. Le reste de la journée, il s'occupait du dispensaire où les gens venaient se faire soigner à des kilomètres à la ronde.

Le dispensaire était plein d'accessoires étranges. Je revois une petite boîte en bois qui renfermait ses instruments de dentisterie. Je me rappelle l'avoir regardé, fasciné et horrifié à la fois, tirer en arrière la tête d'un patient pour lui arracher une dent gâtée avec une pince en métal. Son visage revêtait en permanence un masque de concentration studieuse, cela, qu'il recouse une blessure, soigne une piqûre de scorpion ou répare un membre cassé.

Parfois, quand le dispensaire était calme, il s'asseyait au soleil sur un banc. Il bavardait avec ses amis ou discutait de politique. J'aimais les écouter débattre des problèmes du monde ; je restais assis sur le sol, jambes croisées, en m'imprégnant de leurs propos.

C'était un homme bon, généreux, immensément populaire : il ne pouvait pas traverser le bazar sans que des gens veuillent lui serrer la main ou lui fassent cadeau de friandises ou de fruits. Il y avait dans son bureau deux gros livres de comptes où étaient détaillés les noms des gens à qui il avait fait crédit. Jamais, en effet, il ne renvoyait quelqu'un qui avait besoin d'un remède sans pouvoir le payer. Les registres étaient très gros : visiblement, beaucoup de gens lui devaient de l'argent.

Mes moments de plus grande intimité avec lui, je les ai vécus la nuit, quand des patients venus à pied des villages voisins frappaient à notre portail pour une urgence médicale. Il devait les emmener au dispensaire où étaient stockés bandages et médicaments. Tandis que mon père aidait le patient, j'allais devant avec une lanterne pour éclairer le chemin. Je me sentais très important, tandis que je marchais dans les rues obscures en tenant ma lampe bien haut.

Un de mes souvenirs les plus précieux est l'épisode où mon grand-père s'est enfui avec moi. Mon père m'avait grondé, je ne me rappelle plus pourquoi – je devais avoir fait quelque chose de mal parce qu'il me punissait très rarement. Mon grand-père s'est fâché, m'a pris dans ses bras et il est parti dans la montagne.

— Tu ne mérites pas ce garçon. Il vient avec moi !

En fait, je fournissais à ce vieillard rusé un prétexte commode pour s'en aller quelques jours. Il voulait partir chercher des lapis-lazuli, la pierre semi-précieuse bleue qui est une des ressources de l'Afghanistan. Seulement, il savait que ses fils ne seraient pas d'accord, de sorte qu'une dispute avec mon père lui a fourni une excellente porte de sortie.

Lui et moi avons passé une semaine merveilleuse à jouer aux bandits et à chercher les pierres. Quand nous sommes rentrés, mes bêtises d'enfant étaient oubliées depuis longtemps. C'est grand-père qui a eu des ennuis cette fois.

Ce devait être mon dernier souvenir heureux avant que le monde ne change à tout jamais.

CHAPITRE DEUX

Même avant l'arrivée au pouvoir des talibans, ma famille était conservatrice dans ses principes religieux et culturels. Nous vivions selon le *pachtounwali* – le code strict que tous les Pachtounes respectent. Il établit d'abord l'étiquette sociale, par exemple comment il convient de traiter un hôte. Le courage en est aussi une composante essentielle, avec la loyauté et l'honneur de sa famille et de ses femmes. Personne ne l'écrit pour vous : il n'y a pas de livres où l'apprendre. C'est juste une manière de vivre dans laquelle vous êtes né et qui n'a pas changé depuis des siècles. Et, comme tous les Pachtounes, je l'acceptais sans me poser de questions. Ce code était – et continue d'être – une source de fierté culturelle.

Le gouvernement des talibans a invoqué certains éléments du *pachtounwali* en adéquation avec leurs objectifs, tels que le besoin d'honorer et de protéger les femmes en les gardant à l'intérieur. Les talibans étaient également des politiciens efficaces au niveau local. Ils considéraient qu'il était de leur devoir de réduire la criminalité et de maintenir les rues en paix. Ce sentiment de sécurité est une des raisons qui explique le fort soutien qu'ont apporté aux talibans les membres conservateurs de la société afghane. Ils disaient que le pays était en ruine, mais que les talibans avaient rétabli l'ordre. La position des talibans était simple : un strict contrôle social et la charia étaient le vrai chemin à la fois vers la paix et vers Dieu. À mes yeux et à ceux des éléments mâles de ma famille, cela avait du sens parce que ce ne différait pas tellement du *pachtounwali*.

Personne ne demandait leur point de vue aux femmes, cependant – elles n'avaient pas leur mot à dire sur ce genre de sujets politiques. Mais je pense que toute la famille vivait dans l'unité. Nous comprenions nos rôles respectifs dans la maisonnée.

Néanmoins, j'étais conscient que tout le monde n'était pas d'accord avec ça. Un petit nombre de mes camarades à l'école me rapportaient que leurs parents craignaient les talibans et pensaient que c'étaient de mauvaises personnes. Ils disaient qu'ils menaient notre pays dans la mauvaise direction, empêchaient son développement. Ils disaient aussi qu'ils traitaient mal les femmes.

D'entendre cela me mettait en colère. Mon oncle Lala était un taliban de haut rang. Comment aurait-il pu être mauvais ? Pourtant, leurs règles étaient assurément très strictes : la barbe des hommes devait avoir une certaine longueur, et ils devaient porter les amples vêtements traditionnels en toute occasion ; les femmes, elles, devaient revêtir la *burqa*, de sorte que leur visage reste caché, et chausser des souliers à semelle molle pour qu'on ne les entende pas marcher. Il fallait prier cinq fois par jour à heures fixes. L'islam l'exige, mais les gens ont tendance à se relâcher sur les horaires et les lieux de prière. Sous le régime taliban, lorsque les haut-parleurs de la mosquée diffusaient l'appel à la prière – beau jusqu'à la hantise –, chacun en ville, peu importe ce qu'il était en train de faire, devait interrompre ses activités et aller tout droit à la mosquée. Si on vous voyait dans la rue ou si on vous surprenait à travailler durant ces moments de prière imposée, vous étiez arrêtés.

Les talibans avaient une milice spéciale, le « Comité de lutte contre le vice et pour la promotion de la vertu », qui s'assurait que tout le monde obéissait. Ces miliciens portaient des turbans noirs et patrouillaient la ville en 4 × 4 ; ils s'arrêtaient et bondissaient du véhicule s'ils voyaient quelque chose qui n'allait pas.

Un lundi après-midi, par grand soleil, nous étions dans l'atelier de mes oncles tailleurs quand nous avons entendu du bruit. Un homme a passé la tête par la porte, le visage brillant d'excitation.

— Venez vite ! Vingt coups de fouet !

Mes oncles ont fermé boutique et m'ont pressé de les suivre au bazar. Une foule importante s'était déjà massée : deux hommes en turban noir se tenaient debout auprès d'un troisième qui était agenouillé et torse nu.

— Reconnais ton crime ! a dit l'un des hommes au turban.

L'homme à genoux n'a rien dit.

— Parle !

L'autre l'a frappé derrière la tête. L'homme a marmonné quelque chose qu'on n'a pas pu entendre à cause du bruit de la foule.

Le turban s'est tourné vers l'assistance avec un sourire satisfait.

— Il n'a pas assisté à la prière vendredi. On l'a trouvé chez lui !

Le vendredi est le jour principal de prière dans l'islam, et la foule a hué ce crime apparemment monstrueux.

— As-tu une excuse ?

Cette fois, l'homme a levé la tête et parlé à voix haute.

— Ma femme était malade. J'ai cru qu'elle allait mourir.

Les deux hommes ont éclaté de rire. La foule les a imités. C'est le second qui a parlé cette fois :

— L'Émirat islamique d'Afghanistan condamne justement cet homme à vingt coups de fouet pour son crime. Que cette sentence soit un exemple pour tous ! Quiconque enfreint les lois de Dieu et va contre Ses règles, qu'il sache que tel sera son sort !

Il a levé bien haut un fin roseau.

— Par Allah le miséricordieux, tu as été condamné à un châtiment adapté à ton crime !

Avec un puissant sifflement, le roseau s'est abattu sur le dos de l'homme, la foule a grondé et applaudi.

Le milicien a frappé l'homme, encore et encore. À la fin, la victime s'était écroulée au sol, le dos transformé en une bouillie sanglante. Je ne sais pas si quelqu'un l'a aidé ou s'ils l'ont emmené en prison après ça, parce que mes oncles m'ont dit qu'il était grand temps de retourner à l'atelier. Cinq minutes plus tard, les machines à coudre revenaient à la vie en ronronnant, et je recommençais à suspendre les vêtements comme si rien ne s'était passé.

Souvent, par la suite, j'ai vu des gens se faire fouetter. Une fois, j'ai même vu un homme qu'on a battu avec un câble parce que sa barbe était trop courte. D'autres fois, ils donnaient des punitions plus légères comme peindre le visage de quelqu'un en noir et l'escorter en encourageant les gens à le molester.

Je suppose que cela semble choquant, mais je n'avais rien connu d'autre. Oncle Lala m'avait dit que les talibans punissaient les gens seulement quand ils enfreignaient la loi, de sorte que, de mon point de vue d'enfant, si on imposait ces souffrances à quelqu'un, c'était qu'il les avait méritées. Cependant, un épisode me hantera toujours.

Grand-père et moi étions en route avec un de ses amis pour rendre visite à des parents dans un autre district. Nous nous étions arrêtés pour le thé dans une petite ville, nous avons vu plusieurs hommes courir dans la même direction. Mon grand-père en a arrêté un pour lui demander ce qu'il se passait.

— Justice, mon ami. Justice !

Curieux de savoir ce qui arrivait, nous avons suivi. À la sortie du village, des hommes s'étaient rassemblés en grand nombre sur une esplanade. Certains d'entre eux criaient : « *Allah akbhar !* Louange à Dieu ! » pendant que d'autres hurlaient de joie.

J'ai d'abord pensé qu'il s'agissait de quelque événement sportif – peut-être un combat de chiens ou de coqs. Comme je n'arrivais pas à voir, l'ami de mon grand-père m'a hissé sur ses épaules.

Il y avait une femme drapée dans une *burqa*, avec un bandeau noir qui lui couvrait les yeux. Elle avait les mains liées dans le dos par une corde.

L'homme qui se tenait près d'elle – j'ai deviné qu'il s'agissait d'un officiel taliban du Département de la Justice – a levé la main. La foule s'est tue.

— Cette femme est sale ! Une adultère ! Une putain !

La foule a rugi des insultes à son égard.

— L'Émirat islamique d'Afghanistan condamne cette femme à mort pour son crime. Que cette sentence soit un exemple !

Puis, il a posé la main sur l'épaule de la femme, presque tendrement, et l'a menée à une tranchée creusée dans la terre. Il lui a pris le bras et l'a aidée à descendre de sorte que seuls son torse et sa tête dépassaient. Elle n'a pas essayé de résister.

C'est alors que j'ai aperçu les pierres disposées en pile devant la foule. Le taliban est allé jusque-là et a saisi une grosse pierre. Il l'a soulevée au-dessus de sa tête comme un trophée.

— Par Allah le miséricordieux, tu as été condamnée à un châtiment adapté à ton crime !

Il est revenu vers la femme jusqu'à se trouver à deux pas de distance. Puis il lui a lancé la pierre avec violence. Elle s'est écrasée contre sa tête. La foule est devenue folle. Tous à la fois, les hommes se sont mis à prendre des pierres et à les lancer sur la femme. Au début, elle a semblé ne pas bouger, même quand les pierres l'atteignaient. Ensuite, lorsqu'une petite roche acérée l'a touchée à l'arrière de la tête, elle a essayé de sortir de la fosse en gigotant. À ce moment-là, une nouvelle grêle de projectiles l'a atteinte, et elle est retombée en arrière. Après quoi, les choses se sont un peu brouillées pour moi : juste une pluie minérale et beaucoup de cris.

Le tout n'a duré que quelques minutes.

Je ne pense pas avoir vraiment compris ce que je voyais. Le bruit, l'excitation de la foule, le silence tranquille de mon grand-père et de son ami – je n'ai pas aimé, mais je n'ai pas pleuré non plus. Tandis que j'étais juché sur les épaules, j'ai regardé autour de moi et j'ai vu d'autres garçons de mon âge perchés eux aussi sur les épaules d'adultes. Ils avaient l'air ébahis, mais leurs yeux étaient pleins d'un trouble qui reflétaient le mien.

Rétrospectivement, je peux voir quelle barbarie c'était. Toutefois, il faut la replacer dans son contexte. Le pays se remettait d'une guerre au cours de laquelle la brutalité n'avait pas connu de limites. Des millions de gens avaient été tués. Par milliers, des femmes avaient été violées et des enfants assassinés. Il y avait eu une absence totale de loi, d'ordre, de gouvernance nationale. Mon grand-père appelait la vie sous les talibans « le meilleur des temps que nous ayons connu ». Étant donné qu'il avait vécu l'essentiel de sa vie dans la folie de la guerre, je ne trouve pas très surprenant que lui et beaucoup d'autres Afghans aient eu ce sentiment.

Cependant, comme toujours dans l'histoire de mon pays, nous étions sur le point de sortir de la poêle à frire pour tomber dans le feu.

CHAPITRE TROIS

J'avais sept ans.

Je me souviens que je courais entre la cuisine et la partie de la maison réservée aux visiteurs. Ma mère me tendait des pots de thé à apporter aux différents anciens de la tribu et aux combattants talibans qui s'étaient réunis chez nous. L'atmosphère était chargée de tensions, lourde de discussions.

— Nous n'avions rien à voir avec tout ça ! Pourquoi devrions-nous nous incliner devant les impérialistes ?

Un Saoudien du nom de Ben Laden, dont mon oncle Lala m'avait dit que c'était un grand combattant pour la liberté, avait attaqué l'Amérique. La télévision était interdite sous les talibans, si bien que nous n'en avions vu aucune image, mais les radios diffusaient des informations non-stop à ce sujet. Des milliers de personnes étaient mortes à l'occasion de ces attaques. On disait que les gens avaient sauté par les fenêtres pour s'échapper. On m'avait expliqué que les Américains étaient des infidèles qui ne pratiquaient pas l'islam mais, en écoutant toutes ces histoires, je me suis senti triste en pensant proches des gens qui étaient morts. Je comprenais spontanément que les personnes, d'où qu'elles puissent venir, souffraient des guerres et des conflits.

Quelques jours plus tard, les États-Unis ont menacé d'attaquer l'Afghanistan si on ne livrait pas Ben Laden dont on disait qu'il se cachait à Tora Bora, à deux heures de route seulement de l'endroit où nous vivions. Seulement les talibans refusaient de céder parce que, selon le *pachtounwali*, il était notre hôte et que les hôtes sont sous la protection de ceux qui les reçoivent.

Il s'est produit un regain de patriotisme. Personne ne croyait vraiment aux menaces américaines. Tout le monde savait que les talibans n'avaient rien à voir avec l'attaque elle-même, et nous supposions que les Américains l'admettaient.

Il s'est avéré cependant que ce point de vue n'était ni partagé ni compris par le reste du monde. Quelques jours plus tard, les États-Unis, avec le soutien de quarante-huit autres nations, ont envahi mon pays, poussant les talibans à se retirer.

Au début, nous avons vu des avions de chasse américains passer au-dessus de nos têtes. Ils se sont contentés de décrire des cercles dans le ciel. Les troupes des talibans étaient partout, et beaucoup de gens de la région se portaient volontaires pour combattre avec elles.

Mon père s'attendait au pire. Il s'est affairé à stocker du matériel médical. Il a aussi ordonné à ma mère d'empaqueter des affaires et de la nourriture et d'emmener les enfants à l'abri dans un bunker voisin. Il y en avait plusieurs aux alentours de la ville – un triste héritage de la guerre civile.

Le jour suivant, les Américains ont commencé à bombarder Tora Bora. Les montagnes se trouvaient assez loin pour que nous ne courrions pas de réel danger ; quelques jours plus tard, toutefois, les bombes se sont mises à pleuvoir au-dessus de nos têtes.

C'était terrorisant.

Il n'était jamais évident de deviner de quel côté les avions allaient arriver. Nous entendions le sifflement des missiles antiaériens talibans alors qu'ils approchaient puis il y avait les explosions, assourdissantes, terrifiantes. Le sol tremblait sous la violence du bombardement. Après chaque raid, nous sortions prendre l'air et nous suivions des yeux la traînée de fumée que les bombardiers B52 laissaient derrière eux dans le ciel.

À peu près toutes les sortes de bombes ont plu sur mon pays alors, exception faite des bombes nucléaires. Aujourd'hui encore, des enfants y naissent avec des maladies ou des difformités qui sont les conséquences de cette période. C'est quelque chose qui me met vraiment en colère.

Oncle Lala était le commandant local des talibans. Mon père restait à l'hôpital pour soigner les blessés qui se comptaient par centaines. Mon grand-père était resté à la maison afin de veiller à ce qu'elle ne soit pas pillée. J'étais fier d'eux tous, pour des raisons différentes, mais je me faisais surtout du souci pour mon père.

Je craignais que les bombes ne frappent l'hôpital.

J'avais une terrible envie de courir rejoindre la solitude de mon paradis montagnard, mais l'endroit n'était pas sûr. Il semblait que l'Afghanistan tout entier était attaqué, et pendant plusieurs nuits, nous n'avons pas pu dormir. Je pensais que ce n'était qu'une question de jours avant que les bombes ne détruisent notre bunker.

C'est plus tard que j'ai appris que la région autour de notre maison avait constitué la dernière ligne de front : oncle Lala avait été un des derniers chefs talibans à résister à la coalition militaire. On nous a raconté que son courage avait permis aux combattants de fuir Kaboul pour le Pakistan voisin par autocars entiers. À mes yeux d'enfant, cela a fait de lui une sorte de héros. Peu après, il a fui le pays, et nous n'avons pas su où il était allé.

La vie sous l'occupation a alors commencé. Tout d'un coup, il y a eu des soldats américains partout. La première fois que j'en ai vu, j'ai eu terriblement peur de leurs gros fusils. Ils ressemblaient à des créatures venues d'une autre planète. À distance prudente, mes frères et moi leur lancions des pierres. Au bout d'un moment, leur présence est devenue chose normale.

Mon père a décidé de déplacer la famille dans le district voisin – son lieu de naissance –, où la situation était légèrement plus sûre.

Peu de temps après les troupes, les travailleurs humanitaires sont arrivés – les véhicules tout terrain blancs frappés du sigle bleu de l'ONU étaient visibles partout. Ils ont commencé à reconstruire les cliniques et les écoles. Mon père a admis que c'était une bonne chose, mais il désapprouvait le fait que ce soient des « étrangers » qui restaurent ces infrastructures et pas notre propre gouvernement.

Les filles, qui étaient interdites d'école sous les talibans, ont recommencé à aller en classe. C'était tellement étrange de les voir cheminer vers l'école dans leur uniforme noir et leur petit foulard blanc. Comme des garçons prenaient un malin plaisir à les injurier et à leur lancer des pierres, elles se déplaçaient en groupes pour être plus en sécurité. Mes deux sœurs sont allées à l'école, mais pas longtemps. Mon père considérait que c'était dangereux. Je m'en suis réjoui. Non pas que je leur refusais de s'instruire, mais je ne voulais pas que mes camarades me disent qu'ils les avaient vues dehors.

Il y a un *hadith* religieux qui stipule que les commérages sont *haram*, interdits, mais cela reste un vœu pieux. Dans notre communauté, les ragots – fondés ou non – concernaient surtout les éléments féminins. Ils peuvent être si dommageables que, si quelqu'un raconte quelque chose de négatif sur une fille ou l'accuse de mal se comporter, certaines familles tuent le calomniateur, déménagent ou, dans certains cas, assassinent la fille, qu'elle soit innocente ou fautive. Il est essentiel d'agir sans quoi la réputation de la famille est perdue.

Comme je ne voulais pas qu'il arrive du mal à mes sœurs, je pensais sincèrement que les garder loin de l'école était le mieux pour elles. Depuis l'arrivée des « étrangers », j'étais devenu encore plus religieux.

Tout était encore si neuf, si instable, la situation si incertaine. Il y avait des affrontements entre des groupes rivaux, certains soutenaient l'ancien régime des talibans, d'autres s'étaient rangés au côté des Américains. L'idée qu'après le départ des talibans tout est tout de suite allé mieux dans le pays est absurde. Il sembla à beaucoup de gens que le monde avait basculé dans l'immoralité. Et, aussi néfastes qu'aient pu être les talibans, les forces de l'OTAN étaient loin d'être irréprochables, elles non plus. J'ai été le témoin d'un événement qui me hante encore aujourd'hui.

Nous allions en voiture à Jalalabad, la ville la plus proche de chez nous. Des véhicules blindés bloquaient la route dans les deux sens devant nous, personne ne pouvait passer. Soudain, une voiture pleine de passagers – y compris des enfants – a déboîté et roulé sur la file de gauche vers le poste de contrôle. Je ne sais pas pourquoi ces gens ont fait ça – peut-être y avait-il une urgence – mais, quelle qu'en soit la raison, ils ont avancé vers les blindés.

Il y a eu une salve de tirs des soldats américains. La voiture s'est enflammée et tous ses passagers ont été tués. Je me souviens qu'un hurlement silencieux venant de la voiture a rempli ma tête tandis que mon père m'attirait contre lui et tentait de me couvrir les yeux.

— Pourquoi ? Pourquoi ? Pourquoi ? Mais pourquoi ?

Il s'est produit tant d'incidents semblables. Nous entendions raconter les histoires : bombardements accidentels de mariages, fermiers innocents tués, soldats ouvrant le feu sur quiconque leur semblait être un taliban. Des gens ont disparu pendant plusieurs années. Des femmes ont attendu des maris qui ne sont jamais revenus. Leur crime ? Qui le savait ?

Il y avait aussi les humiliations mesquines de la vie sous l'occupation. Les routes étaient constamment bloquées. Une pauvre femme a mis son enfant au monde sur le bas-côté de la route parce que des soldats refusaient de les laisser passer, elle et son mari.

Je détestais ces Américains venus chez nous en conquérants. Toutefois, la situation politique est redevenue assez stable pour qu'oncle Lala puisse revenir. Il s'était réfugié au Pakistan. Il a offert ses services au gouvernement démocratique afghan fraîchement installé. Le nouveau gouverneur régional le connaissait bien et savait quel homme intelligent il était ; il lui a donné un poste important dans l'administration des prisons. Seulement, comme il avait été une figure clef du pouvoir taliban certaines personnes avaient peur de lui et ne lui faisaient pas confiance. D'autres gens étaient jaloux de la réussite de ma famille : ils ont jugé que le dénoncer serait un moyen de nous atteindre. En fait, les talibans continuaient d'être actifs en secret et, comme l'armée américaine était friande d'informations, les gens prenaient prétexte du passé pour en dénoncer d'autres, que ces accusations soient fondées ou pas. Dans l'impossibilité de rester, Lala est reparti au Pakistan.

Sachant qu'il était un ancien chef des talibans dans la région, les soldats américains pensaient qu'il était allé rejoindre l'organisation dans la montagne et venaient régulièrement à la maison interroger mon père et mes oncles, même si ces derniers ignoraient où leur frère était allé – ils n'avaient plus de nouvelles depuis son départ.

Les hommes de la maison, y compris mes frères et moi, détestions ces visites. Les soldats n'avaient aucune compréhension de notre culture et regardaient les femmes en face au lieu de détourner le regard. Mes petites sœurs, Taja et Razia, étaient tellement effrayées qu'elles pleuraient quand elles les voyaient. À l'intérieur, je bouillais.

— Tu as un an de plus à présent. Comporte-toi en conséquence !

La voix de ma mère ne trahissait aucune tendresse maternelle mais, après avoir parlé, elle a souri, ce qui était rare chez elle. C'était mon onzième anniversaire : octobre 2005, 1385, selon le calendrier afghan. Nous ne célébrions pas les anniversaires. On disait que c'était anti-islamique de le faire. En fait, c'est plutôt une question de culture : beaucoup d'enfants afghans ignorent quel jour ils sont nés. Si votre famille est instruite, quelqu'un note la date quelque part afin que vous la connaissiez. Le fait que ma mère y fasse référence était tout à fait exceptionnel. Ma poitrine s'est gonflée de fierté, et j'ai passé le reste de la journée à me pavaner.

Durant l'occupation, notre famille avait continué de grandir. Ma mère avait mis au monde un nouveau petit frère, Nazir. Mais c'était un enfant maladif qui mangeait peu. Je me rappelle que mon père lui injectait une espèce de sérum pour lui donner de l'appétit.

À la même époque, le père de ma mère est reparti vivre au Pakistan, à six heures de route de chez nous. Ses deux épouses et leurs quinze autres enfants l'ont accompagné. Ma mère a pensé qu'il serait bon pour nous – ses enfants – d'aller vivre chez eux quelque temps, tant pour notre sécurité que pour connaître ce côté-là de la famille. Passer du temps avec ces nouveaux grands-parents et mes cousins m'a plu, jusqu'à ce que nous parviennent des nouvelles de mon père et de mon grand-père.

Ce soir-là, nous achevions un délicieux dîner d'agneau et de riz quand le père de ma mère nous a fait sortir, Hazrat et moi. Sa voix tremblait mais, selon l'usage afghan, ses paroles ont été brutalement et douloureusement factuelles.

— Mes garçons, votre père a été tué. Il vous faut être forts. Vous êtes les hommes de la maison, maintenant qu'il n'est plus là.

Je me rappelle que mes jambes ont molli sous moi et, après, je ne me souviens de rien. Mon esprit ne parvient pas à se remémorer ces moments-là.

Les circonstances de la mort de mon père me demeurent floues : j'en sais le peu qu'on m'en a dit. Ma mère n'a pas voulu que nous apprenions en détail l'horreur qui s'est passée, et je n'ai rien demandé. Je ne veux toujours pas savoir : ça ne me rendra pas ma famille.

Voici ce que je sais. La nuit où mon père est mort, les soldats américains sont revenus chez nous. Une attaque contre leur base avait fait plusieurs morts dans leurs rangs. Ils pensaient que les armes utilisées pour l'assaut étaient entreposées dans notre maison. Ils étaient furieux et, cette fois-là, ils n'ont pas posé de questions. Ils sont venus avec des chiens qui grognaient et ont donné des coups dans les portes. Ils ont fouillé tout le monde – y compris les femmes –, ont renversé les meubles et jeté au sol les effets personnels et le coran.

Ils étaient venus pour la bagarre. Ils l'ont eue.

Les voisins et des parents éloignés sont venus aider à mettre les envahisseurs dehors. Tous étaient armés. Quand les tirs ont cessé, cinq de mes proches avaient été tués. Dans le nombre, figuraient mon père et mon grand-père bien aimé. Mes oncles tailleurs étaient vivants mais on les a arrêtés et mis en prison.

Honnêtement, j'ignore si les armes venaient ou pas de chez nous. Je n'étais qu'un enfant, et on ne parlait jamais de ces choses-là devant moi. Les membres de ma famille étaient, certes, des sympathisants des talibans, mais je sais que mon père n'aurait jamais accepté de mettre ses enfants en danger – du reste, il n'était pas satisfait non plus avant, quand les talibans venaient à la maison. Seulement, leur fermer la porte nous aurait causé trop d'ennuis.

La vérité, c'est qu'en temps de guerre, les familles ordinaires telles que la nôtre sont condamnées à des choix difficiles : en vivant en paix avec un camp, vous vous faites un ennemi de l'autre, et si vous tentez un geste d'apaisement vers le premier, le second veut savoir pourquoi. Impossible de gagner. Le mieux à faire, c'est de s'en tenir autant que possible à un juste milieu pour assurer la sécurité de ses proches. Si telle était la stratégie paternelle, ce que je ne saurai jamais de façon sûre, alors il a tragiquement échoué.

Clairement, je ne savais qu'une chose : j'avais perdu mon père et mon grand-père. Comme le voulaient nos traditions et notre culture, j'avais soif de vengeance.

ou violemment et ont donné des coups dans les portes. Ils ont fouillé tout le monde – y compris les femmes –, ont renversé les meubles et jeté au sol les effets personnels et le Coran. Ils étaient venus pour la bagarre, la violence.

Des voisins et des parents éloignés sont venus aider à mettre les envahisseurs dehors. Tous étaient armés. Quand les tirs ont cessé, cinq de mes proches avaient été tués. Dans le nombre, figuraient mon père et mon grand-père bien-aimé. Mes oncles tailleurs étaient vivants mais on les a arrêtés et mis en prison.

Honnêtement, j'ignore si les armes venaient ou pas de chez nous. Je n'étais qu'un enfant et on ne parlait jamais de ces choses-là devant moi. Les membres de ma famille étaient connus comme sympathisants des talibans, mais je sais que mon père n'aurait jamais accepté de mettre ses enfants en danger – du reste, il n'était pas partisan non plus avant, quand les talibans venaient à la maison. Seulement, leur fermer la porte nous aurait causé trop d'ennuis.

En vérité, c'est qu'en temps de guerre, les familles ordinaires telles que la nôtre sont confrontées à des choix difficiles : en vivant en paix avec un camp, vous vous faites un ennemi de l'autre, et si vous tentez un geste d'apaisement vers le premier, le second veut savoir pourquoi. Impossible de gagner. Le mieux à faire, c'est de s'en tenir autant que possible à un juste milieu pour assurer la sécurité de ses proches. Si telle était la stratégie paternelle, ce que je ne saurai jamais de façon sûre, alors il a lamentablement échoué.

Sur le moment, je ne savais qu'une chose : j'avais perdu mon père et mon grand-père. Comme le voulaient nos traditions et notre culture, j'avais soif de vengeance.

CHAPITRE QUATRE

Perdre mon père a tout changé. La famille s'est trouvée plongée dans le désarroi. Au choc de sa disparition s'est ajouté le manque d'argent. Dans des pays comme l'Afghanistan, si celui qui gagne l'argent vient à être tué, la famille qu'il laisse derrière lui aura du mal à vivre. Il nous restait le gros livre de comptes de mon père, celui qui détaillait ce qu'on lui devait pour les soins médicaux. Il nous a incombé, à mes frères et à moi, d'aller trouver les gens qui figuraient sur la liste et de leur réclamer l'argent qu'ils devaient. J'ai détesté ça. Souvent, ces familles étaient dans une situation pire que la nôtre, mais c'était de là que viendraient nos prochains repas.

Nous sommes revenus habiter Hisarak, l'endroit où nous vivions avant l'invasion. Nous y avions de très nombreux parents qui nous sont venus en aide. Mais comme les éléments masculins de notre entourage proche étaient morts, emprisonnés ou portés disparus, mes frères et moi étions à présent les hommes de la famille.

D'autres problèmes ont surgi. Les talibans sont venus nous rendre visite de plus en plus souvent. Ils voulaient que mon frère aîné et moi devenions des combattants et même des martyrs en commettant un attentat-suicide pour venger la mort de mon père.

J'étais tellement en colère que j'étais prêt à le faire. Hazrat et Noor aussi. Tous les trois, nous n'en parlions pas mais, entre frères, nous comprenions la peine qu'éprouvaient les autres. Seulement, ma mère savait qu'un enfant ne pouvait pas évaluer les conséquences d'un acte aussi extrême et qu'il était facile de manipuler sa peine. Elle aussi était pleine de colère et de chagrin. De fait, beaucoup de femmes pachtounes auraient voulu que leurs fils se vengent, même si cela signifiait qu'ils y laissent la vie.

La vengeance est un élément central du *pachtounwali* : si vous ne vous vengez pas de vos ennemis, vous échouez en tant qu'homme. Mais ma mère était sous l'influence de sa foi profonde et inaltérable. Grâce à son père, elle avait une compréhension profonde de ce qu'est le véritable islam, une religion qui interdit d'ôter la vie. On lui avait enseigné que tuer est mal, même si les raisons de le faire paraissent justes. On lui avait appris à essayer de pardonner et à accepter les événements tragiques comme des manifestations de la volonté de Dieu. Ce n'était pas facile pour elle, mais sa foi l'aidait à surmonter la perte de mon père.

Ma mère avait peur pour Hazrat et moi, car les Américains s'intéressaient aussi à nous : ils voulaient des informations sur les contacts de mon oncle et les caches d'armes des talibans. Elle craignait, si nous nous compromettions avec eux, que nous ne soyons considérés comme des traîtres et assassinés. Cette peur était fondée. Nous connaissions des familles où cela s'était produit.

Nous avions un ami de la famille qui était un indicateur des forces alliées. Hazrat et moi lui avons rendu visite pour essayer d'avoir des nouvelles de nos oncles. Nous ne savions pas dans quelle prison ils se trouvaient ni quelles charges pesaient sur eux.

Nous nous sommes assis dans un canapé et avons bu du thé.

— Les garçons, vous connaissez l'expression : « L'ennemi de votre ennemi est votre ami » ?

C'était un dicton pachtoune très courant.

— Vous feriez bien de vous en souvenir à présent. Je ferai tout ce que je peux pour vous aider mais, de votre côté, vous seriez sages de vous demander qui sont vos nouveaux amis désormais.

Je me méfiais de lui. Mais comme il avait beaucoup fréquenté mon père, j'espérais que cela comptait pour quelque chose. À la fin de notre entretien, il nous a prévenus d'être très prudents. Les forces de l'OTAN, a-t-il dit, voulaient que nous travaillions pour elles. Si nous ne le faisions pas, nous courions le risque d'être tués ou de finir en prison. Il a aussi clairement fait entendre que si nous opérions le moindre mouvement vers les talibans, il le saurait. Et que dans ce cas, il ne pourrait ni ne voudrait nous aider.

Au cours des semaines qui ont suivi la mort de mon père, la maison n'a pas désempli. Chaque visiteur avait force conseils à donner, tous en contradiction les uns avec les autres.

Un messager, un inconnu, est venu présenter ses condoléances. Il a dit qu'il représentait le gouverneur-fantôme de la province, nommé par le mollah Omar lui-même. Il nous a assuré que les talibans seraient heureux de prendre notre vengeance à leur compte mais qu'ils avaient besoin de notre coopération. Cela impliquait que mes frères et moi combattions à leur côté. « Rejoignez-nous pour combattre les infidèles et les expulser d'Afghanistan ! » Il a dit, pour conclure, qu'il comprenait que nous puissions vouloir rester en dehors de tout ça mais qu'il espérait que nous finirions par jouer notre rôle

À mes yeux, ce message avait du sens. De tous les gens qui nous ont donné des conseils, il a été le plus persuasif – de mon point de vue, en tout cas, car Hazrat ne l'a pas aimé.

Par la suite, les messages ont pris une forme plus menaçante, celle des « lettres de la nuit », un message manuscrit glissé sous la porte : « Devenez des martyrs ou mourez ! »

Quand nous rentrions de l'école, des barbus à moto nous suivaient jusqu'à la maison. Certains parlaient gentiment, d'autres nous menaçaient. Il y en a même qui ont essayé de nous emmener dans un camp d'entraînement. Nous en étions arrivés à nous mettre à courir pour fuir aussitôt que nous entendions un bruit de moteur.

Tout cela me terrifiait. Il y avait énormément de gens pour nous offrir protection et soutien mais, en réalité, nous ne savions absolument pas à qui nous pouvions nous fier.

Je ne crois pas que les talibans nous auraient tués pour avoir décliné leur offre ; ils essayaient de nous convaincre par la menace. Mais je pense qu'ils l'auraient fait si nous avions collaboré avec les Américains. Mon frère et moi étions deux simples pions dans une partie d'échecs mortelle qui se jouait entre les deux camps : facilement joués, facilement perdus.

Au final, ma mère a décidé de notre sort. Un soir, elle nous a fait asseoir, Hazrat et moi. Elle était très calme.

— Gulwali, Hazrat, il vous faut partir loin d'ici, dans un endroit où personne ne vous connaît. Noor est trop petit, il restera avec moi. Nous sommes en train de mettre au point un plan.

Ç'a été tout. Elle n'a pas dit où, pendant combien de temps ni quand. Elle ne nous a pas demandé notre avis ni si ça nous plaisait. J'ai pensé que ce voyage serait l'affaire de quelques semaines.

Hazrat et moi avons d'abord été envoyés chez une tante, au Waziristan. J'ai supposé que je finirais par revenir chez nous, si bien qu'il n'y a eu ni grands adieux, ni larmes ni tristesse. Quand j'ai serré ma grand-mère et mes petits frères et sœurs dans mes bras pour leur dire au revoir, je n'ai pas fait d'histoires : je pensais les revoir bientôt. Et je n'ai pas posé de questions à ma mère parce que, dans notre culture, il y a des choses que, en tant qu'enfant, vous vous contentez de faire quand on vous le dit.

Mon oncle Qais est venu nous chercher, Hazrat et moi. Notre trajet jusqu'au Waziristan nous a fait traverser le cœur des tribus pachtounes, un secteur où les lois ne s'appliquent pas et qu'on a décrit comme la frontière la plus controversée et la plus dangereuse du monde. Tandis que nous dépassions montagnes, rivières et lacs, mon cœur bouillonnait des souvenirs heureux de ma tendre enfance de nomade. Comme j'aurais aimé me trouver à nouveau au milieu des prés à m'occuper des brebis avec mon grand-père ! J'avais encore tellement de chagrin pour lui et pour mon père, ces deux hommes que j'avais tant aimés !

Le voyage nous a pris un jour et demi et j'ai été très heureux d'arriver au Waziristan. J'étais terriblement excité. La ville était entourée de hauts pics couverts de neige que sillonnaient des rivières scintillantes. Oncle Qais nous a menés tout droit au bazar. Il était plein de marchands qui, tous, vantaient leurs produits dans un dialecte tribal que j'avais du mal à comprendre. Ils étaient accroupis à boire du thé, à discuter d'une voix forte ou à comparer les oiseaux sauvages qui étaient enfermés dans une longue rangée de cages. Dans la plupart des échoppes, on vendait des armes, on en fabriquait ou on les essayait… en tirant en l'air. Chaque fois que j'entendais un coup de feu, je sursautais. Partout il y avait des chiens errants à demi sauvages tandis que l'odeur des kébabs que vendaient les marchands faisait gronder de faim mon estomac.

J'étais hypnotisé, en particulier par les yeux verts perçants des locaux. Les gens de cette région sont réputés pour leurs yeux magnifiquement colorés. Même quand ils sont heureux et paisibles, ils s'arrangent pour sembler sauvages et absents.

La maison de ma tante était petite et entourée de champs d'opium, de blé et de cannabis. Je mourais d'envie de courir la campagne mais ça n'aurait pas été prudent parce que les soldats pakistanais se battaient avec les militants talibans locaux. L'essentiel du temps, mon frère et moi restions assis dans la maison, sans savoir combien de temps nous resterions là ni ce qu'il allait nous arriver. Nous sortions seulement pour aller à la mosquée du village, prier. J'aimais me trouver là, car cela aidait à m'apaiser. Je priais pour que toute cette douleur qui frappait notre famille ait une raison d'être : je commençais à comprendre que la vie était une épreuve et qu'il ne fallait pas renoncer. J'étais aussi passablement déprimé par l'idée de ne plus jamais retourner à l'école.

Au bout d'une semaine, mon oncle nous a emmenés acheter des vêtements. J'ai été furieux quand il nous a fait essayer des jeans.

— Oncle, je ne vais pas porter les vêtements des envahisseurs !

À la maison, nous nous en tenions au *shalwar kamiz*. J'étais à ce point anti-occidental que je considérais le fait de porter un jeans comme une trahison. Mais l'oncle n'était pas d'humeur à discuter.

— Mets-le ! Tu crois que je suis venu ici gaspiller mon argent ?

À contrecœur, j'ai fait ce qu'on me commandait, mais j'ai détesté l'effet de ce coton raide sur ma peau. Il nous a aussi acheté un petit sac à dos à chacun, des tee-shirts, des sous-vêtements, des gants en laine, des bottines solides et des vestes chaudes. Le temps que nous finissions les courses, et les sacs à dos étaient pleins. Personne ne nous l'avait annoncé, mais ce qui allait arriver devenait évident.

Hazrat et moi étions devenus beaucoup plus proches que nous ne l'étions dans notre enfance même si, comme tous les frères, nous nous agacions parfois mutuellement. Le fait que je me considérais toujours comme le chef, bien qu'il ait un an de plus et qu'il soit très intelligent, n'arrangeait pas les choses.

— Ils nous envoient au loin, n'est-ce pas ? lui ai-je dit ce soir-là.

Il a approuvé de la tête.

J'ai avoué le sentiment, le seul, que j'avais sur la question :

— Rentrons à la maison. Ils ont besoin de nous. Nous ferons marcher les affaires et veillerons sur les femmes. Je peux même reprendre l'atelier de confection. Je suis un bon tailleur.

— Non, Gulwali ! C'est la décision de notre mère, et nous devons la respecter.

— Elle a tort, ai-je insisté.

— Si elle a pris cette décision, c'est que la situation est sérieuse !

— Tu es un *khazanouka* !

Traiter mon frère de féministe n'a pas arrangé les choses, et j'ai continué de me sentir en colère. Ce sentiment n'a fait que s'intensifier quand, le lendemain, notre oncle nous a emmenés dans un restaurant de kébabs. Le propriétaire a demandé :

— Alors, ce sont ces garçons ?

— Oui ! Ils voyagent ensemble. Leur mère insiste sur ce point !

— Vous avez ma parole, a répondu l'homme.

Je suis resté assis, très tendu, à écouter mon oncle et cet homme discuter d'argent, de documents et d'itinéraires. Ils ont parlé de nous comme si nous n'étions pas là. Je me rappelle avoir éprouvé une confusion et un désespoir intenses.

À la fin octobre 2006, ma mère est arrivée pour nous rendre visite. J'étais heureux de la voir et, en même temps, très en colère contre elle. Je me sentais trahi. Mon statut, qui me causait un grand plaisir, de responsable et de protecteur de la famille m'avait échappé. Même si c'était injuste, je lui en tenais rigueur.

Elle m'a embrassé sur le front, puis elle est allée parler à mon oncle. Ils sont restés assis à discuter à voix basse. J'avais envie de les interrompre en criant. Pourquoi faisaient-ils ça ?

Le soir suivant, on nous a dit, à Hazrat et à moi, que nous allions chez quelqu'un avec ma mère, ma tante et mon oncle, pour dîner. La maison se trouvait à dix minutes à pied. Ma mère et ma tante ont marché à côté de nous ; elles portaient leur *burqa* bleue. À notre arrivée, Hazrat et moi avons été conduits dans une salle où quelques hommes d'âges divers étaient assis sur des coussins posés au sol. Ils buvaient du thé vert. Tout en fourrant des morceaux de *naan* dans ma bouche, je les ai écoutés parler de politique.

Une fois le repas et les discussions terminés, nous avons bu du thé vert sucré bien chaud, mangé des abricots secs, des mûres et des amandes. Je commençais à avoir sommeil quand notre hôte et mon oncle nous ont dit, à Hazrat et à moi, de les suivre.

Ils nous ont accompagnés à la porte où notre mère nous attendait. J'ai été ébahi de voir nos sacs à dos posés près d'elle. Je ne savais pas qui les avait apportés là. Je me suis senti mal.

Hazrat m'a regardé ; il était aussi choqué que moi. J'ai considéré ma mère pour me rassurer. Il m'a semblé, tandis qu'elle se tenait là, debout dans sa *burqa*, qu'elle fléchissait un peu sur ses genoux. J'ai pensé qu'elle allait tomber. Elle nous a regardés, mon frère et moi.

— Vous devez vous tenir par la main ! Ne vous séparez jamais !

— Quoi ! *Morya.* Je ne suis pas prêt ! S'il te plaît…

— J'ai dit : ne vous séparez jamais ! Vous comprenez ?

Elle nous a fixés avec tant d'intensité à travers la grille de sa *burqa* que j'ai cru que son regard de feu allait me percer le crâne.

Nous avons fait « oui » de la tête.

— Soyez courageux. C'est pour votre bien !

Et alors, elle a dit quelque chose qui m'a gelé le cœur.

— Aussi mal que les choses tournent, ne revenez jamais.

Je me suis mis à crier :

— Je ne vais nulle part ! On a besoin de moi ici !

Je me suis tourné vers Hazrat. Il semblait accablé.

Ma mère a parlé de nouveau :

— Écoutez-moi. Ces gens s'occuperont de vous mais vous devez prendre soin l'un de l'autre. Tenez-vous par la main. Toujours !

Elle nous a fixés de nouveau, intensément, droit dans les yeux. Puis elle a tiré quelque chose des plis de sa *burqa*.

Elle nous a remis 200 dollars à chacun. Mon oncle nous a donné une poignée d'argent iranien.

Notre hôte a regardé sa montre.

— Il faut bouger. La route est longue !

Il nous a poussés vers l'extérieur où une voiture était garée. J'ai commencé à me sentir malade.

— *Morya* ! S'il te plaît, ramène-moi à la maison !

Elle m'a lancé un regard furieux et, l'espace d'un instant, j'ai cru qu'elle allait me frapper.

— *Morya*, s'il te plaît ! ai-je dit.

J'étais complètement désespéré désormais.

L'homme a fait un geste d'impatience.

— Il faut nous dépêcher, m'dame !

Ma mère s'est mise à trembler. À travers la grille de la *burqa*, j'ai pu voir ses yeux aller et venir entre l'homme et nous.

— Où allons-nous, *Morya* ?

— En sûreté. En Europe.

— Ils y seront en quelques semaines, a assuré l'homme à ma mère. Pour eux, ce sera comme des vacances. Une aventure.

Là-dessus, il nous a littéralement poussés dans la voiture.

Immobile, ma mère nous a regardés y entrer ; elle était grande, fière et résolue. Je ne sais pas comment elle a pu réagir quand les feux du véhicule ont disparu. S'est-elle écroulée en pleurant et en criant ? S'est-elle finalement laissé submerger par le traumatisme d'avoir perdu son époux puis ses deux fils aînés ?

Sans doute, vu la femme forte qu'elle était, s'est-elle tenue tranquille en refoulant sa douleur au plus profond d'elle-même.

J'étais trop choqué pour pouvoir parler. Mon seul réconfort a été la main de mon frère qui a serré gentiment la mienne quand il a remarqué que mes larmes menaçaient de couler.

— Tout ira bien pour nous. On est ensemble. Je veillerai sur toi !

Cette nuit-là, on nous a conduits dans une ville. Je pense qu'il s'agissait de Peshawar. On nous a emmenés dans une famille et on nous a donné de la nourriture et des matelas sur lesquels dormir.

Le matin, sont arrivés un homme et une femme. Des Afghans qui parlaient dari. Le dari et le pachto sont les deux langues principales en Afghanistan. Le pachto est ma langue maternelle et j'ai toujours vécu dans une zone où on le parle, donc mon dari n'était pas bon. Je pouvais néanmoins me faire comprendre en dari – la plupart des enfants afghans parlent les deux langues.

La femme a expliqué qu'ils allaient nous emmener en avion en Iran. À l'aéroport, il faudrait nous comporter de façon à laisser croire qu'ils étaient des parents. Ils nous ont dit de ne pas attirer l'attention des agents de sécurité. De là, nous irions en Europe.

— Où en Europe ? ai-je demandé.

La femme a haussé les épaules.

— Je ne sais pas. Inutile de demander. Je suis juste un agent. Votre famille a pris ses dispositions avec des gens à Kaboul.

Elle a fouillé dans un sac.

— Tenez ! Prenez ça.

Elle nous a tendu un passeport afghan à chacun. Je n'en avais jamais eu auparavant. J'ai regardé avec surprise ma photo qui me fixait. Quand ma famille avait-elle organisé tout ça ?

À l'aéroport de Peshawar, j'ai oublié ma tristesse un moment. Il paraissait tellement immense, avec des voitures, des files de gens et des machines partout. Je suis resté bouche bée devant l'appareil de détection dans lequel on a fait passer nos sacs à dos.

J'ai été ramené brutalement à la réalité quand l'homme avec lequel nous étions a pris le sac à dos de Hazrat et a fait franchir la porte à mon frère. Je m'apprêtais à suivre mais la femme m'a retenu. Hazrat ne s'est pas retourné pour me lancer un regard – je pense que c'est parce qu'il croyait que j'étais juste derrière lui. J'ai voulu crier son nom mais les consignes de la femme de ne pas attirer l'attention m'étaient encore bien présentes à l'esprit.

— Je veux aller avec lui ! lui ai-je dit dans le meilleur dari dont j'étais capable.

Elle m'a ignoré et m'a serré le bras si fort que ça m'a fait mal. J'ai commencé à pleurer et à jeter des regards nerveux autour de moi. Un garde a regardé dans notre direction.

— Reste tranquille ! s'est-elle empressée de dire. Tout va bien ! Plus tard, tu le verras dans l'avion.

Je me suis arrêté de pleurer parce que je l'ai crue. Mais, à bord, mon frère et l'homme n'étaient nulle part en vue.

— Où est-il ? Où est Hazrat ? ai-je demandé.

— Reste tranquille, a-t-elle soufflé. Un avion différent. Tu le verras de l'autre côté.

Cette fois, j'ai su qu'elle mentait.

Quand nous sommes arrivés à destination, j'étais une épave terrifiée, esseulée et sanglotante. Et, au moment où nous avons passé les services de l'immigration, le fait que j'étais vraiment en pays étranger m'a frappé. Le Waziristan et Peshawar, quoique situés au Pakistan, semblaient familiers parce qu'ils appartiennent à l'aire pachtoune. Mais l'Iran était complètement étranger.

Une fois sortis de l'aéroport, la femme m'a traîné jusqu'à un taxi sans dire un mot. Je réclamais mon frère et dirigeais désespérément le regard dans toutes les directions dans l'espoir de l'apercevoir.

L'agente et le chauffeur de taxi ont parlé en farsi, la langue principale de l'Iran qui ressemble beaucoup au dari même si la prononciation et l'accent diffèrent. Seulement, mon angoisse et leur étrange accent m'ont empêché de comprendre quoi que ce soit.

On m'a poussé, toujours en larmes, à l'arrière d'un taxi et on m'a conduit hors de l'aéroport à travers la campagne environnante. La femme m'a laissé partir sans un regard. Je priais pour que Hazrat soit également en route vers l'endroit où on me conduisait.

Le chauffeur de taxi, un homme maigre avec un gros nez poilu, s'est tourné vers l'arrière où j'étais assis, avec de la morve et des larmes qui dégoulinaient sur mon visage sale et épuisé.

— Bienvenue dans la cité sainte de Mechhed !

Cela m'a rendu furieux. Les Iraniens sont chiites, et on m'avait toujours enseigné à la mosquée et à l'école que les chiites n'étaient pas de vrais musulmans. Il me fallait cependant reconnaître que Mechhed était une très belle ville. Elle semblait neuve, brillante et soignée. Les trottoirs étaient si propres qu'ils paraissaient briller. Les gratte-ciel, les centres commerciaux que, jusqu'alors, j'avais vus seulement dans des livres, étaient partout. Même au milieu des ronds-points, il y avait des décors. Je me suis émerveillé d'en voir un, en marbre rose, qui figurait deux mains tenant le coran.

À travers la vitre, j'ai aperçu une famille iranienne. Les parents tenaient leurs deux jeunes enfants, un garçon et une fille, par la main. La fille portait une robe blanche en dentelle avec des volants, des chaussettes blanches jusqu'aux genoux et des chaussures en vernis noir ; le petit garçon, un costume noir et un nœud papillon rouge. Les parents les soulevaient pour les faire sauter en l'air. La vue de leur bonheur insouciant m'a fait l'effet d'un coup de poignard en même temps que se bousculaient dans ma tête des images de mes petites sœurs et de mes petits frères.

Très vite, je m'en suis débarrassé. J'étais déjà en train d'apprendre que pour continuer à avancer, il me fallait arrêter d'aimer, arrêter de me souvenir. Penser à ceux que j'avais laissés derrière moi était trop douloureux.

On m'a conduit à un petit hôtel du centre-ville. Le gérant est venu jusqu'au taxi et a demandé :

— Es-tu la personne de Qubat ?

Je n'avais pas idée de ce dont il parlait. C'était quoi, « Qubat » ?

— Où est l'autre ? Je pensais que vous deviez arriver à deux.

— Mon frère ! Est-il ici ?

— Peut-être. Il y en a d'autres ici qui appartiennent à Qubat. Il se pourrait qu'il soit avec eux. Laisse-moi te montrer ta chambre.

Il m'a conduit jusqu'à un ascenseur. Il a poussé des boutons et il s'est mis en marche. J'étais ébloui : je n'en avais encore jamais pris.

Arrivé devant la chambre 15, il a frappé à la porte. Un frisson d'excitation m'a parcouru. J'ai prié pour que ce soit Hazrat qui ouvre. À la place, un jeune de grande taille avec les dents en avant et les cheveux en bataille a passé la tête par la porte entrouverte.

— Oui ?

— Le nouvel arrivant est ici. Il est petit. Faites les présentations et prenez soin de lui. Il demande son frère.

Le jeune m'a souri de toutes ses dents et s'est présenté comme étant Mehran.

— *Salaam alaikum*, m'a-t-il accueilli en pachto.

J'ai souri en retour, soulagé. À partir de ce moment-là, la présence d'autres Pachtounes autour de moi a toujours rendu un peu plus facile le fait de me trouver dans un pays étranger.

La pièce avait quatre lits à une place, chacun dans un coin. Au milieu, il y avait un tapis avec un dessin de paon. Deux autres hommes, qui étaient assis par terre, se sont levés quand je suis entré et se sont approchés pour me saluer. Le premier, rasé de près et plein de vie, semblait approcher la quarantaine ; il s'est présenté comme étant Baryalai. L'autre a dit s'appeler Abdul. Il avait autour de vingt-cinq ans et paraissait un peu timide.

— Tu es trop jeune pour être ici, petit homme ! Laisse-moi t'apporter un peu de thé.

— Non ! Non ! Je vais y aller, a dit Mehran.

Cela m'a fait sourire : des Afghans typiques faisant assaut d'hospitalité. D'emblée, ils m'ont fait sentir que j'étais le bienvenu.

Tandis que, assis sur le tapis, nous prenions le thé, j'en ai appris plus long sur leur compte. Baryalai était originaire de Nangarhar, la même province que moi, mais il avait grandi dans un camp de réfugiés à Peshawar. Mehran était aussi de Nangarhar et même de Hisarak, le district dans lequel j'avais grandi. Abdul, lui, était le fils d'un officier de Kaboul.

Ils m'ont dit qu'ils avaient voyagé en autobus de Kaboul à Hérat, dans l'ouest de l'Afghanistan. De là, ils avaient passé la frontière pour entrer en Iran, avant d'arriver à Mechhed. Nous n'avons pas évoqué en détail les raisons qui les avaient poussés à fuir. Tout le monde, je pense, considérait tacitement qu'il y avait de bonnes raisons pour cela, sinon pourquoi auraient-ils été là ?

— As-tu mangé ? m'a demandé Baryalai avec un chaud sourire.

Quelque chose chez lui me faisait me sentir en sécurité.

Je n'avais rien mangé depuis Peshawar. Je mourais de faim.

— Nous avons de la bonne nourriture. Viens ! Mange !

Mehran a versé du riz frit d'un récipient dans une assiette. Cela ressemblait de façon rassurante à de la nourriture afghane.

J'avais tant de questions en tête : combien de temps allions-nous passer là ? Qu'arriverait-il ensuite ? Une seule a franchi mes lèvres :

— Où est mon frère Hazrat ? Il devrait être ici. Est-il dans une autre chambre ?

Baryalai m'a regardé et a froncé les sourcils.

— Il y a d'autres Afghans mais qui dépendent d'un autre agent – pas de Qubat. Et aucun d'entre eux ne s'appelle Hazrat.

— Mais ils avaient promis !

— « Ils » font des tas de promesses, Gulwali !

Je me suis tu. Ils ont vu que j'étais effrayé et abattu, aussi ont-ils suggéré d'aller faire une promenade. J'ai été surpris que nous puissions sortir sans être accompagnés et j'ai saisi la chance au vol.

Nous nous sommes baladés dans un parc du voisinage en mangeant des pastèques. Finalement, j'ai été capable de poser toutes les questions qui m'importaient, y compris celle qui m'avait laissé perplexe depuis mon arrivée à l'hôtel.

— Qu'est-ce que c'est « Qubat » ? Le mot farsi pour kébab ?

Ils ont tous rugi de rire.

— Qu'y a-t-il de si drôle ?

Mehran a essuyé ses yeux pleins de larmes.

— Je pensais être stupide, mais ce garçon est vraiment idiot !

Baryalai a pris la parole :

— Qubat est l'agent principal de Kaboul que nous avons payé pour qu'il nous amène ici.

— Mais je n'ai payé personne !

— Non ! Mais ta famille l'a fait. Qubat est un passeur. Un gros bonnet.

— Est-ce qu'il est ici ? Il saurait où se trouve Hazrat !

— Non, Gulwali.

Le ton de Baryalai s'est adouci.

— Comme je te l'ai expliqué, Qubat est le grand patron. Il vit à Kaboul. Je l'ai rencontré une fois seulement. Il a des gars qui travaillent pour lui ici. Il a tout organisé et il a pris notre argent. Il a pris la moindre roupie que j'avais. C'est tout ce que je sais.

— Mais à propos de Hazrat ?

Se tenant face à moi, Baryalai m'a posé la main sur l'épaule et s'est baissé légèrement de façon à me regarder droit dans les yeux.

— Petit homme, je pense qu'ils t'ont menti. Il te faut oublier ton frère pour le moment. C'est nous qui sommes tes frères désormais.

Je ne voulais pas mettre dans l'embarras en pleurant devant mes nouveaux amis, aussi me suis-je mordu la lèvre très fort.

— Votre oncle a payé pour les deux, si bien qu'il doit être quelque part à faire le même voyage, a dit Baryalai. Je suis sûr que tu le retrouveras bientôt.

CHAPITRE CINQ

De bonne heure, le lendemain soir, nous avons quitté la sécurité temporaire de l'hôtel. Un long voyage en autocar nous attendait entre Mechhed et Ispahan puis vers la capitale, Téhéran. Mes nouveaux compagnons de voyage me rassuraient, mais je me sentais toujours perdu et effrayé. Quand je songeais à la maison, je ne pouvais retenir mes larmes. Et quand je pensais à Hazrat, emmené nul ne savait où, je me sentais malade. Les paroles de ma mère, « Tenez-vous par la main, toujours », résonnaient dans ma tête. Elle serait furieuse si elle savait que nous avions été séparés.

Le directeur de l'hôtel nous a conduits à la station d'autocars où il a acheté nos billets. Nos places dans le car étaient celles sur la banquette du fond. Baryalai n'a pas été content.

— Si la police monte à bord, elle nous verra tout de suite. Trouvez-nous d'autres sièges.

Nous étions entrés en Iran légalement avec des visas touristiques mais si la police nous demandait quels sites nous allions voir, que répondre ? Nous nous ferions arrêter à coup sûr. Les prisons iraniennes sont pleines de réfugiés afghans. C'était bien connu.

— C'étaient les dernières places ! a dit le directeur, exaspéré. Et le prochain car ne part que dans six heures. On vous attend demain soir à Téhéran. Si vous êtes en retard, vous raterez votre contact.

Baryalai continuait d'être mécontent. J'ai essayé de le rassurer.

Mais quand le car a quitté Mechhed, j'ai eu l'impression de m'éloigner de plus en plus de tout ce que je connaissais.

*

J'étais assez petit pour trouver un confort relatif sur les sièges de l'autocar. Quand je ne dormais pas, je grignotais des graines de tournesol séchées et, je regardais l'Iran se dérouler sous mes yeux. Ce pays semblait si propre, si bien organisé. À la différence de chez nous, les routes étaient goudronnées et lisses, et j'étais émerveillé par tous ces bâtiments modernes ornés de guirlandes lumineuses.

À quelques heures d'intervalle, le chauffeur s'arrêtait pour faire le plein ou pour les repas. Nous descendions, heureux de nous dégourdir les jambes et de faire un tour aux toilettes. À un moment de la nuit, je me suis réveillé alors que le car était arrêté dans une gare importante. Encore somnolent, je suis sorti prendre un peu d'air frais. Le dépôt était plein de chauffeurs qui clignaient des yeux pour chasser le sommeil. Le peu de femmes qu'il y avait dans les parages se divisait en deux catégories : les plus âgées portaient de grandes robes noires qui leur couvraient la tête et le corps en laissant voir le visage ; les plus jeunes portaient des jeans et de longues tuniques ou des manteaux avec un foulard aux couleurs vives qui leur cachait les cheveux. J'ai trouvé dérangeant de voir autant de femmes dehors avec le visage découvert. J'ai pensé à ma province où les femmes sortaient rarement de la maison, et quand elles le faisaient, portaient la *burqa* bleue traditionnelle.

Le dépôt était plein de boutiquiers qui vendaient des provisions aux voyageurs. Des échoppes regorgeaient de dattes, de mangues, d'abricots et d'oranges ; d'autres proposaient des friandises colorées en pâte d'amande et des petits gâteaux ainsi que du Coca et du thé noir sucré. En déambulant, à observer toutes ces douceurs qui me mettaient l'eau à la bouche, j'en ai perdu la notion du temps.

Brusquement, il m'est revenu à l'esprit que le chauffeur nous avait dit : « Pas plus de dix minutes ! ». J'ai couru à l'endroit où stationnait le car et j'ai ouvert la porte avec un soupir de soulagement. Tout ça pour découvrir un chauffeur que je n'ai pas reconnu. Paniqué, j'ai sauté dehors et regardé à droite et à gauche. Il y avait des rangées et des rangées d'autocars, tous les mêmes. Où était le mien ? Mon cœur battait fort. Mon passeport était dans le car avec presque tout mon argent.

J'ai couru à la recherche de mon car. Ils se ressemblaient tous. Le visage rouge et couvert de larmes, je bousculais des gens au passage. La panique commençait à s'emparer de moi. Que se passerait-il s'ils partaient sans m'attendre ? Mon cœur cognait si fort que je croyais que ma poitrine allait exploser. Je ne savais même pas le nom de la ville où nous nous trouvions. J'étais juste un petit garçon. Où irais-je ? Qu'allais-je faire ? J'ai crié de colère :

— *Morya !* Je veux ma *Morya* !

Dans mon affolement, j'ai continué de courir droit devant moi. J'ai dépassé l'arrière d'un nouvel autocar... pour tomber sur une figure familière. Mehran semblait vraiment furieux.

— Gulwali ! Où diable es-tu allé ?
— Je me suis perdu. Je suis désolé.
— Il s'en est fallu de peu. Le chauffeur voulait partir.

Quand je me suis écroulé sur mon siège, Baryalai m'a dit :
— Fais en sorte de rester près de nous à l'avenir.

Le car fonçait dans la nuit en rugissant, et j'ai sombré dans le sommeil. Quand j'ai rouvert les yeux, j'ai pensé que mon voyage s'était déjà achevé : un soldat iranien était assis juste à côté de moi. J'ai ouvert la bouche pour parler mais Baryalai s'est empressé de le faire à ma place.

— Bonjour, Gulwali !

Ses yeux m'imploraient de ne rien dire.

Je n'ai pas compris ce qui se passait. Le soldat causait tranquillement avec mes amis. S'il était venu nous arrêter, pourquoi ne l'avait-il pas encore fait ? Je suis resté aussi tranquille qu'une souris, sans oser piper mot. Tandis qu'ils bavardaient, toutefois, j'ai compris que le soldat était en permission et qu'il rentrait chez lui, voir ses parents. C'était un passager, comme nous. Il posait des questions discrètes pour savoir comment nous trouvions l'Iran et si nous aimions les paysages. Il semblait très fier de son pays. Je crois qu'il a pensé que nous étions en vacances ou que nous travaillions là. Il n'est pas rare de rencontrer des Afghans en Iran. Beaucoup s'y rendent pour affaires ou pour y trouver du travail dans le bâtiment qui est en plein essor. Aussi gentil qu'il ait pu être, toutefois, je me suis senti soulagé quand il est descendu du car.

Plus tard, nous nous sommes arrêtés dans une station-service pour le petit déjeuner. Il y avait aussi une mosquée. Cette fois, j'ai veillé à rester avec les autres. La partie réservée aux ablutions était pleine de gens qui se préparaient pour la prière. Les ablutions sont un rituel que les musulmans pratiquent avant de prier ; cela consiste à se laver les mains, les bras, le visage et les pieds. Nous les avons rejoints tandis que l'*azzan* – l'appel à la prière – me soulevait l'âme. Même quand j'étais petit enfant, c'était, pour moi, le son le plus merveilleux qui soit ; il m'emplissait d'un sentiment de paix.

Depuis mon plus jeune âge, on m'avait enseigné à redouter les chiites parce qu'ils étaient apostats. Pourtant l'*azzan*, les ablutions... tout me semblait identique à mes propres rites. Quand nous avons pénétré dans la mosquée pour prier, je me suis rendu compte que nous disions aussi les mêmes prières. La seule différence que j'ai pu noter, c'était que quand je priais, je plaçais les mains devant moi. Eux les gardaient sur les côtés. Et aussi, ils priaient à voix haute, quand j'avais l'habitude de le faire en silence. Mais à part ça, tout semblait normal.

Nous sommes arrivés à Téhéran tôt le soir, après une nuit et un jour passés sur la route. C'était un endroit immensément moderne et propre. Le trafic s'écoulait pare-chocs contre pare-chocs avec des taxis jaunes partout. Les fumées des diesels rendaient l'air épais.

L'arrivée a été un moment chaotique. Le terminal était immense, et nous n'étions pas descendus de l'autocar que des chauffeurs de taxis se mettaient déjà à nous tirer par la manche.

— Taxi ! Taxi ! Par ici, messieurs !

C'était déconcertant. Quelqu'un devait être là pour nous attendre mais nous ignorions à quoi il ressemblait. Heureusement, nous avions un numéro de téléphone sur un morceau de papier. Nous avons réussi à nous dépêtrer des chauffeurs de taxi et à trouver une cabine téléphonique.

— Je suis en dehors de la gare ! a répondu une voix en farsi.

Nous sommes sortis dans la rue, toujours sans savoir comment reconnaître notre homme. C'était à lui de le faire, mais cela lui a pris un moment : nous sommes restés plantés là vingt minutes avant qu'il nous trouve.

— *Salaam !* Êtes-vous les gars de Qubat ? a demandé un jeune homme en jeans et veste de sport.

Nous avons acquiescé. Et il s'est excusé pour son retard.

— Il y a eu des ralentissements dans le métro.

Je n'avais pas idée de ce qu'était le métro.

Nous avons marché un peu le long de la rue. En regardant autour de moi, j'ai été émerveillé par la ville. Les rues étaient bordées de parterres de fleurs. Et même s'il y avait beaucoup de bruit et de trafic, la cité semblait tellement paisible et ordonnée. Notre capitale, Kaboul, était autrefois une destination touristique fameuse, connue pour ses jardins et ses parcs. Seulement, les années de conflit l'avaient terriblement endommagée. Quoiqu'elle reste encore belle à sa façon, désormais, des égouts à ciel ouvert longent les rues défoncées et pleines de trous, et les ordures s'entassent dans les rivières. Pour moi, Téhéran était le modèle de ce à quoi les capitales devaient ressembler.

Nous avons pris un taxi qui nous a conduits à une pension. Deux Afghans étaient déjà sur place : Shah et Faizal. Et ils n'étaient pas satisfaits du propriétaire des lieux, même s'il était afghan lui aussi.

— Nous devions quitter Téhéran voilà deux jours, mais cet individu nous force à rester ici, se sont-ils plaints.

De fait, la situation à la pension était déplaisante : le propriétaire nous a d'abord dit qu'il était le partenaire en affaires de Qubat en Iran, avant, tout d'un coup, de se mettre à nous crier dessus.

— Qubat était supposé envoyer assez d'argent pour vous emmener en Turquie. Mais où est l'argent ? Hein, il est où ?

Aucun de nous n'avait la moindre idée de ce dont il parlait.

— Je ne vais pas payer vos tickets de ma poche. Vous n'irez nulle part tant que je ne suis pas payé. C est déjà assez d'avoir vos bouches affamées à nourrir !

Cette nuit-là, j'ai couché sur un lit grumeleux à sommier métallique et regardé les cafards se balader sur les murs crasseux. Longtemps j'ai fixé le plafond en attendant que le sommeil vienne.

Les gens autour de moi avaient beau être gentils, ils n'en étaient pas moins des étrangers. Je souffrais de l'absence de ma famille. Tout ce que je souhaitais était de trouver un moyen de rentrer à la maison. Seulement, les mots de ma mère, « Ne revenez pas ! », résonnaient dans ma tête.

CHAPITRE SIX

Le propriétaire de la pension, était venu nous dire que l'argent était arrivé et que nous prendrions un car pour Tabriz le soir même. Mais il nous a demandé de lui remettre nos passeports.

— Aucun d'entre nous ne le donne ! a répondu Baryalai.

— Si la police vous attrape avec un passeport, ils sauront que vous voulez traverser la frontière. Il vaut mieux me les donner.

Nous n'étions pas dupes. Mieux valait avoir une pièce d'identité, falsifiée ou non. Mehran a répété que nous ne les donnerions pas.

Le propriétaire a commencé à s'irriter de notre refus.

— Vous étiez censés être là quelques heures, et vous restez plusieurs jours. En plus, vous voulez m'expliquer comment je dois faire mon boulot ! J'ai fait ça des centaines de fois avant vous !

Mes compagnons ne marchaient pas.

— Très bien ! a fini par lancer le propriétaire. Restez ici, et pourrissez-y ! Pas de passeports, pas de tickets, pas d'Europe !

Cette menace m'a effrayé, et j'ai trouvé le courage de parler.

— Non, s'il vous plaît, ne faites pas ça. Nous allons y réfléchir.

— Y réfléchir ? Parce que vous pensez que vous avez le choix ?

L'homme a lâché un ricanement plein de dérision.

— Vous me faites perdre mon temps, là. Vous aurez besoin de faux passeports mais pas avant d'être près de la Turquie. Jusqu'à ce moment-là, vous serez plus en sécurité sans papiers du tout.

Cela n'avait pas de sens. Si nous étions arrêtés sans papiers, nous serions envoyés en prison à coup sûr. Mehran a secoué la tête.

— Voyez-vous, ce sont nos passeports.

— « Nos » passeports ? Est-ce qu'ils ne vous ont pas été fournis par Qubat ? Ils sont sa propriété, pas la vôtre. Ils ont rempli leur rôle jusqu'ici mais, désormais, vous n'en avez plus besoin.

Cela ne nous menait nulle part. Je ne désirais pas donner mon passeport, moi non plus, mais je ne voulais pas rester dans cette pension malodorante un moment de plus.

— Si c'est pour notre sécurité, nous devrions accepter, ai-je dit.

Deux heures plus tard, nos passeports afghans tout neufs étaient dans une enveloppe sur le comptoir de la réception. Nous étions convaincus que c'était une erreur, mais quel choix avions-nous ?

Le propriétaire nous a conduits en voiture à la gare des autobus et nous a remis nos tickets à destination de Tabriz.

C'était un nouveau voyage de toute une nuit mais, cette fois, j'avais trop peur pour pouvoir dormir. Nous sommes arrivés dans une petite gare où un robuste Kurde iranien s'est approché de nous.

— Qubat ?

— Oui.

Il s'exprimait dans un mélange de farsi et d'une langue que je n'avais jamais entendue ; j'ai présumé qu'il s'agissait du kurde.

— Allons-y. Nous avons encore un long trajet devant nous.

Je ne sais pas comment nous avons fait, mais nous avons réussi à nous entasser à six dans sa Toyota avec nos affaires. Nous sommes sortis de Tabriz pour nous enfoncer dans la campagne.

Une heure plus tard, à peu près, la route jusqu'alors très sinueuse est devenue droite. Elle semblait se diriger vers le milieu d'un lac. Le trafic avait pris la forme d'une longue file et j'ai commencé à éprouver un sentiment croissant de panique. Était-ce une frontière ?

Le Kurde s'est arrêté, est sorti de la voiture et a ordonné :

— *Yallah !* Sortez ! Allez, bougeons !

À pied, nous l'avons suivi. Au bout d'un moment, j'ai vu que le lac s'élargissait et s'étendait jusqu'à l'horizon. Les files de voitures aboutissaient à un gros ferry sur lequel elles montaient.

Le Kurde a acheté une poignée de tickets.

— Tâchez de vous comporter en touristes, a-t-il dit en nous les donnant. Profitez du paysage.

C'était ma première fois à bord d'un bateau. Et même s'il y a beaucoup de lacs en Afghanistan, je n'en avais jamais vu un aussi grand ni aussi large. Il n'y avait pas de sièges pour les passagers et nous nous sommes tenus debout, près du bord du bateau. La surface du lac était lisse et tranquille mais quand j'ai fixé l'eau bleue et profonde, j'ai éprouvé un accès aigu de mal du pays. Seulement, je ne voulais pas que les autres pensent que j'étais un bébé, aussi ai-je essayé de me comporter avec courage et nonchalance, comme si je faisais ce genre de chose tous les jours.

La traversée a pris environ quinze minutes. Alors que nous approchions du rivage, le chauffeur dit de monter dans un minibus vert stationné au milieu du ferry. Derrière le volant se tenait un homme différent. Nous nous sommes installés et, quand le bateau s'est immobilisé, notre nouveau chauffeur a démarré.

Une heure plus tard, en pleine campagne, il s'est arrêté derrière un véhicule bleu garé sur le côté de la route.

— S'il vous plaît, changez de voiture.

Ces mots ont été les seuls qu'il a prononcés.

Un troisième homme nous a emmenés. Au bout d'un moment, le paysage est devenu différent. Des arbres parés des couleurs d'octobre, doré et orange brûlé, bordaient désormais notre chemin.

Mehran a demandé où nous allions mais le conducteur n'a pas répondu. Peu après, son humeur a changé : il est devenu nerveux et s'est mis à transpirer. Quelques minutes plus tard, nous avons traversé un poste de contrôle de police qui n'était pas surveillé. Ça a été un soulagement, car nous n'avions aucun papier à leur montrer.

— Allah est de notre côté aujourd'hui, a-t-il dit. D'habitude, ils contrôlent les véhicules, ici.

Son soulagement a été de courte durée. Un quart d'heure plus tard, alors que nous abordions un village, le moteur s'est coupé.

— Merde ! C'est pas bon, ça !

Nous avons compris ce qu'il voulait dire : il y avait un poste de police à quelques centaines de mètres plus loin.

— Restez à l'intérieur et essayez de baisser la tête.

Il est sorti, a soulevé le capot, farfouillé un moment dans le moteur. Puis il est revenu jusqu'à la portière du côté du chauffeur.

— Ça devrait aller, mais il faut la redémarrer, a-t-il dit par la vitre. Sortez tous et poussez. Dépêchons-nous de filer d'ici !

Le moteur a repris vie en aboyant juste au moment où deux policiers commençaient à descendre la rue. Nous nous sommes empilés dans la voiture. Ils ont à peine fait attention à nous.

Tard dans l'après-midi, nous avons fini par atteindre des bâtiments qu'entouraient des arbres fruitiers. Un homme imposant nous attendait dans la cour.

— Je suis Loup Noir, a-t-il dit en nous serrant la main.

Ses yeux étaient noirs comme la couleur de son nom, mais semblaient plus gentils que ne le suggérait ce dernier.

— Bienvenue chez moi ! Je m'excuse pour le dérangement dû aux divers véhicules. Mais vous êtes là, finalement.

Il parlait un farsi très joliment articulé, clair comme le cristal même si, comme le chauffeur, il était, de toute évidence, kurde.

— Venez, a-t-il poursuivi. Je vais vous montrer où dormir.

Nous avons obéi. Nous nous sommes dirigés vers une grande maison d'aspect très moderne. Loup Noir a désigné une porte juste à notre droite, et j'ai remarqué un gros anneau de diamants et d'émeraudes qui étincelait à son doigt.

— Voilà, a-t-il dit. C'est votre chambre.

Elle était bien meublée, avec des matelas traditionnels le long des murs et des tapis iraniens sur le sol.

À travers les rideaux de la fenêtre, j'ai vu des arbres chargés de pommes, d'oranges et de poires. Mon estomac s'est mis à grogner.

— Vous pouvez vous servir de fruits, a-t-il dit. Seulement, soyez silencieux, et discrets.

Puis Loup Noir a souri et m'a ébouriffé les cheveux.

— Ne sois pas aussi inquiet, mon garçon. Tu vas te reposer ici jusqu'à ce qu'on me prévienne que le moment est venu de bouger.

Il a regardé le reste de notre groupe.

— La prochaine partie du voyage sera dure. Vous aurez besoin de jambes solides, aussi dormez autant que vous le pourrez. Et si vous voyez que j'ai d'autres hôtes, restez dans votre chambre.

Sur quoi, il a tourné les talons et ajouté par-dessus son épaule :

— Quelqu'un vous apportera de la nourriture. Il y a un robinet sur le mur, à l'extérieur, et des toilettes après l'angle du bâtiment.

Trop épuisés pour parler, nous nous sommes écroulés sur les matelas.

J'ai été réveillé par Mehran qui me secouait.

— C'est l'heure de manger. Il fait presque nuit. Tu as ronflé pendant des heures !

Un adolescent se trouvait dans la chambre. Sur une nappe, au centre de la pièce, il a posé un plat de riz, un poulet rôti fumant, un ragoût de lentilles et une salade composée d'olives, de fromage, de concombre, de tomates, de citron et de chou. Un vrai festin !

Loup Noir est entré en portant une pile d'assiettes.

— Allez-y à présent. Prenez une assiette, et servez-vous ! Et toi, petit, ne traîne pas ! Mange avant que les gros ne dévorent tout !

Shah, qui était plutôt corpulent, l'a regardé de travers. Nous avons tous éclaté de rire.

Tandis que nous étions jambes croisées à manger en silence comme des affamés, je me suis surpris à regarder le ciel rempli d'étoiles par la fenêtre. Elles brillaient presque aussi fort que jadis, dans les montagnes de mon enfance.

Cela faisait une semaine que j'avais été arraché à ma famille et à tout ce que je connaissais, mais la douleur de chaque instant m'avait donné l'impression qu'elle avait duré des mois. Après le repas, j'ai demandé à Allah de garder ma famille en sécurité.

Je me suis réveillé tôt le lendemain matin. Il faisait encore sombre. Les autres dormaient, aussi les ai-je contournés en silence pour aller rendre visite à un cheval que j'avais repéré la veille dans un champ près du verger. J'ai cueilli une pomme et je l'ai tendue par-dessus la barrière. J'ai fait claquer ma langue, et une grosse ombre s'est approchée.

C'était une superbe jument alezane dont la robe luisait dans la lumière faible. Elle a reniflé mon offrande, et ses grandes dents ont coupé la pomme en deux morceaux plus faciles à croquer. Je me suis senti apaisé de me trouver seul avec ce bel animal ; j'ai repensé aux premières années de ma vie. Comment aurais-je pu me douter alors des souffrances qui nous attendaient, moi et ma famille ?

Les échos de l'appel matinal à la prière ont flotté à travers les arbres tandis qu'une lumière légèrement rosée commençait à faire fondre les brumes. Je me suis dépêché de revenir vers la maison.

— Hé, petit !

La voix a sonné fort dans l'air immobile du matin. Loup Noir se penchait par-dessus le mur bas à l'arrière de la maison.

— Est-ce que tu viens prier ?

— Où ? ai-je demandé, ne sachant pas où aller.

Il a agité la main pour me faire signe de venir.

Par la porte de derrière, j'ai pénétré dans les quartiers réservés à la famille. Un groupe de silhouettes se tenait dans la cour intérieure, le visage tourné vers La Mecque.

— Mon petit, voici mon frère, mon cousin et mon neveu.

Il m'a fait un signe de la tête puis s'est adressé à tout le monde.

— Prions, mes frères !

Je me suis joint à eux alors qu'ils se mettaient à genoux. J'ai remercié Allah d'avoir fait bon voyage jusque-là et lui ai demandé de veiller sur mon frère jusqu'à ce que nous soyons ensemble à nouveau. Et je l'ai remercié que Loup Noir soit un homme gentil.

Quand nous avons terminé, je me suis senti calme et réconforté.

— Tu prends ton petit déjeuner avec nous ?

J'ai souri largement en répondant « Merci ».

C'était très généreux de sa part de permettre à un individu mâle qui n'était pas un proche parent de rencontrer sa famille. J'étais nerveux. C'était la première fois que j'avais affaire à des Kurdes.

Grâce à l'école, je savais qu'ils sont le peuple le plus nombreux au monde à ne pas avoir de pays à eux. Historiquement, ils habitent les régions proches des frontières entre l'Iran, la Turquie, la Syrie et l'Irak mais ils ne reconnaissent pas les frontières de ces pays.

Mes appréhensions se sont dissipées quand j'ai été en présence de son épouse et sa belle-sœur. Sur le moment, j'ai été abasourdi par la beauté de sa femme : elle portait son foulard sur le cou, ce qui permettait à ses longs cheveux noirs de crouler sur ses épaules. Très vite, pourtant, le petit garçon qui avait l'honneur familial tellement à cœur quand il était chez lui s'est senti outré : j'aurais voulu lui dire de couvrir sa chevelure avec plus de soin.

Nous avons mangé le pain plat imbibé d'huile d'olive et trempé dans du caviar d'aubergines qu'elle nous a servi et un peu de lentilles qui restaient de la veille. Nous avons terminé par plusieurs verres d'un délicat thé noir sucré.

Loup Noir a allumé une cigarette.

— Alors, a-t-il demandé, t'es-tu remis de ton voyage jusqu'ici ?

— Oui, merci !

Et là, à ma grande horreur, j'ai senti les larmes me monter aux yeux, peut-être parce que sa famille me rappelait la mienne. Je m'en suis voulu d'être aussi sot, et j'ai essayé de les retenir. Trop tard.

— J'aimerais pouvoir dire que je n'ai pas vu beaucoup d'enfants comme toi sur ce chemin, mais ce n'est pas le cas. J'en ai vu. Trop, beaucoup trop. Ce monde est un triste monde.

Mes larmes coulaient désormais sans que je les contrôle. Et quand sa femme m'a tamponné les yeux avec un mouchoir en papier, son acte de tendresse maternelle a été trop pour moi.

J'ai saisi le mouchoir et j'ai fixé le sol. J'ai bataillé pour trouver les mots justes en farsi afin de pouvoir me faire comprendre.

— Ma mère nous a envoyés. J'ignore où peut être mon frère.

Là-dessus, une série de sanglots suffocants m'a échappé. Loup Noir et sa femme se sont regardés et ont secoué la tête tristement.

— Je suis sûr que tu le retrouveras. Tu as un long chemin à faire et, à coup sûr, tu croiseras beaucoup de gens sans scrupules. Écoute mon conseil, petit, ne fais pas confiance à ces prétendus passeurs.

— Mais n'êtes-vous pas un passeur vous-même ? ai-je laissé échapper en regrettant aussitôt la façon dont cela sonnait.

Loup Noir s'est hérissé l'espace d'un moment.

— Tu es injuste avec moi, et sous mon propre toit qui plus est.

Toute la famille a ri de mon évident malaise.

Il a agité une main pour produire un effet dramatique.

— Je suis un simple facilitateur. Un homme qui a une ferme bien située où des gens comme vous peuvent rester jusqu'à ce que les passeurs soient prêts à vous déplacer. Je propose des services et offre un niveau de discrétion que ces derniers trouvent réconfortant.

Sur quoi il a exhalé un autre nuage de fumée qui s'est élevé en tourbillonnant vers le plafond jauni.

Quand j'ai rejoint mes amis, ils étaient fâchés.

— Je t'avais dit de rester avec le groupe, m'a réprimandé Baryalai. Où étais-tu passé ?

J'allais le leur raconter quand quelque chose m'a retenu. J'ai eu l'impression que, tout gentils qu'ils puissent être, ils supporteraient mal qu'on m'ait accordé un traitement de faveur.

— Le cheval, ai-je lâché. J'étais avec le cheval.

Au cours des quatre jours suivants, s'est installée une espèce de routine tranquille : manger, dormir, prier et jouer aux cartes. Ou, plutôt, les autres jouaient aux cartes : je ne savais pas.

Le matin du cinquième jour, Loup Noir est venu nous voir.

— Je ne parviens pas à joindre l'agent en Turquie. Il est supposé vous retrouver ici.

— Qu'est-ce que cela signifie pour nous ? a demandé Abdul.

— Je ne peux pas prendre mes dispositions pour vous faire passer la frontière avant qu'il me contacte. On m'a payé pour vous garder ici seulement pendant trois jours.

Je commençais à apprendre que, avec ces gens, tout revenait toujours à des questions d'argent. Loup Noir a dû lire dans mes pensées car il a aussitôt ajouté :

— Je ne suis pas un homme cupide, cependant. Vous resterez ici et on prendra soin de vous. Seulement, j'ai plusieurs rendez-vous d'affaires prévus au cours des prochains jours. Il vous faudra demeurer hors de vue. Après le petit déjeuner, vous attendrez au fond du verger jusqu'au soir. On vous donnera à manger sur place, et vous ne reviendrez ici que quand on vous dira de le faire.

Je suppose que cela aurait pu être pire.

Le premier jour ne s'est pas passé trop mal. Le soleil de fin d'automne nous réchauffait, et Loup Noir avait posé au sol un grand matelas en plastique pour que nous puissions nous reposer dessus. J'étais chargé d'aller chercher la nourriture à la cuisine. Cela ne me dérangeait pas. Je considérais la confiance de la famille comme une faveur, et les femmes continuaient à m'adorer d'une façon qui faisait fleurir des papillons en moi.

Dix jours après notre arrivée, notre routine a commencé à ressembler à celle d'une prison. Nous voulions bouger, aussi clairement que Loup Noir voulait nous voir partir. En outre, Hazrat se trouvait quelque part : il fallait que j'avance pour le trouver.

Les choses ont empiré avec l'arrivée de cinq nouveaux migrants, afghans eux aussi. La nuit, avec cinq personnes de plus, il est devenu impossible de dormir sans finir avec un pied contre la figure. Je n'aimais pas les nouveaux arrivants tandis que mes amis devenaient plus irrités chaque jour. Je tentais d'éviter tout le monde en allant au fond du verger, où je pouvais être seul.

Je rendais souvent visite à la jument. Caresser ses naseaux veloutés m'apaisait. Elle m'observait de ses tristes yeux bruns, et j'avais la sensation qu'elle me comprenait.

J'étais là quand, un soir, Baryalai est venu me chercher.

— Prends tes affaires. On s'en va !

Tout s'est passé comme une opération militaire. En quelques minutes, nous nous sommes tous entassés à l'arrière d'une camionnette. J'ai à peine eu le temps de fourrer mes affaires dans mon sac à dos, pas celui de dire au revoir à la femme de Loup Noir.

Alors que le véhicule démarrait avec un bruit de ferraille, j'ai regardé vers le verger, espérant apercevoir la jument une dernière fois entre les arbres chargés de fruits. En vain. Le champ était vide.

CHAPITRE SEPT

Nous roulions les phares éteints. Le ciel était tapissé d'étoiles ; elles donnaient assez de lumière pour distinguer les rochers effilés qui hérissaient les collines avoisinantes. À l'arrière du véhicule, il régnait un froid glacial mais l'air sentait bon, chargé de l'odeur des plantes sauvages et de l'herbe.

La camionnette a ralenti. Loup Noir nous a dit à voix basse :

— Restez calmes, nous arrivons au poste de contrôle.

Je me suis tassé sur moi-même pour me faire encore plus petit.

La vitre du conducteur a couiné quand Loup Noir l'a baissée. Le faisceau d'une lampe-torche a balayé l'intérieur de la camionnette. Je peux juste supposer que le policier avait été payé : il était impossible de manquer les onze corps qui se tenaient tapis dans l'obscurité. Il a simplement fait comme si nous n'étions pas là.

Loup Noir a relancé le moteur. J'ai dû sommeiller parce que mon souvenir suivant est d'avoir été réveillé par la camionnette qui rebondissait violemment sur un terrain défoncé.

Deux cavaliers nous attendaient.

— Venez avec moi, a dit l'un d'eux en dirigeant son cheval vers la montagne. Restez groupés. Et ne traînez pas en arrière !

Je me suis retourné pour dire au revoir à Loup Noir. Il était déjà dans son véhicule, en train de s'en aller. Cela m'a fait mal.

Le second cavalier fermait la marche. J'ai distingué des formes d'autres hommes à cheval et de gens qui avançaient parallèlement à nous dans le lointain. Nous avons croisé des ânes aux têtes tristes qui tiraient des charrettes chargées de caisses, de paniers, de sacs. À mesure que nous avons progressé sur la pente, nous avons vu encore d'autres gens qui allaient ou qui venaient, quelques-uns accompagnés de chevaux qui trimaient sous de lourdes charges.

Des voix chantant des chansons ont flotté jusqu'à nous. J'étais ébahi. Était-ce là une frontière ? Ce que je voyais était incroyable : on aurait dit une caravane de marchands du temps passé.

— Ce soir, c'est comme si le roi Darius en personne rassemblait son armée, n'est-ce pas ? a lancé une voix familière.

C'était le neveu de Loup Noir qui s'avançait vers nous en menant son cheval par la bride. Ce dernier peinait sous des sacs rebondis. Ce qu'il y avait dedans venait en échange de l'huile que Loup Noir passait en contrebande en Turquie.

— Toute l'humanité est là, mon ami ! a-t-il poursuivi. Nous avons du travail, de l'essence et des émotions, le tout, bon marché : combien de votre opium afghan un chameau peut-il porter, à ton avis ? Ici, c'est l'endroit où se fait le business du monde capitaliste.

Et il a disparu dans la pente, comme happé par l'obscurité.

Nous avons marché toute la nuit. J'étais épuisé. Le fait d'ignorer combien il restait encore de chemin à faire rendait l'épreuve encore plus rude. Juste avant l'aube, nous avons passé une petite rivière à sec. Mon estomac s'est mis à se manifester : des bouffées d'odeurs paradisiaques de viande grillée flottaient dans l'air en même temps que de la musique pop turque se mêlait à un brouhaha croissant de voix et de braiments d'ânes.

Sur une petite plaine se tenait un marché improvisé. Il grouillait de centaines de gens avec leurs chevaux. Des camions cabossés klaxonnaient pour se frayer un chemin à travers la foule. Tout se vendait en gros comme dans un entrepôt à ciel ouvert : de l'huile, de la farine, du bois brut, du blé et des graines. Les hommes marchandaient ; ils agitaient des poignées de billets crasseux sous le nez les uns des autres. Une femme chargeait une chèvre dans une fourgonnette pendant que son mari lui hurlait des ordres.

Nos guides nous ont menés à une petite pension que tenait une Kurde avec un visage aussi ridé qu'une coquille de noix. Nous avons été enchantés quand elle nous a montré une petite salle de bains où nous pourrions nous laver. Elle a servi ensuite un grand plateau couvert de pain, d'olives et d'une sorte de féta.

Nos guides à cheval sont revenus et nous ont accompagnés en haut d'une petite colline avant de s'éloigner au trot. Une petite camionnette rouge attendait à proximité. Le chauffeur nous a fait signe en agitant les bras.

— Vous, les gens de Qubat. Montez, s'il vous plaît.

L'arrière de la camionnette était rempli de tapis roulés. J'ai pensé qu'il était stupide de vouloir y faire entrer, en plus, les onze que nous étions. Ainsi chargée, elle ne pourrait aller où que ce soit. Nous nous sommes pourtant glissés à bord. Le chauffeur a étalé des couvertures sur nos têtes. La camionnette a démarré en grondant.

Après quelques kilomètres de route, nous sommes arrivés à une pension où se trouvait déjà un autre groupe de six Afghans. Ils ne nous ont pas parlé beaucoup, sinon pour nous dire qu'ils étaient de la province de Kandahar.

Tout ce dont je me souviens à propos de cet arrêt, c'est que, moins d'une demi-heure plus tard, le propriétaire de la pension a apporté une poignée de rasoirs jetables. Il a fait des gestes sur son menton, comme s'il était en train de se raser.

— Vous n'êtes pas sérieux, a dit un des membres de l'autre groupe en tirant sur son épaisse barbe grise. Je la laisse pousser depuis que j'ai son âge, a-t-il ajouté en me désignant du doigt.

Le propriétaire n'a pas compris son pachto. Il a juste continué de faire mine de se raser.

— Il ne peut pas être sérieux, a-t-il poursuivi. Que se passera-t-il si on nous renvoie chez nous ? Comment pourrais-je me présenter devant les miens avec le visage rasé ?

J'étais trop jeune pour me raser mais j'éprouvais de la sympathie pour lui. Les hommes de ma famille étaient fiers de leur barbe. La porter longue et entière n'avait pas seulement été la règle dans l'Afghanistan des talibans, pour beaucoup, elle constitue est un élément essentiel de ce que signifie « être un homme musulman ».

Ils sont revenus de la salle de bains avec des visages qui ressemblaient à des poulets plumés. Un vieil homme en turban promenait les doigts en silence sur son menton lisse. Des larmes coulaient sur son visage.

Je ne pouvais rien faire pour lui. J'ai décidé de dormir.

Le lendemain, un inconnu a paru à la porte. Il a brandi un polaroïd en mauvais état.

— À présent, fixons toute cette beauté pour les âges à venir, a-t-il lancé. Vous avez besoin de nouveaux papiers d'identité !

Il parlait un mélange de kurde, d'arabe et de farsi. Il a ajouté qu'il était un agent travaillant pour Qubat et qu'il serait responsable du prochain tronçon de notre voyage. Il a expliqué que nous nous trouvions dans la première petite ville turque de la région kurde, tout juste de l'autre côté de la frontière. D'après lui, la façon la plus facile d'atteindre Van, la ville la plus proche, était de voyager en voiture. Mais pour cela, nous avions besoin de faux passeports. Sinon, nous devrions aller à pied par la montagne.

Il a fallu une autre journée avant que les papiers soient prêts.

Au moment de partir, on m'a fait monter dans une Toyota Corolla rouge avec Baryalai, Mehran et Abdul. Les autres, y compris Faizal et Shah, sont montés dans des véhicules différents.

— Je ne crois pas que nous les reverrons, a dit Baryalai, triste.

Nous avons fait quelques kilomètres autour de la ville avant de changer de voiture. Le deuxième chauffeur était prétentieux. Je me suis senti mal à l'aise dès que nous sommes montés en voiture.

— Payer et prier, c'est le bon moyen pour rester ! n'a-t-il pas tardé à chanter comme s'il s'agissait d'un jingle de radio.

À mon goût, cela n'avait guère de sens. Mais, d'un autre côté, nous payions seulement pour sa voiture, pas pour sa conversation.

Le paysage était sauvage et beau. Des collines abruptes et déchiquetées plongeaient dans les vallées étroites et les gorges. J'étais heureux que nous ne soyons pas à pied.

Sur la route, la présence militaire était constante. J'ai reconnu les uniformes de l'armée turque qui avait pris part à la mission de l'OTAN. À la sortie d'un virage, nous avons vu, un peu plus loin, des soldats qui arrêtaient les voitures et les fouillaient.

— Surtout ne dites rien ! a ordonné le chauffeur.

Un officier se tenait au milieu de la route ; il a fait signe de nous arrêter. La voiture s'est immobilisée devant un nid de mitrailleuses que protégeaient des sacs de sable. Notre chauffeur a tendu nos passeports. J'entendais mon cœur battre jusque dans mes oreilles. Je savais que si l'officier m'adressait la parole, ce serait la fin de la partie. Il a pris tout son temps. Il a lu chaque document et a regardé dans la voiture puis il a rendu les documents. Il a souri à l'intention de la banquette arrière et dit :

— Profitez bien de vos vacances !

— Allah soit loué ! s'est exclamé le chauffeur en riant alors que nous prenions de la vitesse en nous éloignant du barrage.

Contrairement à ce que j'avais cru, les passeports n'étaient pas turcs mais afghans. Sur l'un d'eux, le chauffeur nous a montré ce qui ressemblait à un visa d'entrée.

— Nous faisons avec des pommes de terre. C'est un visa *aloo* !

Il trouvait ça hilarant. Mais le fait est que le visa pomme de terre avait abusé le militaire en lui faisant croire que nous étions entrés en Turquie légalement comme touristes.

Le chauffeur a alors tendu la main. Il voulait de l'argent.

— Payez, s'il vous plaît. Payez !

— L'agent vous a déjà payé, a protesté Baryalai.

— Vous m'avez payé moi ? Non. Pas moi.

— Nous avons payé Qubat qui a payé l'agent qui vous a payé.

— Moi, non. Peut-être mon cousin. On se ressemble beaucoup.

Nous savions que ce type essayait de nous escroquer, mais nous nous sommes résignés à l'idée que nous devions lui donner quelque chose. Nous avons tiré chacun quelques dollars de nos poches. J'avais toujours les 200 dollars que ma mère m'avait donnés. J'ai pris dans mon portefeuille deux de mes plus petites coupures – les plus abîmées et les plus sales – et les ai ajoutées au petit tas sur l'accoudoir du conducteur.

— Oui ! a dit le Kurde. Prier et payer ! Très bien !

Il a remis les passeports dans la boîte à gants. À l'évidence, nous n'étions pas autorisés à les garder non plus. J'étais écœuré. Tout le monde ne pensait qu'à l'argent dans cette affaire, et nous étions des cibles très faciles.

Au bout d'une demi-journée de voyage, nous sommes arrivés à Van. Nous sommes descendus de voiture dans un complexe d'ateliers désaffectés et avons attendu tandis que notre chauffeur se dirigeait vers un homme grand et mince qui portait un costume de style occidental à fines rayures. Ils ont eu une brève conversation avant que notre chauffeur ne remonte dans son véhicule.

— Prier et payer ! a-t-il crié en guise d'au revoir.

L'homme au costume s'est adressé à nous en farsi iranien.

— Je suis Malik. Dans quelques minutes, un minibus vous conduira dans une maison. Vous pourrez vous reposer avant de continuer votre voyage.

Je l'ai trouvé très impressionnant. Il portait une serviette en cuir et affichait l'allure d'un vrai patron. J'ai songé qu'il serait agréable de me trouver à nouveau dans un endroit décent. Et j'ai été content quand j'ai vu la maison. Elle était grande, bâtie derrière un haut mur avec beaucoup d'arbres. Le conducteur s'est arrêté juste devant.

— Dépêchez-vous, mais sans courir !

Seulement, quand j'ai passé la petite porte aménagée dans le portail principal, mon cœur a chaviré. Il y avait deux imposants personnages qui se tenaient là, et n'avaient pas l'air amical.

— Allez ! Passez derrière !

Les deux hommes nous ont poussés le long de l'étroit passage qui séparait la maison du mur de briques. À l'arrière de la propriété se dressait une petite cabane. Baryalai a été le premier à parler :

— Mais c'est un putain de poulailler !

CHAPITRE HUIT

— Bienvenue en enfer ! a lancé un rouquin avec une barbe broussailleuse quand nous sommes entrés.

Quelques matelas couvraient le sol mais la place manquait pour que nous puissions tous nous allonger. Il y avait à peine assez d'espace pour s'asseoir. Onze hommes noirs de crasse se tenaient là. Nous nous sommes glissés à l'intérieur. Une petite fenêtre couverte d'un plastique offrait une vue brouillée sur le jardin.

Des gens qui étaient passés là avant nous avaient écrit sur la porte délabrée. Certains avaient noté leur nom et les dates de leur séjour. Toutes les inscriptions étaient en pachto ou en dari.

Hamid Shah. Herat. 1384.

Khalid Kakar. Kaboul.

D'autres donnaient un conseil ou un avertissement.

Ne fais confiance à personne.

La vie ne vaut pas cher et les passeurs non plus.

Malik est un bâtard.

J'ai vite vérifié qu'il y avait des vérités gravées sur cette porte.

Un homme en robe de chambre, chauve et décati, nous a apporté un peu de nourriture : du riz frit et du pain turc. Le riz était sec et le pain, dur ; il n'y en avait pas assez pour tout le monde. Il n'a pas dit un mot en posant les plats sur le pas de la porte.

Après son départ, les autres ont dit qu'ils étaient là depuis trois semaines alors que Malik leur avait dit que c'était juste pour la nuit. Ils attendaient de partir pour Istanbul. J'en ai conclu que ce devait être notre prochaine destination, à nous aussi.

Nous n'avions pas le droit de sortir du poulailler. Nous avions un tuyau qui donnait de l'eau pendant une demi-heure deux fois par jour. Nous ne savions jamais à quel moment il coulerait si bien que, quand il fonctionnait, nous faisions la course pour nous laver le visage et frotter une brosse à dents dans nos bouches asséchées.

Nous passions beaucoup de temps à essayer de contrôler nos fonctions physiques. Une fois par vingt-quatre heures nous étions emmenés par groupes de trois pour utiliser des toilettes puantes. Il n'y avait jamais de papier et, souvent, le robinet pour se laver ne coulait pas, ce qui forçait, en désespoir de cause, à s'essuyer sur les murs maculés d'excréments. Il n'a pas fallu longtemps non plus pour que certains tombent malades. Je ne sais pas ce qui était le pire : l'horreur de voir quelqu'un vomir dans un environnement aussi confiné ou la gêne de celui qui se souillait lui-même devant ses compagnons de voyage.

Tout le temps où nous sommes restés là, nous avons reçu très peu de nourriture – quelques bouchées de riz chacun par jour. Quand nous nous plaignions, le chauve nous disait qu'il nous apporterait un poulet rôti si nous le payions. Il en demandait 5 dollars. J'étais outré : avec cette somme, ma mère aurait nourri toute la famille pendant plusieurs jours. Mais j'étais affamé. Aussi ai-je dépensé un peu de mon précieux argent et mangé ma petite part de poulet avec avidité.

À la faveur de nos rares sorties pour aller aux toilettes, nous avons découvert que le chauve vivait avec sa vieille mère. C'était un ivrogne qui empestait le mauvais alcool. Cela me l'a fait prendre en aversion plus encore – je désapprouvais le fait qu'un musulman boive de l'alcool.

Heureusement pour moi, la vieille mère a remarqué à quel point j'étais jeune. Elle n'a pas hésité à me manifester de l'affection. Nous n'avions cependant aucun moyen de communiquer, de sorte que, nous avons eu recours aux signes. J'ai pointé un doigt vers moi :

— Je suis Gulwali.

— Gul-wa-li, a-t-elle répété en découpant mon nom en syllabes.

J'ai approuvé de la tête. Elle a pointé l'index vers elle.

— Ma-ri-ammm. Ma-ri-ammm.

— Mariam ?

Elle a semblé contente. Elle a alors désigné le chauve : « Mon fils » en posant l'index sur sa tempe pour me faire comprendre qu'il était fou. J'ai deviné en elle une alliée.

Elle a désigné l'appentis délabré en secouant la tête, puis elle a indiqué la porte de derrière de la maison et montré un petit espace de tapis dans le salon. Elle a ensuite touché le sol avec les mains avant de les joindre, paume contre paume, et de poser la joue dessus.

— Vous voulez que je dorme dedans ? ai-je demandé.

Elle a acquiescé avec ferveur. J'ai fait un immense sourire et, sans y avoir réfléchi un instant, je l'ai serrée très fort dans mes bras.

— Merci !

Jamais je n'oublierai la gentillesse dont cette vieille femme a fait montre à mon égard. En plus de m'offrir un endroit sûr où dormir, elle m'a aussi fait entrer dans la cuisine où elle m'a mis dans les mains des bols de riz et de légumes, du pain et du thé sucré brûlant.

Ceux du poulailler étaient furieux qu'on me permette de dormir dedans ; pour eux, le fait que j'étais un enfant ne faisait aucune différence. Mais ces hommes auraient-ils agi différemment à ma place ? J'étais un petit garçon, et j'étais en train d'apprendre vite que c'était la seule carte que j'avais à jouer. Nous étions tous tellement désespérés que nous en voulions à quiconque avait quelque chose que nous n'avions pas. Notre humanité nous échappait. Elle nous était volée. Peut-être était-ce là le vrai prix de ce voyage ?

Le mécontentement a augmenté à mesure que la situation s'est détériorée dans le poulailler. Nous étions là depuis plus d'une semaine et certains des occupants atteignaient le point de rupture. Affamés, assoiffés, à l'étroit, maintenus dans la saleté, ils se sont désespérés de plus en plus. Au moins étais-je en mesure de profiter de ma situation à l'intérieur de la maison pour aider un peu mes amis en leur apportant un supplément de nourriture et d'eau.

Un matin, de bonne heure, un homme est arrivé avec plusieurs bâches en plastique. Il les a jetées sur le toit de l'appentis, comme un pêcheur lance ses filets avant d'expédier une demi-douzaine de briques par-dessus, pour les maintenir en place.

Le bruit a réveillé plusieurs des occupants du poulailler. L'ouvrier affichait le sourire d'un homme qui a fait du beau travail.

— Maintenant que j'ai réparé votre chenil, je vais pouvoir envoyer vingt ou trente chiens vous rejoindre.

C'était plus que mes compagnons pouvaient entendre. L'un d'eux a saisi par le poignet le chauve qui était descendu regarder l'autre travailler, a pris une brique sur le tas et l'a levée vers son visage.

— Peut-être que je devrais cogner pour te faire entrer un peu de bon sens dans la caboche ?

Deux autres hommes ont entouré l'ouvrier qui, sans crier gare, leur a bondi dessus et les a envoyés valdinguer sur le dos. Tout le monde s'est mis à cogner, du pied ou du poing. C'était de la folie. On allait nous découvrir, j'en étais certain.

— Arrêtez ! Arrêtez ça ! ai-je crié de toutes mes forces.

— Reste en dehors de ça, gamin, où tu vas prendre une claque !

Je me suis reculé au moment où les deux hommes qui gardaient la porte d'entrée sont arrivés en courant. Ils portaient chacun un bâton qu'ils ont utilisé pour battre mes compagnons jusqu'à ce qu'ils restent étendus au sol. Puis ils ont sorti une cigarette, l'ont allumée et sont retournés à leur poste en se pavanant.

Un peu plus tard, l'un d'eux est revenu et m'a mis un téléphone portable entre les mains.

— *Salâm*, Gulwali. C'est Malik.

Je suis resté sans rien dire. Il a poursuivi, en farsi :

— J'ai su ce qui s'est passé. Ce n'est pas bien. Je veux que tu dises aux autres que j'essaie de vous tirer de là aussi vite que je peux. Je suis en train de prévoir un autocar de luxe pour la suite du voyage, l'air conditionné, des sièges confortables. Mais ce luxe, ça ne se trouve pas aisément. J'ai besoin d'un peu de temps pour tout organiser. Aussi, il te faut dire à tout le monde d'être patient.

— OK ! ai-je répété. Je le leur dirai.

— Tu es un bon garçon. N'oublie pas : un autocar de luxe !

J'ai vite compris pourquoi Malik n'avait pas voulu délivrer son message en personne : les hommes du poulailler m'ont lancé des regards véritablement pleins de haine.

— Et tu l'as cru ? Espèce d'idiot ! Imbécile !

— En plus, de quoi tu te mêles !

— Je devrais t'étrangler comme un poulet.

— Laissez ce garçon tranquille, a dit Baryalai. Il n'est pas plus responsable que nous de ce qui se passe. Nous sommes à la merci de ces gens et ils nous traitent comme ils veulent. Faut nous y faire.

— C'est facile pour toi de dire ça, a répondu l'un des onze. Vous êtes là depuis une semaine seulement. Nous, ça fait un mois.

Plus tard ce même jour, Malik en personne s'est présenté dans la cour. Il était tout sourires et tout miel. Les hommes ont aussitôt foncé sur lui pour énumérer leurs griefs l'un après l'autre.

— Je suis vraiment choqué, s'est-il écrié la main sur le cœur.

Il a déversé un flot d'injures sur le chauve qui l'avait suivi. J'ai cependant trouvé dur à croire que Malik ne sache pas ce qui se passait – il donnait l'impression d'être le genre d'homme à garder un œil attentif sur ses affaires. J'en ai conclu qu'il se dédouanait de ses responsabilités. Il voulait protéger l'image qu'il se faisait de lui-même : un homme d'affaires à succès. Mais même mon esprit d'enfant le savait : notre misère payait ses costumes coûteux.

— Je vais m'en occuper d'urgence, a-t-il promis en partant.

Le lendemain, nous avons reçu l'ordre de quitter cette propriété.

CHAPITRE NEUF

Notre départ a été si soudain que je n'ai pas eu le temps de dire au revoir à Mariam. Je lui dois tant. Sa gentillesse m'a sans doute sauvé la vie : je ne suis pas sûr que j'aurais survécu dans l'appentis. Je me suis senti triste pour elle : elle n'était pas contente d'avoir des migrants sans papiers dans la cour de sa maison. Seulement, avec un fils incapable et alcoolique, comment aurait-elle pu dire non ?

Nous nous sommes arrêtés devant le grand bâtiment délabré d'un hôtel, à côté d'un boulevard périphérique. Dans la salle du café, trois filles se penchaient sur les tables pour ramasser les assiettes sales et les tasses. L'une d'elles était blonde. Je n'en avais jamais vu auparavant. J'ai été choqué – pas tant par la couleur de ses cheveux que par le peu d'efforts qu'elle faisait pour se couvrir. Elle portait une jupe qui lui arrivait à peine aux genoux et un tee-shirt moulant qui ne laissait aucune place à l'imagination. À mes yeux, c'était comme si elle était nue.

J'ai trouvé qu'Abdul regardait ces femmes d'une façon très répréhensible, et je lui ai lancé un regard de reproche.

Une jeune Persane avec des yeux de la couleur du café turc et un visage à l'ovale élégant nous a interpellés en farsi :

— Venez ! Asseyez-vous ici et mangez !

Il y avait de la tristesse chez elle, et une épaisse couche de maquillage ne parvenait pas à cacher les hématomes qu'elle avait sous les yeux. Des meurtrissures sur ses bras témoignaient aussi de violences. Elle nous a apporté un plat rempli à ras bord de poivrons rouges farcis de légumes et de riz qui semblaient délicieux.

— Elles devraient se couvrir les cheveux, ai-je dit. N'ont-elles pas honte de déshonorer leur famille en s'habillant comme ça ?

Abdul m'a considéré d'un air pensif.

— Gulwali, comment en es-tu arrivé à te trouver ici ?

— Ma mère m'a envoyé avec mon frère. Il nous a fallu partir.

— Pourtant tu penses que ces filles sont ici parce qu'elles ont choisi d'y être.

— Non. Je dis juste qu'elles devraient se couvrir. Leur famille…

— Nous sommes loin de chez nous désormais, Gulwali. Ici, plus personne d'entre nous n'a de famille.

Tout en mangeant, je me suis rappelé comment jadis les brebis me reconnaissaient. J'avais été leur maître. À présent, nous étions les moutons, et la voix de notre maître, pour l'heure, était celle de Malik. Était-il également le maître de ces femmes ? Payaient-elles aussi ses costumes élégants et sa serviette en cuir ? À ce moment-là, je n'aurais pas pu le détester plus : il incarnait tout ce à quoi ma famille et ma culture étaient opposées.

Nous avons passé dix heures là, assez longtemps pour que je constate qu'il y avait d'autres femmes. J'ai compris que je n'avais aucune légitimité pour les juger. J'étais trop jeune pour comprendre l'enfer qui était le leur même si je m'en faisais une idée.

Vers minuit, on a dit à la cinquantaine de personnes qui étions là que nous partions.

Devant l'hôtel était garée une grosse bétaillère avec un toit en bâche. Elle ne semblait pas assez grande pour autant de monde mais on nous a ordonné d'y monter. Nous nous y sommes entassés. Il y avait des hommes coincés dans tous les espaces libres : des gardes utilisaient des bâtons pour s'assurer qu'aucune place n'était gaspillée. Mes compagnons et moi nous sommes cramponnés les uns aux autres si bien que nous n'avons pas été séparés. Je me suis mis en boule pour me faire aussi petit que possible entre les genoux de Mehran au milieu d'une forêt de jambes et de pieds fétides.

Je savais qu'Istanbul était notre destination : je n'avais pas la moindre idée de la distance qui nous en séparait.

Au bout de cinq heures à suer, à avoir mal et à souffrir de crampes, le camion s'est arrêté. Un Kurde a soulevé la bâche.

— *Yallah !*

Les hommes ont commencé à sauter dehors, et on nous a poussés vers un bouquet d'arbres voisin où des guides attendaient.

— Suivez-moi. Marchez vite ! a lancé leur chef.

Il a commencé à grimper la colline. Il portait une grande canne, tout comme un berger, et, comme des brebis, nous avons suivi. Il était environ 5 heures du matin, et il faisait encore nuit.

Je me suis retourné pour voir le camion qui s'éloignait.

Nous ne savions pas pourquoi il fallait marcher ni ce qui allait arriver ensuite. L'anxiété de ne savoir ni où j'allais ni quand nous nous arrêterions accentuait la difficulté de chaque pas. Le terrain était très rocailleux et pentu. J'avais le sentiment aigu que le pire pouvait survenir à n'importe quel moment.

Au bout de deux heures de cette marche forcée, nous sommes descendus dans un petit ravin où le camion nous attendait. On nous a ordonné de remonter à bord.

Nous avons roulé toute la journée. Il faisait chaud comme dans un four sous la bâche, et nous avions terriblement soif et faim. De temps en temps, le chauffeur s'arrêtait et jetait des bouteilles d'eau à l'arrière. Ils ne nous ont donné aucune nourriture.

Le chauffeur semblait ne vouloir faire aucune pause pour les toilettes. J'ai essayé de boire aussi peu que possible pour ne pas avoir besoin d'y aller. Il y avait des hommes qui en avait si désespérément besoin qu'ils faisaient pipi dans les bouteilles vides. Cela sentait mauvais. Finalement, il m'a fallu essayer de le faire, moi aussi, car ma vessie me faisait mal, mais je n'y suis pas arrivé.

Trente heures plus tard, nous en étions à notre troisième descente du camion pour faire une marche. Je comprenais ce qui se passait. Quand nous approchions d'un poste de contrôle, ils nous envoyaient à travers bois pour que nous l'évitions. Le chauffeur passait avec un véhicule vide et des papiers en règle puis s'arrêtait un peu plus loin pour nous attendre avant de reprendre la route.

J'étais tellement assoiffé et faible que sans Baryalai je n'aurais pas pu continuer. Il n'a pas cessé de me pousser. Mes pieds saignaient, et tout ce que je voulais, c'était m'allonger au bord du chemin et dormir, ce qui m'aurait été fatal.

— Allez, petit homme ! Il nous faut continuer. Bouge ! Bouge !

— Je ne peux pas !

— Tu le dois ! Que penserait ta mère si elle te voyait avec aussi peu de volonté ?

C'était la bonne chose à dire. J'ai rassemblé le peu de ressources mentales qui me restaient et j'ai continué à avancer. Un pas à la fois. Gauche, droite, gauche, droite... Et encore, encore, encore.

Au bout de quatre heures de marche, nous avons rejoint le camion. Ensuite, nous avons roulé trois heures avant de sortir pour marcher de nouveau. Je ne sais pas comment j'ai pu continuer. En tout, nous avons répété la manœuvre cinq fois. L'avant-dernière, nous sommes restés à attendre le camion si longtemps que le ciel de fin d'après-midi est passé de l'or du couchant au noir parsemé d'étoiles. Je suis resté à fixer la beauté des petits points de lumière scintillants en me demandant si le camion reviendrait ou non et si cette nuit serait celle où je mourrais de froid.

Le lendemain matin, notre chauffeur nous a arrêtés à côté d'une rivière et nous a dit de boire et de nous soulager. À peine étions-nous descendus que deux autres camions sont arrivés. Cinq hommes en sont sortis et se sont mis à crier en kurde. Un instant, j'ai cru qu'ils s'en prenaient à nous mais notre chauffeur et son collègue ont tiré des couteaux et ont couru vers eux. Une bagarre a éclaté. Sans bouger, nous avons regardé ces sept hommes se frapper à coups de poing et se bousculer. Ils étaient comme des bêtes sauvages. Il y a eu quantité de cris et des chapelets d'insultes ; des ceintures ont tournoyé comme des lassos ; des lames ont lui dans l'air. J'étais sûr que quelqu'un allait finir poignardé.

Tout a fini brusquement quand notre chauffeur nous a crié de remonter dans le camion. Il est venu vers nous avec un autre homme qui nous a expliqué que Malik et lui avaient eu un différend et qu'il nous prenait en otages pour se venger. Il nous a ordonné de ne pas bouger jusqu'à ce qu'il puisse indiquer à notre chauffeur où il voulait qu'il aille. Nous sommes restés là pendant cinq ou six heures en nous attendant au pire à chaque seconde. Malik avait-il organisé tout ça parce que nous nous étions plaints du poulailler. Ne nous avait-il pas vendus à cet homme ? Lui ou le chauffeur.

Blottis à l'arrière, nous discutions frénétiquement à voix basse.

À la fin, après ce qui nous a semblé une éternité, le second homme est parti. Nous avons continué notre route comme si rien ne s'était passé et sans savoir comment la dispute s'était réglée.

Deux heures plus tard environ, le chauffeur s'est arrêté devant des bâtiments agricoles. On nous a dit de nous coucher dans une étable à vaches sale où d'autres groupes de migrants s'entassaient déjà. Il devait y avoir là plus de trois cents personnes, sans compter le chargement de notre camion. Il n'y avait pas de matelas, juste de la paille sur le sol. Nous étions du bétail humain. C'était une belle et claire journée d'automne mais l'étable était sombre, humide et froide, et ça sentait la bouse de vache.

Je n'aurais pas pu sentir de façon plus vive que ma vie m'échappait. Un mois plus tôt, j'étais un écolier qu'intéressaient ses livres, qui veillait sur sa famille, ramassait du bois, harcelait ses tantes et dormait dans le lit de ses grands-parents. Ces jours heureux me paraissaient finis depuis une éternité. Mais, au moins, mes compagnons du début, Mehran, Abdul et Baryalai étaient toujours avec moi, même si nous avions perdu Shah et Faizal mais nous les avions perdus très rapidement. Je commençais à apprendre que les gens allaient et venaient, et qu'il n'y avait pas moyen de contrôler cela. Du coup, tout en étant déterminé à demeurer avec mes amis, pour ma propre sauvegarde, je m'endurcissais dans la perspective d'une perte inévitable.

L'après-midi du lendemain, un des chauffeurs a fait une annonce dans l'étable avec un porte-voix.

— Tenez-vous prêts ! Les camions reviennent ce soir !

De fait, ce soir-là, nous avons poursuivi la route, en dépassant les faubourgs d'une cité dont on m'a dit qu'il s'agissait d'Ankara.

Finalement, après trois jours et trois nuits très longs, nous avons atteint Istanbul, la cité qui forme un pont entre l'Est et l'Ouest.

CHAPITRE DIX

Alors que, perché sur le dossier d'une chaise métallique bancale, je luttais pour garder mon équilibre, Istanbul, dans toute sa gloire, s'offrait à mes regards, pareille à une couverture en patchwork. J'espérais apercevoir la Mosquée Bleue que Loup Noir m'avait décrite comme une des plus belles choses qu'il ait jamais vues. Seulement, je voyais juste des paraboles, des antennes de télévision, des ventilateurs d'air conditionné et des vêtements pendus à des fils installés sommairement sur les toits.

La nuit où nous étions arrivés à Istanbul, on nous avait menés au cœur d'un fouillis d'abris temporaires faits de poteaux métalliques, de toits en tôle et de bâches où nous sommes restés toute la journée suivante. Malik voulait être sûr que nous étions bien arrivés à Istanbul avant de payer les chauffeurs et l'agent local attendait une confirmation pour nous prendre en charge. Abdul est parvenu à glaner ces détails auprès du chauffeur qui nous avait conduits.

Une fois tout réglé, nous avons été conduits, Baryalai, Mehran, Abdul et moi, à un logement de deux pièces dans un immeuble d'un faubourg tranquille. Nous partagions une chambre et un groupe de cinq personnes occupait l'autre. Nous sommes restés là deux semaines sans sortir, et nous nous sommes beaucoup ennuyés jusqu'à ce que, sans nous avoir prévenus, on nous emmène dans un appartement semblable, deux ou trois immeubles plus loin.

Cette fois, nous avions été confiés à trois hommes d'affaires afghans. Ils nous ont assuré qu'ils travaillaient à un plan.

— Vous serez en Grèce bientôt. Il ne faut pas vous inquiéter.

J'ai été encore plus perplexe quand ils m'ont donné 150 dollars.

— C'est Qubat qui les a envoyés, pour tes dépenses.

J'étais dans un état de confusion perpétuelle qui m'empêchait de me détendre convenablement ne fût-ce qu'une nuit. Nous ne savions jamais quand on allait nous faire bouger à nouveau. J'étais épuisé en permanence, vivant de l'adrénaline et dans la peur.

Pendant les premiers jours, ils nous ont enfermés dans l'appartement mais en nous laissant des provisions – riz, sel, huile, pois chiches en boîte – que nous avons cuisinées sur un réchaud électrique. Jusqu'alors, je n'avais pas même fait cuire un œuf à la coque – dans ma famille, on n'attendait pas des garçons qu'ils sachent cuisiner. Heureusement, Baryalai, qui avait vécu longtemps dans un camp de réfugiés, préparait des repas savoureux à partir de rien.

Le trio d'agents afghans faisait un saut tous les deux jours. Lors de leur troisième visite, l'un d'eux m'a emmené faire les courses. J'ai été ravi de goûter à la liberté même si c'était pour quelques heures. Istanbul était captivante. Plus diverse et excitante que Téhéran qui m'a semblé stérile par contraste : le bruit vibrant de la ville, l'odeur des kébabs qui grillaient, les longues rangées de piles d'épices, d'herbes aromatiques et de légumes devant les boutiques, les grands immeubles modernes bâtis près des bâtiments anciens et le battement de la musique qui s'échappait en grondant des autos.

J'ai changé quelques dollars en livres turques, et j'ai acheté un tee-shirt pour moi, une boîte de délicieuses dattes et un sachet de confiseries locales à partager avec les autres. J'ai tellement été déçu quand j'ai dû rentrer à l'appartement ! J'ai eu l'impression, une fois de plus, que les murs se refermaient sur moi.

Le lendemain, le portable que les agents nous avaient laissé en cas d'urgence a sonné. Il y a eu des hurlements sur la ligne.

— La police vient vous chercher ! Il vous faut sortir de là.

On nous a donné une adresse et demandé d'y aller en marchant tranquillement deux par deux. Nous avons raflé nos maigres affaires pour les mettre dans nos sacs et nous sommes partis jusqu'à notre nouveau logement qui n'était pas éloigné.

Au cours du mois suivant, nous avons beaucoup déménagé. Partout où nous allions, il y avait des migrants amers, furieux ou en larmes qui étaient en train de perdre pied dans cette espèce de jeu de l'oie qu'était leur voyage. Ils s'empressaient de nous raconter leurs malheurs. Un homme nous a raconté qu'il avait été victime d'un kidnapping dans cet Iran kurde dont nous arrivions tout juste. On l'avait retenu trois mois avant de le relâcher enfin. Certains avaient donné tout leur argent pour être conduits sur des itinéraires qui ne menaient nulle part ou attendre des moyens de transport qui n'étaient jamais venus. D'autres avaient été arrêtés et expulsés.

Certains étaient plongés dans ce cauchemar depuis si longtemps qu'ils savaient à peine encore qui ils étaient ou quelle était leur destination supposée.

J'ai entendu des histoires terribles de tabassages, de chantages, de femmes et d'enfants morts étouffés dans des camions, d'hommes abattus à bout portant lors de querelles avec leurs passeurs. Je suppose que ces mises en garde n'étaient pas inutiles mais elles ajoutaient à ma frayeur : savoir que je risquais d'être escroqué ou blessé ne signifiait pas que je pourrais l'empêcher. J'étais à la merci des chauffeurs, des propriétaires des logements et des agents du véritable passeur. Il n'y avait rien, pourtant, que je pouvais faire.

Chaque fois que nos agents du moment venaient nous voir, ils nous faisaient la même promesse :

— Demain ! Demain, vous partez pour la Grèce !

Demain mettait terriblement longtemps à arriver.

La Grèce était un pays mythique sur lequel j'avais lu des choses en classe. Quand j'étais écolier, l'idée de visiter un lieu aussi chargé d'histoire aurait constitué le rêve d'une vie. Mais pas comme ça !

Des migrants nous ont dit que, depuis Istanbul, il existait trois routes pour y aller. La plus facile consistait à traverser la mer Égée en bateau. Avec de la chance, elle pouvait ne prendre que trois heures. Cependant, elle était terriblement dangereuse car elle se faisait sur des bateaux surchargés et peu adaptés à la haute mer. Pour un enfant venant d'un pays sans accès maritime et ne sachant absolument pas nager, cela dépassait l'imaginable.

Seulement, la deuxième était pire – « la route de l'enfer » comme l'a dit un migrant. Il fallait franchir à pied des montagnes très dangereuses, en se cachant pour passer les frontières, de Turquie en Bulgarie puis en Macédoine et, enfin, en Grèce.

La troisième voie était, elle aussi, une route terrestre : elle traversait une bande hautement militarisée de 12,5 kilomètres de large qui forme la frontière directe entre la Turquie et la Grèce.

Partout, les autres nous inquiétaient en évoquant ces routes terrestres.

— Les corps sont jetés comme des détritus tout le long du chemin. Personne ne les retrouvera jamais.

— C'est un désert de morts.

J'ai entendu tellement de descriptions terrifiantes que j'ai bien dû parcourir ces deux routes terrestres des centaines de fois dans ma tête. On me disait que venir au bout de l'une comme de l'autre pouvait prendre des semaines voire des mois, et qu'il y avait beaucoup de rivières dont le courant était très fort. Pour les franchir, les passeurs fournissaient de vieux canots qui chaviraient fréquemment. On m'a aussi parlé de passeurs qui avaient forcé des femmes et des enfants qui hurlaient à entrer dans l'eau sous la menace de leurs armes, juste pour les regarder se noyer.

Il se racontait que les deux routes traversaient des zones truffées de mines. Je connaissais bien les mines qui constituaient un des héritages tragiques de la guerre civile. Un de mes proches amis, à l'école, n'avait qu'une jambe. L'autre avait été arrachée quand il avait sauté sur l'une d'elles pendant une partie de football.

La pire histoire de toutes m'a été racontée par un Pakistanais. Lui et son frère avaient tenté de passer au milieu de l'hiver. Ils ont erré dans la neige jusqu'à ce que des soldats grecs les secourent. Son frère souffrait de telles gelures qu'on l'a amputé de tous ses doigts. Après qu'il a guéri, on les a renvoyés au Pakistan. Celui qui me racontait cette histoire était de nouveau là, en train de tenter le voyage une seconde fois.

— Une fois à la maison, mon frère était seulement malheureux d'être devenu incapable de faire vivre la famille. Je dois essayer à nouveau, parce que si je n'y arrive pas, qui va nous nourrir ?

D'entendre cette histoire a fait que mon frère Hazrat s'est mis plus que jamais à hanter mes rêves. Où était-il ? Avait-il emprunté une de ces routes terrestres ? Son corps disloqué gisait-il quelque part au fond du lit d'une rivière ? Avait-il été abattu ? Était-il allongé sur le sol, en train de saigner et de m'appeler ?

CHAPITRE ONZE

Je commençais presque à souhaiter être pris et expulsé, ce qui serait assurément mieux que d'être tué. Mais la pensée que Hazrat était là, quelque part, perdu et solitaire, m'a arrêté. Il me cherchait, lui aussi, j'en étais sûr. En plus, si je rentrais à la maison sans lui, je savais que ma mère ne me le pardonnerait jamais.

Ma seule consolation était que, dorénavant, les trois agents nous laissaient sortir quelques heures par jour. Nous nous promenions, prenions des cafés aux terrasses. Nous avons découvert un magasin tenu par un Afghan qui louait des DVD. Les films aussi étaient interdits sous les talibans mais, après leur départ, les vidéos pirates avaient submergé le bazar de la ville. Je n'avais pas pu en voir, cependant, parce que notre famille n'avait pas la télévision et que mon père était contre de toute façon.

Baryalai a loué trois films de Bollywood. Il était excité comme un gosse. Quand nous sommes rentrés à la pension où nous vivions alors, il s'est précipité sur le lecteur qui se trouvait dans la chambre.

Les films étaient en hindi avec des sous-titres anglais de sorte que je ne comprenais pas ce qui se disait. Il y avait beaucoup de chansons et de danses et une grande scène de bagarre. J'ai failli m'endormir devant. Quand le générique de fin a défilé, j'ai regardé mon ami. Il avait des larmes qui lui coulaient sur les joues.

Le suivant était un film historique d'action. Même si je n'ai toujours pas compris les dialogues, j'ai aimé les scènes de combat. J'ai préféré ce film-là au point que, quand il s'est achevé, j'avais complètement oublié que tout était imaginaire. La grande bataille avait vu mourir tant de guerriers que j'ai demandé à Mehran :

— Est-ce que tout le monde est mort aux Indes maintenant ?

Il m'a donné une tape sur la tête.

Ces courts moments de léger répit étaient rares. Nous étions tous les quatre dégoûtés des déménagements répétés et, surtout, de l'anxiété que cela provoquait. Nous nous sommes plaints tant et tant que le trio a fini par nous passer à un autre responsable local.

Ce nouvel interlocuteur, Zamir, était aussi afghan. Il nous a menés à un endroit déplaisant, une cave gardée nuit et jour par trois Turcs à l'air méchant. Elle était déjà surpeuplée par vingt ou trente Afghans qui n'ont pas tardé à nous faire savoir quelle erreur nous avions commise en venant là.

La cave avait de petites fenêtres fermées, il n'y avait pas de ventilateurs et il faisait cruellement chaud. Personne ne pouvait sortir, et la seule nourriture était constituée de plats que les voyous apportaient. De plus, nous devions les payer de notre poche.

Ma délivrance est venue quand, un jour, Zamir est arrivé et a lu une liste de noms. Il a cité le mien mais pas celui de mes trois amis.

— N'y va pas, Gulwali, m'ont-ils dit. Reste avec nous.

Je ne voulais pas y aller mais pas, non plus, rester coincé là des mois durant. J'ai rassemblé tout mon courage et j'ai dit à Zamir :

— Si eux ne viennent pas, alors je ne pars pas !

— Comme tu veux ! Ils ne partent pas. Reste si tu veux.

Cela m'a fait réfléchir. C'était mon voyage. Je devais le poursuivre. Et je voulais montrer que je pouvais me débrouiller sans avoir toujours besoin que mes amis s'occupent de moi.

J'y suis allé.

Les hommes de Zamir nous ont conduits à une gare. Visiblement, ce n'était pas la route vers la Grèce par la voie maritime. La gare était fermée mais des gardiens ont ouvert un portail et ont accueilli les agents comme de vieux amis. Ils nous ont menés jusqu'à un train vide qui stationnait sur une voie de garage.

Je n'avais rien mangé ni bu de la journée, et je titubais de faim.

— Toi, le petit ! Viens ici !

Un garde m'a fait monter dans la cabine du mécanicien. Je me suis assis sur le siège.

— Non, pas là ! Ici ! a-t-il dit en montrant le plafond du doigt.

— Quoi ? Je ne comprends pas.

Il a ri très fort puis il s'est mis debout sur le siège et a dévissé le panneau en acrylique qui recouvrait la lampe du plafond.

— Ici ! Monte !

Plein de méfiance, j'ai essayé de monter tandis que le garde me donnait une forte poussée par-derrière. La cavité était obscure et pleine de poussière. Mes yeux sont tout juste parvenus à distinguer un petit creux près des câbles de la boîte à lumière.

— Entre dedans ! Dépêche-toi !

En me tortillant, je suis parvenu à y loger le torse.

— Je ne peux pas y faire entrer mes jambes. C'est trop petit.

— Entre !

Je suis parvenu à me plier en deux et à ramener les jambes à l'intérieur. J'avais les yeux et le nez pleins d'une poussière noire suffocante. Cela me faisait l'impression d'un cercueil. Mon cercueil. J'ai crié de douleur et d'angoisse quand le garde a commencé à revisser le panneau.

— S'il vous plaît. Non ! Laissez-moi sortir ! S'il vous plaît.

— Tais-toi, gamin !

La dernière vis m'a enfermé dans une obscurité étouffante.

« Respire, Gulwali ! Reste vivant ! Tu peux le faire. Respire ! »

Me parler à moi-même me calmait. Le train s'était mis à bouger. J'ai compris que j'avais pris la destination de la Bulgarie.

Je suppose que je suis parvenu à continuer de respirer dans une sorte de transe parce que je ne sais pas combien de temps je suis resté enfermé. Longtemps, je pense. La première chose dont j'ai pris conscience ensuite, c'est que le mécanicien a dévissé le panneau.

— Descends ! Allez, vite ! Descends !

J'ai tenté de bouger les jambes mais elles étaient ankylosées.

— Je ne peux pas.

— Pour l'amour de Dieu, gamin ! Dépêche-toi !

Il m'a saisi par les pieds et m'a tiré hors du réduit. Je suis tombé, pour me retrouver allongé au sol. J'étais en état de choc. J'aspirais l'air à grands traits, en hyperventilation. Le train roulait toujours.

— Dépêche-toi, saute ! a-t-il dit. Saute quand je te le dirai.

— Sauter ? Quoi... ? Je ne...

Me prenant par l'épaule, il m'a relevé et poussé vers la porte qu'il a ouverte en grand. Le sol est apparu, il bougeait très vite au-dessous de nous. Dans la lumière crépusculaire, des rochers, de l'herbe et des champs flottaient devant mes yeux brouillés.

Si je sautais, je me tuerais à coup sûr.

J'ai regardé à droite et j'ai vu les autres, tous debout à la portière du wagon suivant. J'ai pu lire de la terreur sur leurs visages.

— S'il vous plaît, non ! ai-je imploré le mécanicien.

— On arrive à un poste de contrôle, idiot ! Hors de mon train !

À ce moment-là, le convoi a ralenti. Il a tenté de me pousser dehors. Je me suis débattu, en essayant de me cramponner désespérément à lui et en même temps au train.

— Au nom d'Allah, sautez maintenant ! a crié quelqu'un.

Je ne sais pas si j'ai sauté de ma propre initiative ou s'il m'a poussé. Je me rappelle avoir fendu l'air et vu la terre défiler sous moi avant de me retrouver en tas, douloureusement écrasé au sol.

Je pense que je me suis évanoui. Quand j'ai repris conscience, ma tête me faisait tellement mal que je pouvais à peine la soulever.

— Ma jambe ! hurlait quelqu'un. Allah ! À l'aide !

J'ai réussi à me mettre debout. Le train s'éloignait à toute allure.

Éparpillés le long de la voie ferrée, il y avait neuf corps dans divers états de casse. J'ai titubé jusqu'à Zia, un Irakien. Sa jambe était tordue et formait un angle horrible à voir. J'ai eu un haut-le-cœur avant de m'écrouler et de me mettre à pleurer. Ma tête me faisait tellement mal que j'ai cru que j'étais en train de mourir.

Des hommes continuaient de hurler, incapables de s'en empêcher. Certains semblaient très grièvement blessés. Après ça, tout est devenu brouillard. À un moment, la police est arrivée avec une ambulance qui a emmené les blessés les plus graves. J'étais à demi conscient quand on m'a poussé dans une voiture.

CHAPITRE DOUZE

Je me suis réveillé dans une cellule de police bulgare. Quelqu'un m'avait posé sur un lit métallique avec juste un mince matelas et pas de couverture. À travers les barreaux, je voyais les autres migrants du train sur des lits semblables dans d'autres cellules.

Istanbul était chaude et étouffante. Ici, l'air était glacial et sentait la viande pourrie. Ma tête me faisait tellement mal que je pouvais à peine bouger. J'ai tenté d'appeler à l'aide.

— S'il vous plaît ! J'ai besoin d'un docteur. Je vous en supplie !

Les gardiens ne daignaient même pas me regarder.

Au bout de deux jours, on nous a dit que nous retournions en Turquie. Je savais à quoi m'attendre : les Bulgares nous renvoyaient à travers la frontière sans en informer les autorités turques.

On nous a casés dans un bus et, depuis Sofia, on nous a conduits jusqu'à une forêt, à plusieurs heures de route de là. Une demi-douzaine de gardes-frontières ont montré les arbres. Je pense que nous étions en janvier ou en février, et il y avait beaucoup de neige.

Nous avons hésité. Ils ont braqué leurs fusils sur nous. Nous n'avions pas d'autre choix que d'avancer.

Nous nous sommes enfoncés entre les arbres sans savoir vers où aller. Mes bottines tenaient bien le coup, mais mes vêtements étaient minces. Dans notre groupe, il y avait trois hommes qui avaient sauté du train avec moi. Les moins sérieusement blessés. Je ne savais rien des autres – ils étaient probablement à l'hôpital. Pour le reste, c'étaient des migrants tirés de la prison.

Comme mes amis me manquaient ! Peut-être qu'au final je n'étais pas aussi grand que j'avais tenté de m'en convaincre.

Nous avons marché dans la neige pendant plusieurs heures. Mes orteils et mes mains étaient engourdis. Je me demandais si je connaîtrais le sort du Pakistanais qui avait perdu ses doigts.

Finalement, nous avons atteint un petit village. Un drapeau qui flottait au-dessus d'un toit indiquait que nous étions de retour en Turquie. Même si je revenais en arrière au lieu d'avancer, j'avais envie de crier mon soulagement d'avoir échappé à la Bulgarie. À l'évidence, le train avait constitué la première étape de la terrible route terrestre pour la Grèce à travers la Bulgarie et la Macédoine. J'étais certain que je n'aurais pas survécu à la suite du voyage.

Au village, les hommes du train et moi avons pris l'autocar. Avant d'y monter, j'ai appelé Zamir depuis une cabine.

— Mais pourquoi tu n'es pas en Bulgarie ?

Cela m'a mis vraiment en colère.

— Pourquoi je ne suis pas en Bulgarie ? Parce qu'un de vos amis m'a jeté du train en marche. Ensuite, on nous a mis en prison. Et puis, nous avons longtemps marché dans la neige. Comment avez-vous pu m'envoyer tout seul comme ça ? C'était mal de votre part !

— Calme-toi ! Tu vas bien, non ? Tu as été d'accord pour partir.

— Pour aller en Grèce. Pas pour me trouver encore en Turquie.

— Ça n'a pas marché. Nous essaierons de nouveau. Mais ne discutons pas de ça maintenant. Nous en parlerons à ton retour.

Il a envoyé un de ses voyous nous chercher et nous ramener au même endroit qu'avant. Baryalai Mehran et Abdul y étaient encore.

Le lendemain de mon retour, Zamir nous a repassés à un autre agent, un Kurde turc. Il est venu nous chercher tous les quatre en taxi. J'étais content de ne pas être séparé de mes amis.

Dans le taxi, le nouvel agent s'est adressé à nous dans le désormais l'habituel mélange de farsi et de kurde.

— Cette nuit, je vous emmènerai là où vous pourrez prendre le bateau pour la Grèce. Nous attendrons dans un coin que je connais.

J'ai su qu'il mentait quand le taxi s'est arrêté devant une boutique en pleine ville, en face d'une station-service. Les autres migrants nous l'avaient décrite en détail. C'était l'un des endroits où les passeurs vous gardaient avant de vous diriger vers le second itinéraire terrestre – celui qui passait par la frontière hautement militarisée entre la Turquie et la Grèce.

On nous a fait monter un escalier en fer. Dans un appartement miteux, il y avait déjà une quarantaine de migrants de diverses nationalités. Tous étaient assis par terre en silence, tête basse.

Nous avons essayé de nous en aller. Avant de passer la porte, mes amis ont fait demi-tour pour redescendre l'escalier. Seulement un des gardes m'a brutalement tiré à l'intérieur. Nous avons dû entrer et nous asseoir avec les autres. Il n'y avait ni nourriture ni eau, et il faisait froid en dépit du nombre important de personnes qui se serraient là. L'ambiance était terrible : la déprime et la tristesse flottaient dans l'air comme un nuage noir. Je pense que chacun des hommes présents savait quel sort nous attendait.

Nous avons gardé le silence, pendant à peu près deux heures. J'ai essayé de me donner du courage en me disant que je survivrais à ça aussi. Seulement, ça ne marchait pas, car mes pensées me ramenaient sans cesse chez moi : je pensais à mes frères et à mes sœurs, à Noor qui était resté pour devenir l'homme de la maison alors qu'il avait onze ans.

— Qu'est-ce que nous sommes en train de faire assis ici comme des morts ? a dit Abdul tout d'un coup. Partons, simplement. Ils ne peuvent pas nous forcer à rester.

Il avait raison. Baryalai a approuvé d'un signe de tête. Je me suis levé le premier. J'avais presque envie de rire. Étions-nous des agneaux qu'on menait à l'abattoir. Non ! Nous étions des êtres humains, libres de choisir notre destin. Nous allions sortir tranquillement de là, et trouver un moyen de nous débrouiller seuls.

Le poing est entré en collision avec mon oreille, en envoyant une brutale vague de douleur à travers mon crâne. Je suis tombé sur le tapis où je me suis roulé en boule tout en voyant, les yeux pleins de larmes, le garde se rasseoir lourdement sur sa chaise.

Bang. Bang. Bang.

La pièce a brusquement été plongée dans la panique.

Bang. Bang. Bang.

— Il y a quelqu'un à la porte.

— Taisez-vous ! On va vous entendre !

Une voix caverneuse a tonné, en turc. Personne n'a traduit à mon intention, mais, désormais, je connaissais assez de mots dans cette langue pour comprendre ce qui se passait.

— C'est la police. Ouvrez la porte immédiatement !

Le garde a répondu, en kurde :

— Je ne peux pas. J'ai… heu… j'ai perdu ma clef.

Il n'y a pas eu de réponse. Une hache a fendu la porte en deux, et une douzaine d'hommes se sont rués dans la pièce en criant :

— Police ! Ne bougez pas. Couchez-vous au sol.

Ils avaient des armes et portaient des gilets pare-balles mais n'étaient pas en uniforme, ce qui a accru l'effet de panique.

— Des kidnappeurs !

L'irruption des policiers en uniforme dans l'appartement a augmenté le chaos. Pris de terreur, des migrants se sont mis à courir en tous sens. Seulement, il n'y avait nulle part où aller. Je m'attendais à ce que la police ouvre le feu à n'importe quel moment. Je sortais à peine d'une prison bulgare et je ne souhaitais pas être incarcéré de nouveau, mais au moment où j'ai posé les mains sur ma tête comme on me l'ordonnait, j'ai ressenti du soulagement et de la gratitude. Je n'étais décidément pas disposé à emprunter cette route terrestre.

On nous a fait grimper à l'arrière d'un fourgon de police pour nous conduire dans un vaste complexe formé d'un poste de police et d'une prison, dans le centre d'Istanbul. On nous a demandé nos nom, âge et pays d'origine puis on nous a fait monter deux étages avant de nous faire asseoir par terre dans un très vaste couloir. Je n'avais pas l'impression que cet endroit différait beaucoup de celui d'où nous venions d'être tirés.

Six heures plus tard, j'étais tout tremblant, seul et apeuré dans une salle d'interrogatoire. Au-dessus de ma tête, une lampe au néon faisait un petit *plink, plink, plink*, et je sursautais chaque fois que, dans les murs en miroir, je surprenais mon propre reflet en train de me regarder, comme si l'inconnu aux yeux rouges qui me fixait avait pu en prendre ombrage.

Un jeune agent en uniforme est entré dans la pièce.

— Alors… a-t-il dit en en posant un carnet sur la table.

Il parlait turc mais j'ai compris les questions les plus simples.

— Quel est ton nom ?

— Gulwali.

— Quel âge as-tu ?

— Douze ans et demi.

— D'où viens-tu ?

— Mauritanie.

Il a soupiré en secouant la tête. Un autre homme, qui n'était pas en uniforme, m'a parlé en farsi.

— C'est notre dix-septième interrogatoire ce matin. Vas-tu aussi nous faire perdre notre temps avec des mensonges ?

J'ai bien compris le traducteur, mais je voulais m'en tenir à mon histoire. Les autres migrants m'avaient dit que si on m'arrêtait, je devais prétendre que je venais de Mauritanie. Il se racontait qu'on pouvait vous laisser rester en Turquie si c'était ce que vous disiez.

J'ai fait semblant de ne pas comprendre et de vouloir m'exprimer pas signes. Cette fois, c'est l'interprète qui a secoué la tête.

— Je sais que tu me comprends. D'où viens-tu ?

— Mauritanie.

Le carnet m'a frappé au visage. Soudain, j'ai senti monter des larmes. L'interprète a eu un petit rire.

— Mauritanie ? Alors continuons cette conversation en français. *Je parle assez pour vous comprendre*[1].

Pourquoi disait-il ça ? Je ne parlais pas un mot de cette langue.

J'ai juste continué de bouger les bras. Il a souri avec mépris de voir que, bien entendu, je ne comprenais pas. Il a fait un signe en direction de miroirs. Deux autres agents en uniforme sont venus se mettre debout derrière moi. Ma bouche est devenue sèche.

— Emmenez-le dehors !

Les policiers m'ont fait monter jusqu'au dernier étage, tout en haut de la cage d'escalier. Ils m'ont fait me tourner et m'ont poussé.

— Regarde en bas !

Trois grosses mains m'ont saisi le crâne, la quatrième a empoigné les cheveux près de ma tempe et les a tordus. J'ai eu l'impression qu'ils m'arrachaient la peau de la tête. J'ai hurlé – plus de peur que de douleur.

Ils m'ont ensuite fait redescendre dans la salle d'interrogatoire. Cette fois, je leur ai dit la vérité.

— Je suis d'Afghanistan. Je suis Gulwali, d'Afghanistan.

— Parle-moi des passeurs, a dit l'homme au carnet.

— Quoi ? ai-je dit.

---

1. En français dans le texte.

— Où as-tu habité ?

— Je ne sais pas. Je ne sais pas. Je le promets !

Les mains se sont à nouveau refermées sur mon crâne en tordant mes cheveux si forts que certains se sont arrachés. J'ai hurlé.

— Qui étaient ces hommes ? Qui as-tu payé ?

— Je ne sais pas ! S'il vous plaît, je ne sais pas !

Ils ont relâché leur étreinte, et ma tête est retombée en avant. J'ai étalé des larmes et de la morve sur toute la table.

— Emmenez-le d'ici et voyons ce que le prochain idiot a à dire.

Dans la salle d'attente, j'ai vu que plusieurs hommes avaient des traces de coups sur le visage ou des lèvres qui saignaient.

C'est plusieurs heures plus tard, presque au matin, que les interrogatoires se sont achevés. Nous étions restés là toute la nuit sans manger, sans boire ni dormir. On nous a ordonné de nous lever puis on nous a dit que nous allions être emmenés dans la prison, juste à côté.

La cellule de détention était immense et bondée. Des hommes de diverses nationalités étaient assis par groupes en fonction de leur origine : africaine, persane, arabe ou asiatique. Il y avait quelques lits métalliques dans les coins, tous occupés. De nombreux visages portaient des traces d'interrogatoires récents.

Nous avons trouvé un petit espace vide près de la porte, le seul endroit où un peu de place était encore disponible.

— S'il vous plaît, pouvons-nous avoir des couvertures ?

— Non.

Tandis que j'essayais de m'endormir sur le béton, la tête encore douloureuse après mon interrogatoire, l'abattement a commencé à m'envahir. Était-ce réellement pour ça que ma mère m'avait envoyé au loin ? Comment ma situation actuelle pouvait-elle être meilleure que celle que j'avais laissée au pays ? Si elles m'avaient interrogé, les forces étrangères m'auraient-elles traité plus mal ? Je voulais le croire, mais le froid du sol m'ôtait toute espèce de certitude.

Le lendemain matin, j'ai été réveillé par des pieds qui trébuchaient contre moi. On servait la nourriture juste à l'endroit où nous étions couchés. Il fallait nous enlever du passage vite fait. Du regard j'ai parcouru la cellule pour la première fois à proprement parler. J'y ai vu des visages qui venaient de partout dans le monde.

— Mange quelque chose avant qu'il n'y ait plus rien !

Mehran m'a tendu un petit bol en métal plein de riz. Je me suis précipité dessus et l'ai englouti avec reconnaissance.

Au cours des jours qui ont suivi, on ne nous a rien dit. Je n'avais pas idée de ce qui se passait mais certains des prisonniers ont manifesté de la prévenance à mon égard.

— Que fais-tu ici ? Tu devrais être à la prison pour enfants !

Quelques jours plus tard, on nous a conduits à la salle de douches. C'était la première fois que je voyais des toilettes de type européen, celles sur lesquelles on s'assoit. Elles étaient très sales.

Les cabines n'avaient pas de loquet. J'étais embarrassé d'avoir à faire des choses privées entouré d'autant de gens ! C'était la première douche que je prenais depuis deux semaines mais elle n'a pas été agréable : une nécessité plutôt qu'un plaisir. L'eau était glaciale et il n'y avait pas de savon mais cela m'a fait du bien. La peau me picotait. J'ai lavé mon visage tuméfié et je me suis rincé la bouche en me passant un doigt sur les dents et les gencives.

La prison était submergée de réfugiés. Beaucoup étaient soudanais et somaliens. Je n'avais pas approché de Noirs dans ma vie. En Afghanistan, il n'y en avait pas. Je me suis senti tellement désolé pour ceux qui se trouvaient dans cette prison. Certains y étaient depuis des années.

De retour dans la cellule, j'ai fait mentalement mes comptes. Il me restait environ 250 dollars. Je cachais mon argent dans mes sous-vêtements en en gardant peu dans mes poches. J'avais aussi confié 50 dollars à Mehran. Ce sont ceux-là qui ont été volés.

Mehran était bouleversé. Peut-être pensait-il que je croyais qu'il les avait pris. Ce n'était certes pas le cas. Je lui faisais confiance !

Nous avons consulté un Iranien qui parlait notre langue.

— Ce genre de chose arrive ici, a-t-il dit en haussant les épaules. Il vous faut accepter le fait que votre argent s'est envolé.

Après les violences physiques et les privations de nourriture et de sommeil, la disparition de mon argent a été la goutte de trop. C'étaient des dollars que ma mère m'avait donnés. Ils symbolisaient ses espoirs pour moi, et je les avais perdus. Je ne pouvais pas m'arrêter de pleurer.

— Qu'est-ce qui se passe ? Pourquoi tu pleures ?

J'ai levé les yeux sur un visage rond et noir et sur la paire d'yeux inconnus les plus gentils que j'aie vus depuis longtemps.

— Ce n'est rien, a coupé Mehran. Laissez-nous tranquilles.

— Ça ne semble pas être rien. Dis-moi !

L'entendre s'exprimer en persan m'a fait oublier mes larmes.

— Comment se fait-il que vous parliez farsi ?

Il a ri en écartant les bras.

— J'étudie ici, dans cette bonne université. Pourquoi tu pleures ?

— On m'a pris mon argent.

— Qui ?

Au lieu de répondre j'ai commencé à sangloter plus fort.

— C'est ma mère qui me l'avait donné, ai-je bafouillé.

— Je vois. Je vais tirer l'affaire au clair.

Il m'a regardé. Il avait l'air d'être touché.

— C'est quoi, ton nom ?

— Gulwali.

— Moi Marrion ! Pleure pas. Je vais régler ça, je te le promets.

J'ai regardé par terre en me mordant la lèvre. Quand j'ai relevé les yeux, j'ai eu la surprise de voir la haute silhouette de Marrion s'éloigner à grands pas vers l'autre côté de la cellule.

— Tu crois qu'il les récupérera ?

Mehran ne semblait pas convaincu. Je ne l'étais pas non plus.

Je me suis couché pour sombrer dans une somnolence déprimée. Dormir vraiment était tout sauf possible sur ce sol froid.

— Gulwali !

Mon nouvel ami, Marrion, se tenait devant moi.

— Tiens ! a-t-il dit. Je les ai retrouvés pour toi.

Il m'a lancé une boule froissée de papier vert-gris, et j'ai serré mon argent contre ma poitrine.

— Le voleur dit qu'il est tout à fait désolé.

— Merci ! ai-je dit en souriant.

— C'était un plaisir. Plus de pleurs, d'accord ?

Il est retourné dans le coin de la cellule qu'occupaient les Africains sans un mot de plus. J'ai été tellement heureux tout d'un coup ! Mehran s'est rasséréné, nous avions un nouvel ami dans la prison et j'avais récupéré mon argent. Ces dollars que ma mère m'avait donnés étaient mon dernier lien avec elle. Et voilà que je les avais de nouveau ! C'était tout ce qui comptait.

Il se produisait une espèce de remue-ménage chez les gardiens, dehors dans le couloir, mais je l'ai ignoré. Je tentais de trouver le sommeil quand j'ai entendu des Pakistanais raconter quelque chose à Mehran.

— Quand il a commencé à lui cogner la tête contre l'évier, j'ai bien pensé qu'il allait le tuer.

— Qu'est-ce qui s'est passé ? a demandé Mehran.

— Deux Africains ont eu une énorme bagarre dans les douches.

— Oui. Sauf que c'était pas vraiment une bagarre. Un des deux a cogné sur l'autre comme s'il allait le démolir. Il s'est finalement arrêté pour lui prendre quelque chose dans la poche, et il est reparti.

J'avais trop peur pour oser les interroger.

— Le grand gars lui a passé une sacrée raclée. L'autre était pas beau à la fin !

J'ai senti du vomi monter dans ma gorge.

CHAPITRE TREIZE

Nous n'étions pas là depuis assez longtemps pour le savoir, mais Marrion était un des détenus les plus anciens et, plus ou moins, le patron des lieux. Il était incarcéré pour trafic de drogue, et personne n'osait le contrarier, pas même les gardiens. Il venait de la République démocratique du Congo où, selon ce qui se murmurait, il était recherché pour crime de guerre. Lui-même proclamait qu'il avait tué des centaines de personnes. Je ne sais pas si c'était vrai. Il parlait aussi sept langues couramment.

J'en étais malade de savoir qu'un homme s'était fait battre à cause de moi. L'argent me brûlait la poche. Désormais, Marrion était un méchant homme à mes yeux. Il n'aurait pas dû frapper le voleur. Et cependant, il avait récupéré l'argent pour moi. Et il avait été si gentil… Je ne parvenais pas à croire que je m'étais imaginé la gentillesse que j'avais lue dans ses yeux. J'ai passé l'essentiel du jour suivant à genoux, à prier pour l'autre homme et à demander pardon.

La prison a été une période de colère et de frustration. L'ennui était terrible. L'Iranien m'avait prêté un coran, et j'ai trouvé un grand réconfort dans sa lecture. Je passais beaucoup de temps à prier, à marcher autour de la cellule en pensant à la vie et en réfléchissant aux projets qu'Allah pouvait avoir pour moi. J'avais l'impression qu'il s'agissait d'un test pour ma foi.

J'ai rencontré des hommes venant d'Irak, d'Iran, des Indes, du Pakistan et de partout en Afrique. Certains d'entre eux, en particulier les Africains, m'ont fait de tels récits de leur misère et de la dureté de leur vie que ma propre existence m'a soudain semblé facile, en comparaison.

Beaucoup étaient des pêcheurs ou des fermiers d'une pauvreté extrême. Ils avaient laissé derrière eux femme et enfants parce qu'ils ne gagnaient pas assez pour nourrir leur famille. J'ai entendu parler de bébés morts de faim dans les bras de leurs parents, de femmes atteintes d'une fièvre banale et qui y avaient succombé faute de médicaments, d'enfants mort-nés parce que leur mère n'avait rien eu à manger. Pour leur famille, la seule chance de survivre était que ces hommes atteignent l'Europe et y trouvent assez de travail pour envoyer de l'argent chez eux.

Mais tous n'étaient pas pauvres. Nombre d'entre eux étaient des modèles potentiels pour moi : avocats, médecins, professeurs, journalistes ou ingénieurs. Souvent, ces gens-là avaient été interdits de travail ou persécutés à cause de leurs convictions politiques.

J'ai commencé à élaborer des plans. Il me fallait sortir, survivre. On ne pouvait pas se fier aux autorités plus qu'aux passeurs. C'étaient tous des menteurs, et ils cherchaient seulement à tirer bénéfice de la rivière humaine qui coulait sous leurs pieds. Ma plus grande peur était d'être renvoyé au pays : cela aurait constitué un tel échec ! J'avais beau me languir de ma mère et de ma famille, je ne voulais pas me couvrir de honte à leurs yeux. Aussi dur que puisse être mon voyage, ils avaient investi tout pour que je le mène à bien.

Je pensais que je pourrais essayer à nouveau et passer à pied la frontière entre l'Afghanistan et l'Iran. Ou, peut-être encore arriver en Europe et rejoindre Hazrat. Retrouver Loup Noir qui m'aiderait. Mon esprit cavalait, mais aucune de mes idées n'était réaliste.

On avait déjà remis à plusieurs prisonniers afghans arrivés en même temps que moi les documents signifiant leur expulsion. Seulement, si l'ambassade afghane aidait à organiser le vol, ils devaient le payer eux-mêmes. S'ils ne pouvaient pas, ils restaient en prison. Il y avait un unique téléphone public. J'entendais des bribes de conversations : des prisonniers qui s'excusaient auprès de leur famille déjà endettée et demandaient de trouver encore de l'argent. Leur plaidoyer aurait pu être le mien, mais je ne disposais d'aucun moyen pour contacter les miens.

C'est à cette occasion que j'ai appris que les passeurs ne remboursaient rien en cas d'échec. Si vous étiez pris et renvoyé au pays, il fallait payer leurs services en totalité.

Ce que j'avais, en revanche, c'était le téléphone de Zamir, notre avant-dernier agent en date. Abdul l'a appelé pour qu'il nous aide.

— Alors ? a demandé Mehran dès qu'Abdul a raccroché.

— Il m'a demandé de ne pas l'appeler depuis la prison. Et que c'était notre faute si nous avions été arrêtés.

Nous ne disposions d'aucun moyen pour contacter Qubat. Abdul a demandé à Zamir de l'appeler pour lui faire savoir que nous étions là. Mais l'autre a répondu que ce n'était pas de sa responsabilité avant de lui ordonner de ne jamais le rappeler et de raccrocher.

Nous avons essayé Malik, qui nous avait enfermés dans le poulailler. Mais le numéro que nous avions était hors service.

J'étais en prison depuis deux, trois semaines – le temps s'écoulait si lentement qu'il était dur de le savoir – quand un homme est venu de l'ambassade afghane. Il a dit que ceux qui ne pouvaient pas payer l'avion seraient expulsés vers l'Iran en autocar le lendemain.

Tôt le matin, les gardiens sont venus nous chercher.

— Ceux du car pour l'Iran, vous avez deux minutes pour être prêts. Dépêchons !

Je me suis levé d'un bond, comme si j'avais des tas de choses à empaqueter. Puis je me suis rappelé que j'avais juste mon petit sac.

Une fois encore, je repartais en arrière sur ce plateau de jeu faussé qu'était devenue ma vie. Une part de moi, cependant, se réjouissait parce que, au moins, je sortais de prison. L'enfermement commençait à me faire perdre l'esprit.

CHAPITRE QUATORZE

Au bout de quatre jours, j'ai commencé à souhaiter retourner en prison. Nous étions cinquante entassés à deux sur chaque petit siège du car, avec notre sueur et nos haleines qui se mélangeaient.

J'avais perdu tout espoir. Je retournais vers la guerre et vers l'Afghanistan, où les talibans seraient en train de m'attendre.

Des hommes ont commencé à ronchonner.

— Ils sont quatre, nous, cinquante. Nous pouvons les maîtriser.

— Au prochain arrêt, cinq d'entre nous en agrippent un, cinq autres, le chauffeur.

Ce genre de contestation devait être habituel à ce point du voyage parce que nos gardiens, des agents de l'immigration en civil mais armés, ont semblé être au courant de ce qui se passait. L'un d'eux a avancé jusqu'au fond de l'autocar, l'air tendu.

— Nous sommes presque arrivés. N'ayez aucune idée brillante. Les choses peuvent toujours devenir pires.

Il n'avait pas eu besoin de tapoter son arme. Nous avions tous entendu ces histoires selon lesquelles il arrivait que les gardes-frontières turcs vendent les migrants à des gangs criminels kurdes. Ces bandes vous enfermaient quelque part avant de contacter votre famille pour demander une rançon. Si vous refusiez de coopérer, ils vous maltraitaient et vous battaient. J'avais même entendu parler d'hommes dont on avait coupé le nez ou les oreilles parce que leurs parents ne voulaient ou ne pouvaient pas payer. Pour moi, cela signifiait de bien me comporter avec les agents de l'immigration. Je ne voulais pas être vendu. Mon expérience des passeurs et des criminels kurdes n'avait pas été positive.

Le quatrième jour, alors que nous étions tout près de la frontière, on nous a fait descendre du bus pour attendre quelques heures dans ce qui ressemblait à des bâtiments militaires désaffectés. Quand nous sommes remontés dans le bus, il manquait quelqu'un.

— Qui n'est pas là ?

L'un de nous avait réussi à disparaître. J'ai regardé autour de moi, il était difficile de dire de qui il s'agissait. Les gardes sont restés avec nous dans le car mais ils ont prévenu la police locale.

Trois heures plus tard, des policiers sont venus avec un garçon nommé Zabi. C'était un Pachtoune de Kandahar à peine plus âgé que moi de deux ans. Il saignait et était contusionné mais conservait un reste de combativité. Il se débattait. Les policiers l'ont poussé pour le faire entrer de force par le côté du car.

— Espèce d'idiot ! Tu as cru que tu pourrais t'échapper ?

Il les a insultés et, finalement, l'un d'eux lui a donné un coup de poing dans le ventre.

Après quoi, les agents locaux ont serré la main de ceux de l'immigration avant de s'en aller dans leur Toyota bleu et blanc.

— Quand je suis allé pisser, a raconté Zabi, j'ai juste filé. J'ai marché pendant un temps fou. Les gens n'arrêtaient pas de me regarder mais j'ai continué. J'essayais de trouver la gare routière.

Tout le monde avait des questions pour lui mais les agents nous ont interdit de continuer à lui parler.

Il se faisait tard quand nous sommes arrivés à la frontière. Nous ne nous sommes pas présentés à un point de passage important. À part une demi-douzaine de soldats turcs, il n'y avait personne.

On nous a transférés dans des jeeps de l'armée avant de nous conduire sur une route dont un côté était bordé par une très haute clôture électrifiée en fils de fer barbelés. De temps en temps, il y avait un poste de garde avec, dedans, des soldats qui semblaient s'ennuyer. On nous a ordonné de descendre des véhicules et d'attendre à proximité. Tout à coup, un flot de paroles est sorti de la radio de nos gardiens. Les soldats se sont précipités sur la clôture et en ont défait une bonne longueur, y compris les fils électriques. Ils nous ont dit d'attendre tout en nous tenant prêts.

Il faisait nuit, et l'obscurité était accentuée par de gros nuages qui cachaient la lune et les étoiles. Les soldats ont coupé la lumière des jeeps, ce qui a rendu la situation encore plus angoissante.

— Pourquoi font-ils ça ? a demandé Mehran. Vous croyez que les Iraniens savent que nous arrivons ?

— Peut-être qu'ils savent que la mafia est là, a dit Abdul.

Quand l'ordre est venu, Mehran m'a retenu.

— Ne sois pas le premier à traverser !

Quelques hommes avaient déjà commencé à pénétrer en Iran par le trou dans la clôture. Je n'avais pas idée de ce qui nous attendait là-bas, dans l'obscurité. Mes jambes étaient comme de la gelée.

— Allez ! Avancez !

C'est tout juste si j'ai pu bouger les pieds. Mehran a pris une de mes mains et Abdul, l'autre. À ce moment-là, tout le monde s'était mis en marche. Nous nous tenions par petits groupes mais sur une ligne horizontale. Les gens ont progressé lentement au début, puis, tout d'un coup, ils se sont mis à courir dans toutes les directions. Nous les avons imités. Des policiers nous ont fait des signes.

— Venez par ici ! Venez ici !

Ils étaient huit et avaient des cravaches.

Nous avons commencé à courir vers eux, mais nous avons entendu d'autres voix qui criaient :

— Non ! Pas par là ! Nous sommes la police ! Venez par ici !

— C'est les Kurdes ! a crié une voix terrorisée. La mafia ! Même s'ils portent des uniformes de policiers ! Courez !

Je haletais de peur et à cause de la course – les semaines passées en prison m'avaient épuisé. Le sol était inégal et rocailleux ; j'ai bien cru que j'allais tomber et me faire piétiner. Ma poitrine me faisait tellement mal que je pouvais à peine reprendre mon souffle.

Des phares sont apparus, puis des hommes en uniforme avec des torches se sont dirigés vers nous. Tout d'un coup, il y a eu des voitures, des camions, des motos. Les hommes avec les cravaches étaient sur nous, leurs badines claquaient et craquaient quand elles s'abattaient sur un corps. Ils ont réussi à parquer à peu près la moitié d'entre nous dans un demi-cercle.

Je n'avais pas idée de qui étaient ces gens, mais j'espérais qu'il s'agissait bien de la police. Une moto nous a contournés pour se placer derrière nous, et on nous a donné l'ordre d'avancer.

Tandis que nous marchions, l'aube a commencé à poindre. À quelque distance, j'ai vu un bâtiment. Un drapeau iranien flottait au-dessus et des soldats se tenaient à côté. J'ai recommencé à respirer normalement : nous étions avec les bons hommes.

En frissonnant, j'ai pris conscience du froid qu'il faisait sur cette plaine nue et rocailleuse toute hérissée de buissons épineux et que des montagnes bordaient dans le lointain. Nous étions sans doute en février. Ou en mars. En fait, je n'en avais pas la moindre idée.

Le bâtiment devait être le premier poste de contrôle de ce côté-ci de la frontière. Il faisait encore à moitié sombre, et des papillons de nuit voletaient autour de la lampe fluorescente qui surmontait la porte. Trois fonctionnaires de police sont sortis.

— Mettez-vous en rang ! Les mains sur la tête ! Face au mur !

Nous nous sommes alignés le long de la façade du bâtiment.

— Tournez-vous, doucement. Videz vos poches ! Sortez tout !

Certains se sont montrés réticents à cet ordre et n'ont pas voulu vider leurs poches. Cela a eu comme résultat qu'on nous a ordonné d'ôter nos chemises malgré le froid glacial.

J'avais encore 250 dollars. 50 dans mon sac, 100 cachés dans mes sous-vêtements et encore 80 dans mes chaussettes. De ma poche, j'ai tiré un billet de 20 dollars. Un policier l'a regardé, l'a pris et l'a empoché. Son collègue a commencé à fouiller mon sac.

— T'aurais pas des drogues ou des armes là-dedans ?

Celui qui avait pris les 20 dollars a ri. J'étais furieux. Nous aurions aussi bien pu être aux mains des criminels.

— Regardez-moi ça ! s'est exclamé celui qui fouillait. Justement, le vert est ma couleur préférée !

Il a froissé le billet de 50 dollars comme une feuille d'automne. C'était celui qu'on m'avait volé en prison et qu'on m'avait rendu parce que Marrion avait sauvagement frappé un autre détenu. Je savais que je ne le récupérerais pas, cette fois, et je m'en moquais. Peut-être était-ce le jugement de Dieu pour ce qui était arrivé.

Au moins, 180 dollars étaient-ils restés en sûreté dans mon caleçon et mes chaussettes.

Nous étions toujours là à nous geler le torse quand des voitures sont arrivées. Plusieurs hommes en sont descendus. Les policiers se sont dirigés vers eux comme s'il s'agissait de vieux amis. Ils se sont mis à parler très vite en kurde.

Je suis parvenu à saisir quelques mots, terribles.

— … ça dépend combien…

— … le risque…

— Votre part…

J'en étais malade de peur. Je voulais fuir.

— Ils sont en train de nous vendre ! Il faut nous échapper !

Mais en disant ça, je savais que c'était impossible. Ils avaient des armes, et je n'étais pas assez fort pour tenter quoi que ce soit.

— Comment ? a demandé Abdul. Sans eau ni nourriture, nous serions morts après-demain, même s'ils ne nous reprenaient pas.

Juste alors, un véhicule est arrivé. Les hommes qui discutaient ont fait silence. Un jeune homme qui portait des épaulettes en est descendu. Il s'est adressé aux autres policiers. Il a crié en farsi :

— Vous pensez que je ne sais pas ce que vous faites ? Un rendez-vous avec vos amis gangsters en pleine nuit ! Et ce lot – il a tendu la main vers nous – de poulets prêts pour le marché !

Mes jambes ont commencé à trembler de soulagement.

— Dites à vos amis de s'en aller. Si je les revois ici, eux aussi iront en prison. Mon ordre est-il clair ?

Là-dessus, il est entré. Les hommes des voitures sont partis. Nous sommes restés encore une heure à attendre près du mur. Je pense que le chef a appelé lui-même des gens qu'il connaissait pour nous emmener, parce que plusieurs autos sont venues. Pas des voitures de police mais celles de gens des environs en route pour le marché local. On nous a ordonné d'y monter. Deux agents de police sont venus avec nous.

Il y avait une chèvre ligotée à l'arrière du véhicule dans lequel je suis monté. Elle a bêlé en me regardant d'un air implorant. Je savais très précisément ce qu'elle ressentait.

— Comment ? a demandé Abdul. Sans eau ni nourriture, nous serions morts après-demain, même s'ils ne nous reprenaient pas.

Juste alors, un véhicule est arrivé. Les hommes qui discutaient ont fait silence. Un jeune homme qui portait des épaulettes en est descendu. Il s'est adressé aux autres policiers. Il a crié en fait :

— Vous pensez que je ne sais pas ce que vous faites ? Un rendez-vous avec vos amis gangsters en pleine nuit ! Et ce lot – il a tendu la main vers nous – de poulets prêts pour le marché !

Mes jambes ont commencé à trembler de soulagement.

— Dites à vos amis de s'en aller. Si je les revois ici, eux aussi iront en prison. Mon ordre est-il clair ?

Là-dessus, il est entré. Les hommes des voitures sont partis. Nous sommes restés encore une heure à attendre près du mur. Je pense que le chef a appelé lui-même des gens qu'il connaissait pour nous emmener, parce que plusieurs autres sont venues. Pas des voitures de police mais celles de gens des environs en route pour le marché local. On nous a ordonné d'y monter. Deux agents de police sont venus avec nous.

Il y avait une chèvre ligotée à l'arrière du véhicule dans lequel je suis monté. Elle a bêlé en me regardant d'un air implorant. Je savais très précisément ce qu'elle ressentait.

CHAPITRE QUINZE

Depuis la frontière, on nous a amenés à une ville appelée Makou où nous avons passé la nuit dans un commissariat. Nous n'avions toujours pas mangé, et j'étais près de m'évanouir de faim.

Le lendemain, les policiers nous ont conduits au tribunal. Ils nous ont menés à un palais de justice couleur brun doré – il m'a fait penser à du pain. Mes genoux se dérobaient sous moi quand on nous a fait entrer. Je ne pensais pas avoir la force de résister à un autre interrogatoire comme celui que j'avais subi en Turquie.

Tout le procès au tribunal a été terminé en quelques minutes. On nous a juste demandé d'écrire nos nom, âge et pays d'origine dans un gros registre bleu. J'ai noté mon âge, douze ans, en grosses lettres bien lisibles. J'espérais que quelqu'un y ferait attention.

Escortés par la police, nous sommes allés à pied jusqu'à la prison voisine. Une fois là, les agents ont remis nos personnes à l'administration pénitentiaire en leur montrant les papiers du tribunal. Je priais pour que quelqu'un remarque mon âge et fasse quelque chose pour m'aider.

La prison était une sorte d'ancienne caserne bâtie en terre et en pierre. Il n'y avait pas d'eau courante et les cellules auraient pu être des geôles médiévales. Il faisait extrêmement chaud dans le cachot sans air qu'on m'avait assigné en même temps qu'à dix autres détenus. Il n'y avait pas de lits, juste des matelas sur le sol. Ils étaient tellement serrés qu'il fallait marcher sur les premiers pour atteindre ceux qui se trouvaient près du mur d'en face.

À peu près vingt-cinq prisonniers étaient déjà là, tous des migrants, certains depuis des semaines, d'autres depuis des mois.

Le gouverneur nous a donné les consignes :

— Pendant la journée, vous resterez dehors à faire de l'exercice ou à vous reposer dans la cour. La nuit, vous resterez dans vos cellules. Si vous voulez partir d'ici, vous payez l'autocar pour Zahedan, sur la frontière afghane. Il n'y a pas de nourriture pour vous ici. Si vous avez faim, donnez-nous de l'argent et les gardiens iront vous acheter à manger.

La première chose que nous avons faite a été de mettre une petite somme en commun et d'envoyer chercher du poulet et du riz. J'ai été ravi d'avoir enfin quelque chose à manger.

Chaque matin, les gardiens nous transféraient dans la cour. Il n'y avait pas d'ombre, et la situation était aggravée par des centaines de moustiques qui attaquaient en piqué. Les gardiens restaient assis à l'ombre d'où ils nous regardaient cuire. Ils nous humiliaient sans répit en nous faisant nous accroupir les mains sur la tête et sauter. Ma tête ruisselait de sueur tant il faisait chaud. Chaque inspiration m'écorchait les poumons, mes bras et mes cuisses n'en pouvaient plus de faire mal mais ils nous obligeaient à continuer et continuer jusqu'à ce que nous soyons sur le point de nous évanouir.

Nous avons eu très peu de nourriture pendant la semaine où nous sommes restés là. J'avais de l'argent, mes amis aussi, mais nous ne pouvions pas nous permettre de le dépenser pour acheter des vivres pour tout le monde. Et comme nous nous sentions coupables de manger devant des gens qui avaient faim, nous restions affamés nous-mêmes.

Je savais qu'il me fallait sortir de là au plus vite. J'ai pris sur moi de trouver des gens pour participer au paiement de l'autocar pour Zahedan. Le gouverneur avait annoncé qu'il nous coûterait 20 dollars par personne. Avec un dénommé Raheem, nous avons négocié avec lui. À la fin, il a accepté 10 dollars par personne. Mais à une condition :

— Vous emmenez tout le monde.

Comme nous étions cinquante-deux, cela faisait 520 dollars.

Avec Raheem, je suis devenu l'organisateur. Comme j'étais un enfant, les autres me soupçonnaient moins de vouloir les berner. Je faisais le tour de la cour à essayer de les convaincre de contribuer. Certains étaient réellement sans le sou. D'autres avaient de l'argent mais ne voulaient pas l'admettre. D'autres acceptaient de payer pour eux-mêmes et un ami seulement. D'autres, enfin, ne voulaient pas payer du tout. Il m'a fallu employer toute ma force de persuasion.

Au bout du compte, il a manqué 50 dollars. J'ai utilisé mon propre argent. Je suis resté avec seulement 150 dollars sur moi. Mais cela le valait car nous sommes enfin montés dans l'autocar.

De Makou, le chauffeur a pris vers Chiraz. De là, il gagnerait Zahedan et la frontière, où nous serions expulsés.

C'était un très long trajet, mais cela m'était égal : j'étais sorti de cette prison.

De temps à autre, nous nous arrêtions pour manger et aller aux toilettes. En général, les deux gardiens qui faisaient le voyage avec nous nous laissaient sortir du car pendant qu'ils prenaient leurs repas. Je pense qu'ils étaient embarrassés de manger devant nous, parce qu'ils savaient que nous avions faim.

Nous faisions une pause repas dans un petit jardin public. Mehran, Abdul et moi étions assis à l'ombre d'un arbre à mastiquer en silence, quand nous nous sommes regardés. La même pensée nous est venue à l'esprit sans parler : nous enfuir.

— Si nous devons le faire, il faut le faire maintenant, ai-je dit.

— C'est de la folie, a répondu Abdul.

J'ai regardé Mehran. Il a hoché la tête. Il était avec moi.

Je ne peux pas me rappeler depuis combien de temps nous étions sur la route. Peut-être trois jours et deux nuits. Cet arrêt pouvait être la dernière occasion à se présenter. J'ai insisté :

— Raheem parle le farsi. Il peut nous aider à traverser l'Iran.

Je lui ai jeté un coup d'œil. Il a hoché la tête pour dire « oui ».

— Je ne vous aiderai pas à vous faire tuer, a repris Abdul.

— Allons, viens avec nous ! a plaidé Mehran.

— Les gardiens ne s'attendent pas à ce que nous filions, a dit Raheem. Ils pensent que nous sommes trop épuisés pour ça.

— C'est précisément pourquoi il faut nous enfuir maintenant !

CHAPITRE SEIZE

À mes yeux, la déception de ma mère était plus à redouter que la police et ses armes. Pour la première fois depuis que j'avais commencé ce voyage, je savais ce que j'avais à faire. Mehran était aussi motivé que moi, Abdul, résolument contre.

Un vieux Pakistanais qui nous avait écoutés sans rien dire s'est mis debout et a épousseté son pantalon.

— Je suis trop âgé pour aller avec vous, les garçons. Mais je vais tâcher de faire en sorte que vous ayez une longueur d'avance. Fuyez dès que j'arrive à proximité du car.

Il a marché vers le véhicule. Les gardiens de prison étaient assis de l'autre côté. Ils mangeaient.

— Gardes ! a crié notre vieil allié. Un chien vient de me voler mon pain. Il a essayé de m'attaquer.

— De quoi est-ce que tu parles, vieil homme ?

— Je pense qu'il pourrait bien avoir la rage, monsieur !

— La rage ! a dit le gardien. Montre-moi par où il est parti.

Le vieil homme a mené les gardes dans la direction opposée.

Ça y était ! Du regard, j'ai interrogé les visages tendus qui m'entouraient. Raheem s'est levé. Abdul a secoué la tête. Mehran et moi avons bondi sur nos pieds et couru pour nous précipiter dans une petite rue étroite avec Raheem sur nos talons.

Mon seul vrai regret est que tout s'est passé trop vite pour que j'aie pu dire « au revoir » à Abdul.

Nous avons galopé le long de petites allées bordées de maisons serrées les unes contre les autres : nous voulions éviter les rues principales où des hommes en train de courir auraient vite été repérés. En fait, nous ne savions pas par où aller. Il y avait des champs qui bordaient la ville – nous les avions vus depuis le car –, mais nous n'avions pas idée de comment y accéder.

Je savais que nos gardiens ne se lanceraient pas à nos trousses parce qu'ils devaient rester avec le groupe, mais, sans aucun doute, ils avaient déjà fait appel à la police locale. Elle pouvait nous attendre à chaque carrefour. Je m'attendais à sentir l'impact d'une balle dans mon dos à tout moment.

Soudain, j'ai remarqué que des boutiques remplaçaient les maisons et qu'il y avait de plus en plus de gens autour de nous. Nous nous dirigions vers le centre de la ville au lieu d'en sortir.

— Ayez l'air normal, nous a dit Raheem qui réfléchissait vite.

Nous avons ralenti en essayant de paraître aussi décontractés que possible. C'était difficile. Clairement, nous étions égarés, sales et terrorisés : nous ressemblions aux évadés que nous étions.

Raheem a demandé à un passant où nous pourrions prendre un taxi. Par chance, nous en avons trouvé un presque tout de suite et, pour notre grande joie, son chauffeur était un immigré afghan.

— S'il vous plaît, conduisez-nous à Chiraz.

Je pense qu'il a deviné que nous étions des migrants illégaux. Il nous a rassurés d'une seule phrase :

— Vous avez de la chance de m'avoir trouvé.

J'ai poussé un soupir de soulagement quand je me suis installé sur le plastique de la banquette arrière du taxi à côté de Mehran. Raheem est monté à l'avant et a parlé avec le chauffeur.

— Oncle, nous n'avons pas d'argent iranien. Juste des dollars.

— Donnez-les-moi. Je les changerai pour vous.

Raheem lui a remis 250 dollars. À la gare routière de Chiraz, il est allé à un petit kiosque pour les changer. Avant de repartir, il nous a donné ce conseil raisonnable :

— Ne vous perdez pas de nouveau. Vous pourriez ne pas avoir deux fois la même chance.

La gare grouillait de monde. Nous avons pu nous détendre parce qu'il y avait des immigrés partout. Seulement, nous ne savions pas trop que faire ensuite.

— Raheem, tu connais quelqu'un en Iran ? ai-je demandé.

— Personne que je puisse appeler. Et vous ?

— Non plus.

— Mais si, a dit Mehran. Pourquoi ne pas appeler ce type qui tenait la pension à Téhéran, celui qui a pris nos passeports.

J'étais stupéfait. Il avait son numéro de téléphone. En fait, il avait méticuleusement conservé tous les numéros des différents agents dans un carnet qu'il gardait dans son sac à dos.

J'avais gardé un mauvais souvenir de cette pension et, sur le moment, je n'ai pas pensé que ça marcherait. Nous étions passés là plusieurs mois plus tôt, fin octobre 2006, et désormais le printemps 2007 arrivait. Je croyais que cet homme ne se souviendrait même pas de nous.

Je suis resté à faire le guet avec Raheem pendant que Mehran appelait depuis une cabine téléphonique. Il a parlé aussi fort qu'il l'a osé pour se faire entendre par-dessus le tapage de la rue.

— Nous sommes des gens de Qubat. Nous sommes trois. Évadés de l'autocar de la prison. Nous avons besoin d'aide.

Très anxieux, je me dandinais sur place en scrutant la rue pour repérer d'éventuels policiers mais, par bonheur, personne ne nous a remarqués. Une fois que Mehran a raccroché, nous avons marché jusqu'à un coin tranquille où il nous a répété la conversation.

— Il a dit qu'il appellerait Qubat pour l'informer de notre situation. D'après lui, c'est à Qubat de décider de la suite des événements. Si Qubat accepte de payer, il nous aidera lui aussi et nous pourrons aller chez lui une nouvelle fois.

— Je suis très impatient d'y revenir, ai-je conclu d'un ton sarcastique. Peut-être que nous pourrons récupérer nos passeports.

Le jour se changeait rapidement en une nuit tiède, presque étouffante. Nous avons utilisé une partie de l'argent que Raheem venait de changer pour prendre un billet pour Téhéran. C'était un bus couchette qui ne partait qu'à minuit. Nous étions absolument dégoûtants. Nous avions passé une semaine à la prison de Makou puis trois jours dans cet autocar surchauffé et collant, tout ça en portant les mêmes vêtements. J'ai calculé que je n'avais pas pris de douche depuis la prison, à Istanbul, quinze jours plus tôt.

Raheem craignait que notre état n'éveille des soupçons. J'ai été de son avis. Mehran et moi nous sommes assis sur un banc pendant qu'il allait en quête d'une boutique. Il est revenu avec trois chemises neuves et des pantalons pour nous tous, en même temps que des chaussettes et des sous-vêtements. Avec un regard de triomphe, il a tiré une petite bouteille d'un sac en plastique.

— On ne peut pas se doucher, alors j'ai pris de l'eau de Cologne.

Nous avons fait une toilette rapide en même temps que nous nous changions dans des W.-C. publics. L'eau de Cologne, un bois de santal bon marché, nous a fait sentir plus fort, assurément, mais pas sentir bon. Je n'en avais jamais utilisé auparavant et je me suis senti plus âgé quand j'ai regardé dans le miroir. Nous avons jeté nos vieux vêtements. C'était agréable d'en porter des neufs mais Raheem m'avait apporté un jeans trop grand. Et comme je n'avais pas de ceinture, j'ai été obligé de le tenir en place en marchant.

Nous nous sommes sentis plus sûrs de nous dans nos habits neufs, aussi nous sommes-nous aventurés hors de la gare routière pour trouver un restaurant. La dernière fois que j'avais mangé à proprement parler, c'était à Istanbul, avant d'aller en prison. Nous avons trouvé un petit restaurant afghan caché dans une petite rue. Il ressemblait à ceux qu'on trouve à Jalalabad : tables en Formica, chaises en fer, roses en plastique dans des vases… Pour la première fois depuis que j'avais quitté le pays, j'ai eu de la vraie nourriture afghane : riz frit avec des oignons et des raisins secs, kébabs et petits pâtés frits, le tout avec du *naan* fraîchement cuit et trempé dans du yaourt salé mêlé à du concombre et de la menthe.

C'était le genre de plats que ma mère excellait à cuisiner. J'aurais tellement voulu profiter de ce festin exceptionnel !

Seulement mon estomac avait rétréci à cause du manque prolongé de nourriture. J'ai dû me forcer pour avaler chaque bouchée, et manger m'a fait me sentir ballonné instantanément. J'ai été très déçu !

Le trajet entre Chiraz et Téhéran a duré huit heures. Je n'avais jamais emprunté de car si luxueux. Il y avait l'air conditionné, des sièges qui s'inclinaient pour faire lit et, même, à l'avant, un écran qui diffusait des films. Un vrai petit hôtel sur roues. J'ai dormi profondément, en m'éveillant juste à Ispahan pour le petit déjeuner.

Quand nous sommes arrivés à Téhéran, Mehran a appelé l'homme qui était supposé venir nous chercher. J'avais très peur qu'il s'agisse d'un bobard et que ce dernier n'existe pas. Mais, heureusement, quelqu'un s'est présenté.

Il était afghan et travaillait légalement à Téhéran. J'ai eu l'impression qu'il n'avait pas l'habitude d'être mêlé au trafic de migrants ; le tenancier de la pension devait l'avoir recruté ponctuellement. Il nous a fait prendre le métro. C'était très excitant. Je n'avais jamais rien vu d'aussi magique. Les wagons étaient faits de verre et j'ai été émerveillé de voir comment ils se déplaçaient alors que nous restions debout sur place. C'était magnifique.

Nous sommes arrivés de l'autre côté de Téhéran. L'homme nous a conduits dans un parc public où il nous a fallu l'attendre jusqu'au soir. Il allait au travail et devait passer nous reprendre après.

Nous avons vécu une journée tendue. Chaque fois que quelqu'un passait, nous avions l'impression qu'il nous examinait. Je me sentais comme si j'avais les mots « prisonnier évadé » tatoués sur le front.

Le soir venu, comme promis, l'homme nous a emmenés chez lui. C'était une maisonnette d'une seule pièce, très simple. Nous avons mangé et dormi sur le toit en terrasse. C'était le seul endroit où il y avait assez de place pour quatre personnes et il présentait en plus l'avantage d'offrir un excellent point de vue dans le cas où des voitures de police seraient venues à notre recherche.

Comme je le pensais, notre hôte n'était ni un passeur rétribué ni un agent : il nous aidait pour rendre service au gérant de la pension. Je lui ai été reconnaissant de prendre le risque de nous héberger.

Le lendemain matin, ce dernier l'a appelé pour lui demander de nous garder quelques jours de plus. Il semble que Qubat avait refusé de le payer pour son intervention. En fait, il ne voulait pas recourir à ses services pour nous faire repartir et préférait nous confier à un autre de ses agents. Mais le gérant refusait de nous laisser partir. Il disait que nous étions à lui aussi longtemps que nous restions à Téhéran et répétait que Qubat lui devait de l'argent, au moins pour l'aide qu'il nous avait apportée jusqu'à présent.

À mon avis, si quelqu'un méritait de l'argent, c'était bien l'homme dans la maison de qui nous nous trouvions. Mais, bien sûr, notre hôte était juste un Afghan pauvre pris au milieu de tout ça.

La situation est devenue encore plus confuse quand deux autres migrants sont arrivés. Jawad, qui avait la quarantaine, était originaire de Nangarhar, la province dont nous venions, Mehran et moi. Pour cette raison, nous l'avons appelé « cousin ». L'autre migrant se nommait Tamim. Il était très jeune, mais avait perdu tous ses cheveux à cause du stress. C'était un tailleur de Jalalabad. Lui et Mehran ont découvert qu'ils étaient des parents éloignés par alliance. Ce qui a fait qu'en l'espace d'une soirée, Mehran et moi n'avons plus eu un seul mais deux nouveaux parents.

Le quatrième jour, il est apparu que le différend avec Qubat était résolu puisque notre hôte nous nous a menés au bord d'un champ, le soir-même. Un accord avait été conclu avec un chauffeur de car qui s'est arrêté pour nous prendre.

Raheem est resté sur place. Notre hôte l'avait assuré que, même sans papiers, il pourrait travailler en Iran. Il a considéré qu'il ferait mieux d'essayer de survivre là que de continuer à tout risquer pour atteindre l'Europe. J'ai été triste de le quitter, mais je comprenais ses raisons.

Le nouveau groupe que nous formions – Mehran, Jawad et Tamim et moi – a voyagé dans le car toute la nuit. Nous n'avions pas idée d'où nous allions mais nous nous éloignions de Téhéran. J'ai prié pour que ce soit en direction de la frontière turque.

CHAPITRE DIX-SEPT

— Descendez !

Il était 10 heures du matin. Le chauffeur venait de s'arrêter au milieu de nulle part. Nous avons fait comme on nous le demandait.

Jawad et Tamim m'ont interrogé tandis que le car s'éloignait.

— Et maintenant ? Tu as un plan ?

— Non !

— Oh ! C'est juste formidable ! a dit Jawad d'un ton hargneux.

Ces deux-là étaient nouveaux. Il leur restait à comprendre que ne pas savoir où on était, où on allait ni quand on y arriverait était une situation normale. Nous sommes restés plantés au bord de la route. Moins de cinq minutes plus tard, une auto s'est approchée.

C'était la voiture la plus extraordinaire que j'avais jamais vue. Elle était couleur argent avec des vitres teintées, et ressemblait à une voiture de course. Un jeune homme rasé de près et portant des vêtements de style occidental a ouvert la portière.

— Les gens de Qubat ?

Je n'ai pas pu retenir un large sourire. Tout affamé, fatigué et effrayé que j'étais, cette voiture me donnait le frisson. Si mes amis de Jalalabad avaient pu me voir rouler dans cet engin !

— Pourquoi êtes-vous quatre ? a demandé le chauffeur, ennuyé. Vous devriez être trois. Je ne peux pas prendre quatre passagers.

Il y avait juste un siège à l'avant et une banquette arrière minuscule.

— On pourrait essayer, ai-je demandé d'un air implorant.

Deux minutes plus tard, Mehran et moi étions serrés à l'arrière. Jawad, le plus âgé, était assis à l'avant et Tamim, dans le coffre.

Visiblement, l'homme n'était pas content. Il n'a pas tardé à s'arrêter dans la cour d'une petite maison. Il y avait une femme qui balayait en se servant du même balai raide que ma mère utilisait.

— C'est la maison de mes parents, a dit l'homme en faisant sortir Tamim du coffre. Tu vas rester ici. Je reviendrai te chercher.

Tamim a commencé de discuter.

— Pourquoi moi ? Laissez un des autres…

Je me suis senti mal, mais je n'allais pas lui céder ma place. Mon voyage avait commencé voilà plus de six mois, le sien, à peine depuis une semaine. Nous avons démarré sur la petite route de campagne. Tamim nous lançait des regards désespérés.

Au bout d'une heure, le conducteur s'est arrêté de nouveau.

— Il y a beaucoup de contrôles. Je dois prendre des précautions.

Nous sommes descendus et il a ouvert le coffre à nouveau. Jawad et Mehran m'ont regardé en attendant que je m'exécute.

— Le garçon reste avec moi, a dit l'autre. Vous deux, entrez là !

Choqués, ils ont considéré l'espace exigu. Aucun n'a bougé.

— Lui peut passer pour mon jeune frère. Vous, vous avez l'air de ce que vous êtes : des sans-papiers. Alors, que suggérez-vous ?

Je ne sais pas comment deux adultes ont pu tenir là-dedans. Mehran m'a regardé. Il avait le visage rouge du fait de l'inconfort et de l'humiliation.

— Attention à la tête !

Le conducteur a refermé brutalement le coffre. À peine capable de contenir ma joie, je me suis installé sur le siège du passager.

— Nous sommes de la même famille, a aboyé le conducteur aussi tu dois m'appeler frère si les circonstances l'exigent.

— Oui, ai-je dit en rougissant de culpabilité, de colère et de chagrin en songeant à Hazrat.

Le conducteur a tiré un magazine et des lunettes de soleil de la boîte à gants en me demandant de les mettre. Je n'en avais encore jamais porté. J'ai beaucoup apprécié de ne pas avoir à plisser les yeux à cause de la lumière vive de l'après-midi.

— Lis le magazine et ignore ce qui se passe autour de toi !

— Mais je ne lis pas très bien le farsi, ai-je répondu sottement.

— Peu importe, c'est une revue automobile. Regarde les photos et souris aux gardes.

— D'accord, ai-je approuvé en commençant à penser que ç'aurait été plus facile dans le coffre.

— *Salâm aleykom*, a-t-il dit en forçant son accent farsi. À toi !

— *Aasalâm-alaikum*, ai-je répété en essayant de m'exprimer avec le meilleur accent farsi dont j'étais capable.

Il a grogné. Clairement, c'était sorti avec un accent pachtoune, avec toutes les toniques aux mauvais endroits.

— Dis-le comme ça, et nous nous faisons arrêter à coup sûr. Essaie en un peu moins paysan et en un peu plus à ta place dans cette voiture et dans ce pays.

Je me suis vexé en l'entendant.

— *Asalâm-alaykom !*

— C'est mieux. Pas comme un Iranien, mais mieux. S'il te plaît, souris et regarde le magazine. Ne dis rien sauf si tu y es obligé.

Au moment du contrôle, je tremblais tellement que j'avais du mal à garder le magazine immobile. Me trouver dans cette voiture n'était plus excitant : j'avais juste hâte que tout ça s'achève.

Un garde-frontière s'est approché de nous, du côté du chauffeur.

— *Salâm-alaykom !*

Son visage impassible a ignoré le salut du conducteur.

— Qu'est-ce qui vous amène ici ?

— Mon frère et moi rendons visite à des parents pour la journée.

— Ah, oui ? a répondu le garde comme s'il avait des doutes.

J'ai senti ses yeux sur moi. J'ai baissé le magazine.

— *Salaam !* ai-je lancé du ton le plus joyeux dont j'étais capable.

— Sa mère veut que je discute un arrangement de mariage pour lui, avec ma cousine, a dit le conducteur. Il commence à avoir l'âge. C'est eux que nous allons voir.

— Quelle voiture préfères-tu, mon garçon ? a demandé le garde.

J'ai montré du doigt la Land Cruiser garée près de la barrière.

Il a grogné d'approbation avant de s'exclamer :

— Si seulement choisir une femme était aussi facile !

Les deux hommes ont ri.

— D'accord, a dit le garde. Vous pouvez y aller !

J'ai récité en silence une prière de remerciement.

Après le poste de contrôle, nous avons roulé pendant un quart d'heure avant de trouver un pick-up bleu garé au bord de la route.

— Allez ! Montez ! a pressé le conducteur du nouveau véhicule.

J'ai été le premier à sauter sur la banquette arrière. Mehran et Jawad se débattaient pour s'extirper du coffre. Ils sont finalement venus s'asseoir à côté de moi. Tous deux se plaignaient d'avoir mal au dos et les jambes pleines de courbatures.

Le bruit du moteur de la voiture argentée m'a fait frissonner une dernière fois, alors qu'elle disparaissait dans un virage.

Dans notre nouveau véhicule, nous avons roulé pendant plusieurs heures jusqu'à ce qu'il stoppe dans une vallée étroite. Les pentes ravinées qui la bordaient étaient parsemées de buissons épineux. Une ligne de saules marquait le passage d'un cours d'eau en contrebas. Une voix a résonné dans l'air du crépuscule.

— Hé ! Par ici !

Sans un mot, le chauffeur nous a fait signe de descendre du véhicule. La voix était celle d'un homme en veste de cuir.

— Attendez-moi ici, a-t-il dit. Je vais revenir.

L'une des choses les plus étranges à propos de ce voyage, c'est qu'à chaque fois qu'un passeur ou un chauffeur nous donnait un ordre, nous le suivions. Que ce soit « Montez dans la voiture ! », « Restez silencieux ! », « Suivez-moi ! », « Mangez ça ! », « Donnez vos passeports ! », nous obéissions. Sans poser de questions ni même vraiment réfléchir, nous remettions chaque fois nos vies entre les mains de parfaits étrangers. Nous n'avions pas le choix. Quand ils disaient « Venez ! », il nous fallait obtempérer.

Il est très difficile d'expliquer le sentiment qu'on éprouve à se fier à des inconnus qui ne voient en vous qu'un article commercial. À chaque fois, j'étais conscient du fait qu'il pouvait s'agir de la dernière consigne que je suivrais jamais. Chacun de ces individus avait le pouvoir de nous conduire à la mort, à n'importe quel moment. Mais je savais qu'Allah était toujours avec moi. Je priais souvent, je parlais à Dieu, je trouvais du réconfort dans ma foi. Je ne sais même pas si c'était un choix que je faisais consciemment. Il le fallait. La foi était tout ce qu'il me restait.

Nous avons attendu plusieurs heures, jusqu'à ce que le jour cède la place à la nuit. Deux hommes sont arrivés. Ils portaient des talkies-walkies qui sifflaient et crachotaient.

— Nous partons ! Ramassez vos affaires. Mais, surtout, en silence ! Beaucoup de soldats et de policiers ! a baragouiné l'un d'eux en farsi mais avec un lourd accent kurde.

Nous avons formé une petite colonne. Les deux hommes ont eu une brève conversation avant que l'un d'eux s'évapore dans les ténèbres. L'autre a allumé une cigarette. Peu après, sa radio a laissé échapper deux bruits de friture.

— Suivez-moi ! a-t-il ordonné en écrasant sa cigarette. Marchez où je marche. Si je m'arrête, vous vous arrêtez. Et ne dites rien. Il y a beaucoup de police. Vous faites un bruit et vous allez en prison !

Nous avons approuvé solennellement de la tête.

Il s'est mis à marcher très vite, et mon inquiétude est montée en flèche : s'il se dépêchait autant, nous devions être vraiment en danger. Je ne voulais pas retourner en prison, encore moins en Iran.

Il nous a menés par un chemin qui longeait la rivière. Un croissant de lune donnait assez de lumière pour que je distingue la silhouette immobile du second passeur à quelques centaines de mètres plus loin, en surplomb. Il scrutait l'horizon pour donner des consignes à notre guide grâce aux talkies-walkies. J'ai eu l'impression de participer à une opération militaire bien organisée.

En marchant, tout ce que j'entendais, c'était un bruit assourdi de pas et le craquement occasionnel de brindilles qui cassaient sous nos pieds. Si le guide s'accroupissait, nous nous accroupissions. Quand il s'arrêtait pour se cacher, nous l'imitions. Et quand il ralentissait l'allure, nous faisions de même. Si nous n'avions pas été aussi pétrifiés de peur, cela aurait pu être drôle.

Le guide s'est arrêté brusquement. Quelque part devant, dans le noir, un talkie-walkie a grincé.

— À terre et en silence ! a-t-il chuchoté.

Alors que j'étais couché dans l'herbe noire avec seulement le bruit de ma propre respiration dans les oreilles, j'ai fixé la lune. Je me suis demandé si ma mère la voyait aussi au même moment. J'ai eu brièvement envie de l'appeler, lui dire qu'elle n'aurait jamais dû m'envoyer au loin en me faisant passer par toute cette angoisse.

Le guide semblait de plus en plus nerveux à mesure que son talkie-walkie lui délivrait de nouvelles directives. Nous avons néanmoins continué, en courant et en nous accroupissant comme des soldats d'infanterie pénétrant en territoire ennemi.

L'étroit chemin que nous suivions a débouché dans une vallée fertile et plus large. Nous avions juste commencé de la traverser en nous dirigeant vers son centre quand, tout à coup, des coups de feu sont partis depuis les collines au-dessus de nous.

— Baissez-vous ! La police ! La police !

Ç'a été le chaos. Nous nous sommes baissés. D'autres coups de feu ont éclaté. Il était impossible de savoir si on nous visait ou si on échangeait des tirs d'un côté à l'autre de la vallée.

— Levez-vous ! Vite ! Courez !

Nous avons couru si longtemps le long de cette vallée que j'ai cru que ma poitrine allait prendre feu et ma rate, exploser. Chaque muscle, chaque nerf, chaque tendon de mon corps criait pitié, de douleur. J'avais désespérément envie de m'arrêter pour me reposer mais je savais que si j'essayais de le faire, ne serait-ce qu'une seconde, le guide me laisserait à la merci de qui était là-haut, à tirer des coups de feu à l'aveuglette. Je n'avais pas idée d'où j'allais. Je savais juste qu'il me fallait m'éloigner du danger. Et aussi que je ne voulais pas mourir, pas là, pas comme ça.

Aujourd'hui encore, je comprends mal les itinéraires que j'ai empruntés. Mes souvenirs sont souvent un mélange flou de visages, de paysages, de pensées avortées. En même temps, des épisodes restent gravés dans mon esprit – je ne les oublierai jamais.

Quand j'ai cru que je ne pourrais pas aller plus loin, que j'allais être abattu et mourir sur ce chemin, nous avons atteint l'extrémité de la vallée. Il y avait une route, et ce même 4 × 4 bleu qui nous attendait. Je pouvais à peine respirer d'avoir tant couru.

— Montez dans la voiture ! a ordonné une voix.

Nous nous y sommes précipités comme nous avons pu.

CHAPITRE DIX-HUIT

Le paysage était différent de celui que j'avais découvert lors de mon premier passage en Iran, quand on m'avait conduit à la ferme de Loup Noir. C'était moins peuplé, les bâtiments étaient plus simples et la terre plus aride. Cette fois-ci, nous approchions de la frontière turque en traversant une région différente.

Une famille qui possédait des vergers nous a logés pour la nuit. Elle était d'ascendance afghane mais vivait en Iran depuis de nombreuses générations, ce qui ne l'avait pas empêché de conserver les anciennes manières. On nous a servi des œufs brouillés aux oignons avec du pain délicieux et une salade de concombres et de tomates. Mon estomac se remettait doucement des privations si bien que, cette fois, j'ai pu avaler de tout avec enthousiasme. Le fermier était chaleureux et courtois, il nous a traités comme des hôtes. C'était irréel : à un moment, on me tirait dessus, le moment d'après, je mangeais des œufs et des concombres.

Je n'ai pas cessé d'être stupéfait par de tels moments et par le nombre de personnes et de familles qui, sur le chemin, participaient aux opérations de passage de clandestins, en offrant leur maison comme abri. J'ignore si ce fermier-là était payé pour nous accueillir ou s'il le faisait parce qu'il était parent ou ami avec un passeur – ce n'étaient pas des questions que nous pouvions poser.

Nous sommes repartis au milieu de l'après-midi suivante. Tout le reste de la journée, nous avons roulé sur des pistes qui montaient toujours plus haut. Les ombres s'allongeaient : nous passions de la fin d'après-midi au début de soirée – le moment où le soleil offre à la terre un au revoir doré avant de se retirer pour la nuit. Je voyais des familles s'affairer dans des champs qui s'étendaient aussi loin que la vue portait. Les femmes portaient des foulards colorés. Un homme âgé et un petit garçon rassemblaient un troupeau de moutons à la limite d'un pré. Leur vue m'a coupé le souffle de chagrin : dans une autre vie, ça aurait été moi et mon grand-père.

Dans un accès de remords, j'ai pensé à ma mère. Au cours de ces dernières vingt-quatre heures abominables, je l'avais maudite pour m'avoir forcé à m'en aller. À présent, je me rappelais qu'elle l'avait fait pour moi. Une nouvelle fois, Dieu m'avait gardé sain et sauf. Il fallait bien qu'il y ait une raison à cela. Ce voyage devait vouloir dire quelque chose. En plus, Hazrat était toujours quelque part par-là, et je devais le retrouver.

Tandis que le soleil inclinait sa couronne d'or dans un glorieux crépuscule, nous avons continué de grimper la route jusqu'à parvenir à de petites habitations de pierres taillées dans les rochers.

On nous a conduits à une maison où un parfum exquis de cuisine a chatouillé nos narines. Et, après un merveilleux repas de poulet rôti, de riz et de *naan* – notre second festin en moins de vingt-quatre heures –, j'ai commencé à me sentir bien. J'avais affaire à des gens gentils qui se sont mis à causer avec nous.

Nous étions au-dessus de Makou, dans les montagnes reculées qui entourent cette ville. J'en gardais de mauvais souvenirs et je ne m'étais pas attendu à y revenir mais je me suis dit que c'était là que je pourrais reprendre ma progression vers l'Europe.

La famille était composée d'un couple jeune avec deux petits enfants et de la mère âgée de l'homme. Elle parlait seulement le kurde, de sorte que je ne la comprenais pas. Son fils, toutefois, qui parlait farsi a traduit pour moi.

— Tu es si jeune. Pourquoi tu t'en vas d'ici ? a-t-elle demandé.

Cette question m'a désarçonné. Je courais depuis si longtemps que j'avais cessé de penser plus loin que la minute suivante.

— Je ne sais pas.

Elle a dit quelque chose à son fils qui a approuvé de la tête.

— Ma mère dit que tu ne devrais pas voyager tout seul. Ce n'est pas bien pour un enfant.

Elle avait raison. Mais comment pouvais-je expliquer ?

L'homme a dit que son nom était Serbest. Il nous a confié que sa mère n'aimait pas qu'il héberge des illégaux parce que c'était risqué. Non seulement il risquait d'être arrêté par les autorités mais, en plus, il vivait dans la peur des puissants agents régionaux et des passeurs et chauffeurs locaux qui travaillaient pour eux – des gens qui pouvaient lui nuire gravement s'ils le voulaient.

Il a raconté que, souvent, les passeurs essayaient de le rouler, en payant pour deux hôtes et en en amenant dix. En pareilles circonstances, il n'avait pas d'autre choix que de nourrir tout le monde. Sa mère ne lui aurait pas permis de faire autrement.

L'honnêteté et la vulnérabilité de Serbest ont fait que nous l'avons tous aimé. J'ai pensé à la vieille femme qui avait été si gentille avec moi et son fils alcoolique. Eux, de même que Serbest et sa famille, gagnaient leur vie en abritant des migrants désespérés, mais ils étaient bien différents des agents tels que Malik. Ils ne s'enrichissaient pas. C'étaient de pauvres gens qui avaient besoin d'argent. Étaient-ils tellement différents de nous ?

Cela m'a fait me rendre compte que, dans les régions reculées habitées par les Kurdes en Iran ou en Turquie, la vie ne différait pas beaucoup de celle qu'on menait dans les campagnes d'Afghanistan. Il y avait certes des personnes détestables, des criminels et des kidnappeurs, mais, pour la plupart, les gens étaient convenables. Vivant la même existence au jour le jour, ils plaçaient en premier la famille, la moralité et le devoir. Et, à travers ça, ils survivaient.

Nous avons dit la prière du soir tous ensemble puis Serbest nous a conseillé de prendre un peu de repos parce que nous allions repartir dans l'heure. Je n'y suis pas parvenu, j'étais trop tendu. À la place, j'ai songé à tout ce que j'avais vu au cours des derniers mois : la brutalité, l'injustice, la pauvreté, la gentillesse, les objectifs mêlés que la plupart de ces gens poursuivaient. Ce voyage, pour terrible qu'il était, m'ouvrait les yeux et l'esprit sur le monde. Prier avec des musulmans chiites, entendre des récits sur la pauvreté en Afrique, habiter dans des villes modernes et voir comment vivaient les gens d'autres cultures avait eu un effet similaire. Le petit garçon qui harcelait ses tantes avait disparu depuis longtemps.

À ce moment-là, le visage de mon grand-père maternel, l'imam, s'est imposé à moi. J'ai entendu sa voix dans ma tête me dire : « La vie est une éducation, Gulwali. Et toute vie doit avoir un but. »

Le vent soufflait dans les arbres voisins de la maison lorsque la vieille dame est venue nous réveiller. En posant sur ma joue une main ratatinée et usée par le travail, elle m'a regardé fixement. Des larmes mouillaient ses yeux chassieux.

J'ai entendu le bruit de sabots et des hennissements. Serbest est apparu sur le dos d'un cheval gris en tenant les rênes d'une seconde monture, un robuste animal brun.

— C'est pour toi ! Tu ne seras pas capable de passer par ce chemin à pied. Il te sera utile, fais-moi confiance. En revanche, je suis désolé, je ne peux pas le payer. Il te coûtera 25 dollars.

— Non. Oubliez l'argent. Oubliez le cheval.

Je pouvais payer mais je ne voulais du cheval en aucune façon. J'en avais côtoyé quand j'étais petit, mais j'avais peur de les monter.

J'ai reculé, rouge d'humiliation et de colère. Tout le monde riait de moi. Serbest m'a tendu les rênes à nouveau.

— Allons ! Je t'aiderai.

Une heure plus tard, j'étais plein de gratitude envers Serbest et le cheval. Le trajet était des plus rudes. Nous avancions sur de petits sentiers muletiers à peine praticables à pied. Les sabots agiles de ma monture se révélaient plus sûrs, et de loin, que mes bottines.

Il devait être près de minuit quand nous sommes arrivés dans une clairière. C'était comme une scène de bataille d'autrefois ou, plutôt, de préparation à la bataille. Par centaines, des hommes et des femmes étaient rassemblés là. Certains se reposaient, d'autres s'équipaient en laçant des bottes ou en enfilant des habits chauds.

J'ai essayé de deviner d'où pouvaient venir tous ces migrants. Pas d'Africains, cette fois, mais nombre d'Afghans, de Pakistanais, d'Irakiens et d'Iraniens. Ce que je ne comprenais pas, c'était comment nous pouvions être autant de gens réunis là sans que personne ne nous voie. Il y avait tant de bruit que la ville de Makou tout entière, quelque part en contrebas, devait nous entendre.

J'ai pensé aussi à la première fois où j'étais passé en Turquie. Ici, il n'y avait pas de marchands qui chantaient en échangeant leurs marchandises. L'ambiance était en accord avec le paysage sec et aride. L'impression était sombre, presque sinistre.

Je ne sais pas qui a donné l'ordre du départ mais tout le monde s'est mis à marcher en même temps – une ligne interminable de silhouettes épuisées, de mules et de chevaux qui suivait la piste.

Le voyage a duré presque toute la nuit ; nous serpentions sur une piste sinueuse qui nous emmenait toujours plus haut, dans une zone où l'air était si froid qu'il devenait difficile de respirer. Sans mon cheval, je ne sais pas si j'y serais arrivé. Par endroits, les passages étaient si pentus qu'il fallait se tenir avec les mains pour ne pas tomber sur les rochers en contrebas. De façon à peine croyable, nous avons traversé deux routes très fréquentées. Comment ces sans-espoir affamés qui déambulaient par centaines ont-ils pu passer inaperçus ?

Lorsque le soleil a traversé le voile des ténèbres pour apporter l'aurore, j'ai vu que nous étions presque au sommet d'une chaîne de montagnes. Serbest a désigné d'abord l'ouest, ensuite l'est.

— Ici c'est la Turquie, ici, l'Iran.

Tout ce que je voyais, c'étaient des montagnes et encore des montagnes. Mais nous n'étions plus qu'à quelques kilomètres de la Turquie désormais. Une fois encore, l'Europe était à portée.

Serbest est descendu de cheval, s'est mis en devoir de nous serrer la main, l'un après l'autre.

— C'est ici que je vous dis au revoir, mes frères. Que Dieu soit avec vous ! Restez parmi les gagnants de la partie !

Il s'est tourné vers moi.

— Et toi en particulier. Que tout aille bien, petit gars !

J'ai été triste de dire adieu à notre nouvel ami. Mais je me suis rendu compte avec surprise que j'étais encore plus malheureux de devoir me séparer du cheval.

— Au revoir ! J'espère que tu rentreras chez toi sain et sauf.

Je lui flattais l'encolure tandis qu'il posait sur moi des yeux bruns pleins de curiosité. Cette créature simple avait été mon sauveur au cours de cette longue nuit. Il avait été si gentil avec moi, si sûr de pied ! J'ai lutté pour retenir mes larmes.

Nous sommes restés à regarder les agents, passeurs et brigands reprendre la direction de l'Iran. Serbest s'est arrêté pour nous saluer une dernière fois de la main puis ils ont disparu, lui et le cheval. De notre côté, nous nous sommes reposés encore un peu avant de repartir.

La première fois que j'avais pénétré dans le no man's land entre l'Iran et la Turquie, j'en étais à deux semaines de voyage et je n'étais encore qu'un enfant effrayé. J'avais été stupéfait quand j'avais vu la nuit d'un côté de l'horizon et de l'autre, le jour. Cette fois j'éprouvais une sensation nouvelle, celle de me tenir entre deux mondes : l'ancien et le nouveau. Mon ancien et mon nouveau.

Ça devait faire sept mois que j'avais quitté la maison, je n'avais toujours pas retrouvé mon frère et j'ignorais quand ce voyage arriverait à son terme. Mais j'avais changé. Je n'étais plus un petit garçon.

Tandis que je me tenais là, avec l'Iran d'un côté et la Turquie, l'Europe, de l'autre, je me suis dit que ce n'était pas un endroit où je voulais me trouver une troisième fois.

— Ce coup-ci, Gulwali, tu vas réussir ! Tu vas y arriver !

CHAPITRE DIX-NEUF

Après le départ des guides et des passeurs iraniens, j'ai pu voir qui se trouvait avec nous. Il y avait au moins deux cents personnes, de tous âges, de tous horizons. Beaucoup de gens avaient des sacs à dos ou des valises, pleines sans doute des possessions de toute une vie. D'autres n'avaient rien, juste les vêtements qu'ils portaient, comme s'ils avaient quitté leur maison le matin même. Certains étaient chaussés de solides bottines pareilles aux miennes, d'autres, de sandales en plastique. Comment, avec ça aux pieds, avaient-ils pu marcher autant ? Je n'arrivais pas à le concevoir.

J'ai été effaré de voir deux femmes avec des enfants petits. Ils étaient sales, avec le nez qui coulait et les cheveux feutrés. Une fillette portait un bonnet bleu à pompon mais n'avait qu'une paire de sandales en cuir à ses petits pieds gelés. Mon cœur a sombré quand j'ai vu ça. J'ai eu envie d'aller lui dire quelque chose de réconfortant, mais la façon dont la mère la tenait, tellement serrée, tellement farouchement, m'a arrêté. Telle une tigresse protégeant ses petits, elle avait l'œil à l'affût du moindre signe de danger. J'ai pensé qu'il valait mieux laisser un peu d'intimité à cette famille.

Il est vite devenu clair que pas un seul d'entre nous n'avait idée de ce qui allait se passer ensuite. Les Iraniens s'étaient contentés de montrer la pente du doigt en nous disant de continuer à marcher.

Deux groupes se sont levés pour se mettre en marche. Dans un vide absolu d'information, l'apparence du savoir a du pouvoir : je ne me rappelle pas que quiconque ait dit grand-chose mais le troupeau désordonné d'êtres humains s'est mis en rang et a suivi.

Bientôt, nous avons vu des hommes en uniforme brun venir vers nous à cheval. Ils étaient armés. J'ai eu peur. Les divers éléments de leur uniforme étaient dépareillés. Mehran et moi marchions en tête de la colonne. Nous nous sommes préparés à partir en courant entre les arbres si les choses venaient à tourner mal. Les cavaliers nous ont fait de grands signes pour nous demander de nous approcher.

Ils ne se sont pas présentés. N'ont pas dit un mot. Ils n'ont pas attendu non plus pour voir si nous les suivions. Ils ont fait pivoter leurs chevaux et se sont mis à redescendre la pente.

— Stop ! ai-je dit. Faisons demi-tour ! Ce sont des kidnappeurs.

— Je ne pense pas, a répondu Mehran. Tout est trop organisé. Des kidnappeurs seraient plus nombreux. Je pense que tout va bien.

— Non, tout ne va pas bien ! Ils nous tueront ! Repartons !

— Repartir où, Gulwali ? a-t-il crié, le visage rouge de colère. Nous avons marché toute la nuit en venant Dieu seul sait d'où et tu suggères de retourner Dieu seul sait où ?

— D'accord... Mais s'ils nous kidnappent...

Comme le flot des autres nous dépassait lentement, je me suis remis dans la file. Tels des agneaux en route pour l'abattoir, nous sommes descendus de la montagne.

Pendant les deux heures qui ont suivi, deux cents personnes épuisées ont marché derrière les hommes en faux uniforme. Je me désolais de penser que les autorités nous verraient – nous étions si nombreux à nous déplacer en plein jour ! – et nous arrêteraient. Ceux qui nous menaient, toutefois, semblaient ne pas s'en soucier.

Nous avons fini par rejoindre des bétaillères crasseuses. Leurs chauffeurs nous attendaient. Ils nous ont fait monter à l'arrière en poussant et tassant jusqu'à ce que le camion soit bondé. Respirer y devenait impossible, et j'avais mal aux côtes tant nous étions serrés.

Ce voyage en bétaillère qui alternait passes montagneuses et vallées s'est vite révélé insupportable. Nous n'avions pas eu de nourriture depuis notre dîner chez Serbest, vingt-quatre heures auparavant, et les seules fois où nous avions bu, c'était aux ruisseaux. Au bout de deux heures, cependant, nous nous sommes arrêtés sur un terre-plein. On nous a ordonné de descendre. Beaucoup de passagers étaient si faibles qu'ils pouvaient à peine tenir debout mais ils ont dû sauter tout seuls de leur camion puant.

Il y avait là une grande diversité de nationalités – la présence de centaines de personnes résultait d'une opération commune à plusieurs agents, chacun restant à la tête de son petit troupeau. Les chauffeurs ont séparé les Afghans, qui étaient les plus nombreux, du reste des gens. Les Kurdes, les Iraniens, les Irakiens et les Pakistanais ont immédiatement été remis dans un des camions et emmenés. J'ai jeté un dernier coup d'œil à la petite fille au bonnet bleu. Son visage sale était noyé de larmes, et cela m'a brisé le cœur.

Deux bétaillères sont reparties à vide.

Un petit peu plus loin, une vingtaine d'Afghans étaient assis ou allongés au bord de la route. L'un d'eux a crié en pachto :

— Frères, c'est pas de chance qu'ils vous aient laissés là !

Nous les avons rejoints. Depuis des jours, ils restaient ainsi dehors pendant la journée, sans eau ni nourriture. Le soir, un vieil homme venait à cheval et les faisait descendre dans la vallée jusqu'à sa ferme. Ils dormaient là dans une étable pleine de fumier, sur des couvertures déchirées et recevaient une infime portion d'une nourriture dégoûtante. Comme nous, ils ignoraient où nous étions.

Je suis allé au ruisseau où j'ai bu tout mon soûl, puis fait mes ablutions. L'eau était froide mais très pure. J'avais besoin de prier. J'ignorais quand et comment j'allais repartir, mais une foi aveugle m'aidait à tenir. Je croyais de plus en plus que Dieu avait un plan pour moi. Je me suis senti mieux. Je suis revenu à mon groupe.

— Frères, qui va conduire la prière ? ai-je demandé.

Personne ne s'est proposé.

— Jawad, s'il te plaît, est-ce que tu peux ?

Il a acquiescé et conduit la *jamaat*, la prière en commun. Nous avons supplié Dieu tous ensemble. J'aime à penser qu'un peu du désespoir de mes compagnons s'est ainsi dissipé.

Ensuite, nous avons longuement parlé de ce qu'il fallait faire.

— Bientôt le vieil homme va venir, a dit un des membres du premier groupe. Il va vous demander de l'argent parce qu'il le fait toujours. Tu ne devras pas discuter avec lui. Ils te battront, sinon.

J'ai compris pourquoi ces hommes semblaient si malheureux. Et, à les entendre, j'ai éprouvé une détermination nouvelle. Comme dans la cour de la prison quand j'avais su que mon devoir était d'emmener tout le monde, j'ai eu la conviction qu'il y avait une bonne raison à notre présence auprès de ces hommes : les tirer de là. Au long de ce voyage, c'était toujours chacun pour soi. En partie, la raison en était que personne ne croyait pouvoir faire changer quelque chose. Là, j'ai eu le sentiment qu'en agissant en tant que groupe, en montrant un front uni, nous pourrions sans doute réussir. J'ai résolu de le regarder droit dans les yeux et de lui faire comprendre que nous n'avions plus rien à perdre.

Un bruit de sabots m'a tiré de ma somnolence. Un homme aux cheveux blancs s'est approché sur un cheval gris. Il semblait vieux mais robuste, À ses côtés, se tenaient trois ou quatre hommes plus jeunes, montés eux aussi. Le vieil homme a mis pied à terre. De ses sacoches, il a tiré quelques morceaux de pain et deux ou trois oignons crus. Il s'est tourné, prêt à lancer cette nourriture dans notre direction. Il voulait que nous sautions dessus comme des animaux.

— *Salaam*, oncle ! ai-je lancé. S'il vous plaît, donnez-moi les provisions, je les distribuerai.

Je l'ai senti se tendre de colère. Il a répondu en mêlant kurde et farsi.

— Les nouveaux, vous ne connaissez pas les règles, je vois.

J'étais véritablement effrayé, mais j'ai continué.

— Mes excuses, oncle, je cherchais juste à vous aider.

Il a froncé les sourcils, puis m'a tendu le pain. Je l'ai passé à Mehran et à Jawad qui l'ont rompu et ont distribué les morceaux.

Le vieil homme a continué de regarder durement dans ma direction avant que sa voix n'éclate, semblable au tonnerre.

— Il faut me donner l'argent pour la nourriture et le couvert !

— Le couvert ? a répliqué Mehran. Et vous appelez ça de la nourriture ?

Le vieil homme l'a fixé mais a laissé passer la pique.

— 5 dollars chacun. Pas de paiement, pas de protection.

Nombre de ceux qui étaient arrivés avec nous ont protesté :

— Vous avez déjà été payé par notre agent !

— Vous n'aurez pas un sou !

Le vieil homme est resté imperturbable. Ses hommes se sont rapprochés de lui, tendus comme des chiens sauvages.

— Pas de paiement, pas de protection ! a-t-il répété.

Jawad a réagi habilement pour détendre la situation.

— D'accord, oncle ! Laissez-moi faire la collecte pour vous.

Mes amis et moi avons fait le tour des nouveaux arrivants. Certains nous ont regardés comme des traîtres. Personne ne voulait payer mais, au fond de moi, j'avais la conviction d'agir comme il convenait. Le vieil homme nous a regardés faire. On aurait dit que la scène l'amusait. Jawad et moi lui avons remis les billets.

— Voici, oncle !

Nous étions souriants et, dans notre meilleur farsi, nous l'avons remercié de nous accorder sa protection. Étonné, le vieillard nous a considérés avec méfiance. J'ai pris une profonde inspiration et, priant pour que mon plan réussisse, j'ai demandé :

— Oncle, avec le respect qui vous est dû, nous aimerions partir d'ici. Pouvez-vous organiser un transport pour nous ?

Pendant quelques secondes, il m'a regardé droit dans les yeux. Puis il s'est tourné vers ses hommes. Je m'attendais à ce que les coups pleuvent mais, à la place, il a éclaté de rire.

— Eh bien ! C'est quelque chose ! Depuis tout le temps qu'ils sont là, je n'ai jamais vu ces animaux se comporter aussi bien. Je ne sais pas comment tu t'y es pris, gamin.

De nouveau, il s'est tourné vers ses hommes. Ils riaient eux aussi, pour faire comme lui. J'ai compris qu'il terrifiait absolument tout le monde, y compris ses propres gens.

— J'avais prévu de vous renvoyer demain, a-t-il dit enfin. Mais étant donné la manière gentille dont ce garçon me l'a demandé, je vous permettrai de partir aujourd'hui.

Ils se sont remis en selle et sont partis au petit trot. Dès qu'ils ont été assez loin pour ne plus pouvoir nous entendre, je me suis tourné vers les autres. Je m'attendais à une salve d'applaudissements.

— Espèce d'imbécile ! À présent qu'il a l'argent, il ne reviendra pas.

— Tu l'as offensé. Maintenant, il va nous envoyer qui sait où.

— Es-tu assez bête pour te fier à ses mensonges !

Je me suis assis, complètement découragé. J'avais fait de mon mieux pour aider. Ne pouvaient-ils pas le voir ?

À mesure que les heures ont passé, les moqueries ont continué.

— Alors, il est où ton camion, Gulwali ?

— Je parie que tu l'as rendu tellement furieux qu'il ne nous laissera même pas aller dans son étable ce soir.

Le soleil se couchait quand des bruits de moteurs se sont fait entendre au-delà de l'horizon. Des camions. Quand ils se sont rapprochés de nous, quelques hommes de l'autre groupe ont applaudi. Je suis resté accroupi, en silence et sans bouger.

Dans un grand bruit de cailloux écrasés, deux camions se sont immobilisés devant nous.

CHAPITRE VINGT

Nous sommes montés dans les camions qui ont pris la direction des montagnes. Je l'avoue, je me sentais fier de moi, mais j'ai essayé de rester humble. Je savais que mon plan n'était pas exceptionnel. Et aussi que je n'aurais pas voulu rester dans l'étable dont la description me rappelait l'horrible poulailler. Se remettre en route aussi vite m'a fait l'effet d'une victoire sur les passeurs.

Nous commencions à assimiler les règles du jeu. Nous nous sommes assis à l'avant du camion, près de la cabine. Quand le chauffeur jetterait de l'eau et de la nourriture à l'arrière, nous serions les premiers à les attraper. En général, les gens avaient la décence de partager mais il arrivait que les quantités soient si faibles que cela s'avérait impossible.

Au fond de moi, pourtant, je ne me sentais pas à l'aise. Certes, nous bougions, mais… Il est difficile de décrire le sentiment d'inquiétude qui est le vôtre quand vous vous trouvez embarqué dans un véhicule inconnu, sans la moindre idée d'où on vous emmène ni du temps que vous allez passer emprisonné.

Je savais aussi que si quelque chose tournait mal, je serais celui qu'on blâmerait. Certains membres de ce groupe étaient tellement en colère contre leur sort que j'avais peur d'être lynché au moindre contretemps. Je priais aussi pour enfin sortir de Turquie sain et sauf. Et puis, après avoir passé près de sept mois en chemin, je ne me trouvais encore qu'à la limite de l'Europe. Comment le tout premier passeur avait-t-il pu affirmer à ma mère que ce serait juste l'affaire de quelques semaines ! Je savais que cela prendrait encore des mois, peut-être des années. Si j'arrivais un jour…

Pendant les trois ou quatre jours suivants, nous avons dormi, mangé et causé dans le camion. Les journées étaient chaudes, aussi était-ce un soulagement que notre chauffeur soit assez détendu pour laisser la bâche du toit ouverte : nous pouvions respirer et observer le paysage qui défilait. Ce n'est que sur les routes plus passantes qu'il nous ordonnait de la rabattre sur nos têtes pour nous cacher.

Pour une fois, j'avais une idée de notre destination. Je pensais que nous roulions vers Van. Cette intuition s'est confirmée quand nous avons renoué avec la vieille routine de marcher la nuit et de rouler le jour. Dès que nous approchions d'un poste de contrôle, le camion s'arrêtait et, si nous manquions de chance, nous devions rester immobiles jusqu'au soir. D'autres fois, des hommes à pied nous menaient dans des fermes délabrées. C'était préférable, car nous avions accès à des toilettes et pouvions nous reposer. Le soir venu, nous nous mettions en marche dans les collines en faisant de grands détours pour éviter les contrôles. Une nuit, nous avons répété cette manœuvre éreintante à trois reprises. Si ça avait été la première fois que je faisais ça, je m'en serais sorti beaucoup plus mal. Mais, désormais, je savais à quoi m'attendre, j'ai pu contrôler mon esprit pour qu'il pousse mon corps à surmonter l'épreuve.

Le seul épisode vraiment périlleux est survenu quand notre camion s'est arrêté en plein milieu d'un carrefour, aux portes de Van. Le chauffeur nous a crié de nous recroqueviller et de mettre en place la bâche qui servait de toit. D'après les bruits du trafic, c'était l'heure de pointe du matin. Le camion était immobile dans ce qui semblait être un rond-point. Nous ne pouvions pas y croire :

— C'est de la folie ! Qu'est-ce qu'il fait ?

— Peut-être qu'il y a un problème, a suggéré Jawad.

Nous avons entendu la bâche s'agiter, et le visage du chauffeur est apparu. Il a fait semblant de chercher quelque chose et en a profité pour chuchoter de façon pressante :

— Surtout restez tranquilles ! Nous sommes en panne.

Le message a fait le tour du camion. Chacun retenait son souffle.

Nous avons entendu des policiers arriver et causer avec le chauffeur. Les voix étaient trop assourdies pour qu'on puisse suivre la conversation. Nous savions, cependant, que s'ils regardaient sous la bâche, nous étions cuits.

Par miracle, ils ne sont pas venus jusqu'à l'arrière du camion. Et, finalement, nous avons repris la route.

Le troisième jour, la vie dans le camion est devenue intolérable. Le chauffeur a insisté pour que nous gardions la bâche fermée. Nous suffoquions. Le seul moment où nous pouvions aller aux toilettes, c'était la nuit, quand nous marchions, mais même alors, il fallait faire vite pour ne pas perdre le contact avec les autres.

Au cours des dernières vingt-quatre heures, nous ne nous sommes plus arrêtés une seule fois. J'avais épouvantablement soif, mais je ne pouvais pas boire parce que ma vessie était pleine à éclater. C'était une vraie torture.

Alors que je sentais que je ne pourrais pas tenir plus longtemps, nous avons atteint notre destination. Nous sommes arrivés dans un immense complexe de bâtiments de la grande banlieue d'Istanbul. L'activité qu'avaient abritée ces bâtiments autrefois avait cédé la place à un commerce d'êtres humains : environ quatre-vingts hommes, femmes et enfants étaient déjà là-dedans, assis sur un sol sale et humide. Tous avaient l'air épuisé. Beaucoup d'entre eux devaient être irakiens – nous étions au plus fort de la guerre qui a suivi l'invasion de 2003. Des centaines de milliers de réfugiés fuyaient leur pays, en quête de sécurité.

C'était la seconde fois en peu de jours que je croisais des enfants. C'était chose rare parce qu'en général les agents les prenaient en charge à part des adultes – malgré mes douze ans, je ne devais pas compter comme un enfant aux yeux des passeurs. Je n'étais guère plus âgé que certains de ceux qui étaient là, mais après les horreurs du voyage, je ne me voyais plus comme eux. Pourtant, je me sentais tellement triste pour eux et leur innocence perdue.

Je sentais mauvais. Et j'étais trempé de sueur. Je ne m'étais pas lavé depuis une semaine. Dans ce laps de temps, j'avais escaladé des montagnes, j'étais tombé dans la boue, j'avais chevauché plusieurs heures durant et dormi à côté d'une centaine d'autres individus non lavés. Le tout en portant en permanence les mêmes vêtements. Rien d'étonnant à ce que je sente si mauvais que j'en avais des haut-le-cœur quand je percevais ma propre odeur.

Pour les musulmans, être sale est une grande honte. Les ablutions auxquelles nous procédons avant de prier visent à nous faire nous présenter propres devant notre Créateur. Ne pas pouvoir me laver était pour moi une importante source de détresse. Je me sentais moins qu'humain.

Mon ventre distendu, gonflé et douloureux, était toujours à l'agonie. Cela faisait plusieurs jours que je n'étais pas allé aux toilettes, je ne pouvais toujours pas faire pipi. Un vieil homme m'a suggéré de manger du yaourt, qui pourrait me faire du bien. Il s'est offert de demander aux gardes de m'en apporter. Je l'ai suivi des yeux pendant qu'il les approchait.

— Excusez-moi. Le garçon est malade. Il souffre beaucoup. Pourriez-vous lui rapporter du yaourt ? Il a besoin d'aide.

— Va t'asseoir, vieil homme ! Vous allez tous partir bientôt.

Entre les hommes de nos deux camions et les quatre-vingts personnes qui étaient déjà là, nous étions plus de deux cents individus. Il y avait trois toilettes et une douche – pour nous tous ! Les toilettes débordaient de saleté. Je voulais essayer de faire fonctionner ma vessie mais je n'ai pas trouvé le courage d'y entrer.

Peu à peu, les représentants des divers agents sont venus récupérer leur cargaison. Ils identifiaient les personnes concernées en posant l'éternelle question : « Qui sont les gens d'Untel ou d'Untel ? » Je crois avoir entendu huit ou neuf noms d'agents différents. Après quelques heures, presque tout le monde avait été récupéré – y compris les hommes de notre camion. À minuit, il ne restait que nous : Mehran, Jawad et moi.

— Votre contact a appelé, nous a dit le responsable des gardes. Il ne peut pas venir ce soir. Il vous faudra rester ici.

J'avais si mal que je ne supportais pas l'idée de dormir sur ce sol dur et froid. J'avais besoin d'eau et de nourriture. Je ne sais pas ce qui m'a pris, mais je me suis levé, et j'ai fait mine de porter un téléphone à mon oreille, le petit doigt et le pouce tendus.

Chose remarquable, le responsable a compris et s'est exécuté. Le gars à l'autre bout de la ligne était afghan.

— Êtes-vous les gens de Qubat ?

À sa voix, j'ai deviné qu'il était soûl.

— Oui, ai-je répondu.

— Je n'ai pas d'argent pour venir vous chercher ce soir.

— Nous ne restons pas ici. Donnez-nous l'adresse, nous venons.

— Soyez patients. Je viendrai vous chercher demain.

— Non ! Je veux aller là-bas ce soir !

— Mais c'est le milieu de la nuit ! Allez dormir, a-t-il bafouillé.

Finalement, il a envoyé un taxi mais nous avons dû le payer nous-mêmes. En chemin, nous nous sommes arrêtés dans un café pour acheter à manger et j'ai enfin pu aller aux toilettes, mais ma douleur à l'estomac n'a pas disparu pour autant. J'ai été soulagé de voir que la pension était un appartement avec deux chambres au quatrième étage d'un immeuble de la lointaine banlieue d'Istanbul.

L'agent, dont l'haleine empestait la marijuana, est passé le lendemain.

— Je suis Amiri, s'est-il présenté. Faites le moins de bruit possible et tenez-vous sur le qui-vive en permanence. Et aussi, sortez seulement si c'est nécessaire.

Je m'attendais à ce qu'on nous déménage bientôt. J'avais raison. Amiri a fini par nous reloger dans un endroit qui lui coûtait moins cher. C'était un sous-sol surpeuplé très déplaisant. Quinze hommes s'y entassaient déjà en attendant leur prochaine étape. Ils venaient tous du nord de l'Afghanistan et parlaient le dari. Ils ont été furieux de voir arriver du monde en plus.

Leur animosité n'a pas tardé à dégénérer en disputes sur fond de rivalités politiques et d'appartenance ethnique.

— Vous, les Pachtounes, vous représentez les talibans ! C'est à cause de vous que nous avons dû quitter le pays.

Il est vrai que les talibans étaient, pour l'essentiel, pachtounes. Les chefs des tribus non pachtounes du Nord avaient résisté aux talibans et aidé les Américains à les renverser. Ils voyaient le petit appartement comme une continuation de la guerre.

Je faisais de mon mieux pour calmer les esprits mais sans arriver à grand-chose. L'ambiance est devenue de plus en plus empoisonnée, et nous avons fini par ne plus pouvoir la supporter. En plus, nous avions déjà compris que nous ne pouvions pas nous fier à Amiri.

— Ce bâtard est un rigolo, disait Jawad. Je ne crois pas un seul instant qu'il nous fera passer en Grèce.

— Seulement, il ne nous laissera pas partir, ai-je répondu. Nous lui avons coûté de l'argent.

— Alors, que tu suggères-tu ? demandaient mes amis.

Je n'avais pas de solution.

Puis il m'est venu une idée. Je me suis rappelé le patron de la boutique de DVD. Nous sommes allés le voir. Il s'est montré gentil et nous a mis en contact avec d'autres Afghans qui avaient des contacts avec des passeurs. Finalement, nous avons pu convaincre un certain Shir Aga de nous venir en aide. Ce Pachtoune de Nangarhar s'est montré sensible à notre situation. Il s'est proposé de contacter Qubat pour qu'il lui verse l'argent à lui plutôt qu'à Amiri.

— Est-ce que vous comprenez à quel point c'est risqué pour moi de vous prendre ? a-t-il demandé.

Pour une fois, la chance était de notre côté : Shir Aga a rompu le code d'honneur des passeurs pour nous.

Il nous a envoyés chez un ami, Nour. C'était un musicien, qui habitait Istanbul depuis des années. Il hébergeait des réfugiés pour la première fois. Clairement, il faisait une faveur à Shir Aga. Il nous a traités comme de vieux amis. L'appartement était petit mais chaleureux et confortable. La meilleure adresse de mon voyage.

Nous sommes restés chez lui une semaine puis Shir Aga est venu nous annoncer que Qubat avait accepté le marché. Il lui avait payé notre séjour et le prochain tronçon du voyage, jusqu'en Grèce.

— Je travaille à un plan ! Un plan garanti, *Insha'Allah* !

Pourquoi me fallait-il savoir que, chaque fois qu'un agent annonçait un plan « garanti », les choses tourneraient mal ?

CHAPITRE VINGT ET UN

Un soir, nous regardions un film quand Shir Aga est passé.

— Bonne nouvelle ! a-t-il dit, un large sourire aux lèvres. La partie vous mène directement en Grèce !

Alors que nous nous étions levés tous les trois pour prendre nos affaires, il a désigné Jawad.

— Tu restes ici. Le bateau est déjà surchargé. Ils veulent prendre seulement les deux petits. Mais si tout se passe bien, tu seras de la prochaine partie.

Jawad nous a regardés d'un air implorant, Mehran et moi. J'ai posé sur lui un regard coupable. Je ne voulais pas l'abandonner. Seulement, dans de tels moments, la survie l'emportait sur l'amitié.

Mehran et moi avons suivi Shir Aga jusqu'à sa grosse BMW garée dans la rue. Il me restait encore à rencontrer un agent régional qui n'aurait pas possédé une belle voiture !

Nous avons roulé jusqu'à un autre site industriel. On nous a conduits dans un bâtiment où il y avait des rangées et des rangées de tables avec des machines à coudre posées dessus. Assis à ces tables, se tenaient des immigrés, surtout des Afghans, hommes et femmes, qui fabriquaient des vêtements de style occidental.

Tout d'un coup, j'ai eu des doutes. J'ai demandé à Shir Aga :

— Est-ce que, réellement, nous partons pour la Grèce ?

— Fais-moi confiance. Mon propre frère ira sur le bateau avec vous. Tu ne penses pas que je trahirais mon propre frère ?

Cela m'a un peu rassuré.

Un inconnu nous a fait monter dans un fourgon de livraison blanc à l'arrière duquel se trouvait déjà du monde.

— Gulwali !

Je cherchais d'où venait cette voix quand mon cœur s'est emballé à la vue d'un visage familier : notre vieil ami, Baryalai. Je n'en croyais pas mes yeux.

— Vous autres, les gars, quelle sorte d'amis êtes-vous ? a-t-il dit, l'air fâché. Par votre faute, j'ai eu de gros ennuis. Je sais que vous avez raconté aux policiers que j'étais votre agent.

— Ce n'est pas vrai ! avons-nous crié en chœur, Mehran et moi.

— Ne mentez pas ! Les policiers l'ont dit. Vous m'avez trahi !

— On n'a pas fait ça ! On te le promet !

Il n'a pas pu se retenir plus longtemps. Il a éclaté de rire en nous donnant l'accolade à tous les deux.

— Je suis fier de vous ! Tamim m'a raconté votre évasion.

— Tamim ? Mais comment tu…

Une seconde voix s'est fait entendre dans l'obscurité.

— Petits traîtres ! Vous m'avez laissé tomber comme lui !

Il était là aussi. Je ne pouvais pas y croire. Deux de mes amis se trouvaient dans ce fourgon !

Mehran lui posait déjà des questions.

— Comment es-tu arrivé en Turquie ? Pourquoi es-tu avec Baryalai ?

Tamim a coupé court.

— J'ai marché, n'est-ce pas ? Mais où est Jawad ? Vous l'avez abandonné lui aussi, c'est ça ?

Nous n'avons pas répondu.

— Aucune loyauté ! a-t-il soupiré en feignant l'écœurement.

Mais ses yeux riaient, et nous connaissions tous les règles.

À ce moment, je ne me souciais pas d'où nous menait le fourgon. J'étais on ne peut plus heureux : mes amis Baryalai et Tamim étaient là ! Et les amis étaient chose rare dans le voyage.

Baryalai nous a présenté quelques-uns des gars qui étaient dans le fourgon. L'Ingénieur était un type intelligent et plutôt « geek » dans la petite trentaine. Ahmad avait un problème de peau qui lui occasionnait des taches sur les mains ; les autres le taquinaient en l'appelant *Gerasim*, « Microbes ». Il y avait aussi Hamid, un tout jeune homme terriblement charismatique et de très belle allure.

L'arrêt suivant a été un abri sans murs situé à l'écart, dans un bois. En comptant les nouveaux arrivants et ceux qui étaient déjà sur place, nous étions à peu près cent trente personnes.

Un nouvel agent s'est présenté. Il a dit s'appeler Yassir.

— Nous étions censés en partir ce soir, a-t-il annoncé, mais il y a eu un problème et nous devons rester un jour de plus.

Tout le monde s'est mis à parler en même temps. Il a demandé de désigner quelqu'un pour s'exprimer en notre nom à tous.

— Baryalai, tu le fais ! ai-je chuchoté à mon ami.

Il allait se lever mais Hamid l'a précédé et s'est adressé à l'agent dans un anglais courant.

— On nous avait promis que nous irions directement à Izmir.

J'étais réellement contrarié. Ce Hamid était à peine plus vieux que moi ! Qui pensait-il être, à étaler ses talents en anglais ?

La réponse de Yassir a été brève :

— Si vous voulez partir, allez-y ! Il y a déjà trop de monde ! Ou alors, vous êtes raisonnables et attendez demain. À ce moment-là, je vous le promets, vous partirez pour Izmir.

Du moins, cette fois, n'a-t-il pas menti ! Au terme d'une nuit sans sommeil, je me suis trouvé tassé dans un tout petit coin à l'arrière, écrasé contre le métal de la paroi. Nous avons voyagé toute la journée dans l'espace le plus sombre, le plus chaud, le plus confiné qu'on puisse imaginer. C'était l'enfer et, j'ai bien cru mourir étouffé tant il était difficile de respirer.

On nous a fait sortir du fourgon dans une vallée. Trois hommes moustachus nous ont fait marcher à travers des arbres jusqu'au sommet d'une falaise. De là, j'ai pu apercevoir la mer.

Un petit chemin sinueux nous a menés à la côte. Une fois à découvert, je me suis senti rassuré par le demi-croissant de lune qui brillait dans un ciel sans nuages. Je l'ai fixé en me demandant, comme je le faisais souvent, si ma famille le regardait aussi à ce même moment. Pensaient-ils à moi ? Et qu'en était-il de Hazrat ? Avait-il pris ce chemin ? Avait-il observé la lune ici même ? Des larmes me sont montées aux yeux.

Je me suis mis péniblement à avancer de nouveau. Comme nous approchions du rivage, j'ai pu distinguer des formes de bateaux à l'amarre qui dansaient sur l'eau d'une noirceur d'encre. Leur taille m'a terrorisé.

Pendant trois ou quatre heures nous sommes restés assis sur la plage ; nous avons vu passer un bateau de police. Depuis l'obscurité, j'ai observé ses feux de navigation rouge et vert tandis qu'il longeait le bord. Un projecteur très puissant situé à la proue fouillait la côte en quête d'éventuels signes de vie. J'ai écouté le fracas terrible des vagues qui s'écrasaient sur la grève.

Il n'est venu aucun bateau cette nuit-là. Avant l'aube, nous avons dû regagner une position plus élevée au milieu des arbres. Nous avions froid et faim, nous étions épuisés à cause du manque de sommeil et de la dépense d'adrénaline. Personne ne savait plus, désormais, quand nous devrions recommencer.

CHAPITRE VINGT-DEUX

Une des constantes, quand vous êtes en cavale, c'est que lorsque vous pensez être aussi malheureux que possible, la vie se débrouille pour vous rire au nez encore plus fort.

Une racine d'arbre se plantait dans mes reins. J'ai essayé de rouler sur moi-même pour l'éviter mais je me suis cogné à un des corps endormis couchés près de moi.

— Gulwali, cesse de bouger ! m'a repris Baryalai. Tu vas réveiller tout le monde. Ne mets pas les autres en colère. D'accord ?

Il avait raison de me mettre en garde. Tout le monde était en train de perdre patience. Nous étions tous désespérés, affamés et de plus en plus irritables. Depuis que nous étions remontés de la plage, le passeur kurde avait disparu. Il nous a laissés en plan pendant trois jours et trois nuits particulièrement inconfortables. Nous étions entassés dans une petite clairière, et il y a eu beaucoup de disputes pour savoir qui profiterait du terrain le plus confortable.

Le jour, nous dormions à même le sol avec seulement les arbres pour nous abriter. La nuit, il faisait trop froid pour dormir, aussi jouions-nous aux cartes. Le seul réconfort que j'ai éprouvé était d'avoir retrouvé mes amis, en particulier Baryalai.

Nous étions tous trop mal en point pour causer beaucoup mais nous avons cependant échangé quelques informations. Tamim, Ahmad et l'Ingénieur avaient été brièvement kidnappés par notre ancien fléau, ce frimeur d'Amiri. Pour se venger de nous, il les avait retenus en otage pendant quelques semaines.

Heureusement, Tamim voyait le côté drôle de l'affaire.

— Non seulement vous m'avez abandonné mais vous m'avez fait prendre en otage ! Si les talibans ne vous tuent pas, je le ferai !

Je n'ai pas pu m'empêcher d'en rajouter :

— Tu as la poisse ! À cause de toi, nous sommes en rade ici. Est-ce que de vous avoir à nos côtés est vraiment un avantage ?

Nous étions en juin. J'avais quitté la maison en octobre, l'année précédente, ce qui faisait de moi un hors-la-loi depuis huit mois. Et c'était seulement maintenant que j'approchais un peu de l'Europe.

Aucun des pays – Iran, Turquie et Bulgarie – dans lesquels je m'étais trouvé au cours dans ce laps de temps ne m'avaient semblé assez sûr pour vouloir y rester. En plus, je n'y étais pas le bienvenu. Prison et expulsion étaient tout ce qu'ils avaient pu m'offrir. Je savais qu'il me fallait continuer, en espérant que les terres promises qui étaient devant moi m'offriraient réellement sûreté et sécurité.

Alors que je m'efforçais de dormir en dépit du sol dur et de mon estomac qui grondait de famine, je n'ai pas pu empêcher mes souvenirs de m'envahir – d'habitude, je m'efforçais de les repousser. J'ai rêvé que j'étais de retour à agacer mes cousins ou à écouter ma mère fredonner en pliant le linge, et que la maison inondée de soleil matinal sentait bon le *naan* fraîchement cuit. Tout ça pour me réveiller gelé et affamé sous un ciel sans étoiles.

Ce qui m'effrayait le plus, c'était que nous étions là depuis déjà trois jours. Mehran et moi avons décidé de savoir si le frère de Shir Aga se trouvait vraiment parmi nous. Les gens avaient tendance à s'assembler en petits groupes. En tant qu'enfant, il m'était plus facile d'aller parler aux autres :

— Pardonnez-moi ! Je cherche le frère de Shir Aga.

Personne ne semblait le connaître.

Au final, un jeune rouquin aux yeux verts est venu vers nous.

— Pourquoi cherchez-vous le frère de Shir Aga ? Est-ce que ça vous regarde ?

Le ton était dur. J'ai deviné qu'il s'agissait de notre homme.

— Arrêtez de poser des questions, a-t-il continué. Si certains autres apprennent qui je suis, cela me causera de gros ennuis.

Je me suis servi de ça pour le menacer :

— Si tu ne fais pas ce que je te demande, je le dirai à tout le monde. Prends contact avec ton frère et tire au clair ce qui se passe.

Le jeune homme a paru désespéré.

— Je n'ai pas de téléphone.

On nous avait avertis de ne jamais avoir de téléphones portables sur nous, parce que la police risquait de les utiliser pour nous pister.

— Alors, procure-t'en un !

D'une façon ou d'une autre, il est parvenu à en trouver un et à appeler son frère. Il est revenu avec un air légèrement suffisant.

— Mon frère dit qu'il travaille à un plan. C'est garanti. Il négocie avec le capitaine au moment même où nous parlons.

J'ai espéré qu'il avait dit la vérité parce que, le lendemain, des disputes ont éclaté. Certains étaient d'avis de marcher le long de la route pour demander de l'aide. D'autres leur ont dit de ne pas le faire car ils risquaient de se faire arrêter. Je savais que nous rendre aurait été une énorme erreur. Mais je pensais aussi que, si le Kurde ne se manifestait pas le lendemain, nous n'aurions aucun autre choix que de mourir de faim ou de nous livrer à la police.

Chaque heure qui a passé, ce jour-là, j'ai prié et espéré qu'il reviendrait tout en tâchant d'assagir la douleur qui me torturait l'estomac et de dompter la peur qui me donnait la nausée.

Vers 20 heures, le troisième jour, l'agent et ses hommes sont revenus avec des cageots de tomates, des miches de pain et deux bonbonnes de dix litres d'eau. J'avais tellement faim que j'aurais pu manger plusieurs miches de pain à moi seul. Il a semblé d'abord qu'il y avait beaucoup de tomates, mais, une fois distribuées, ça n'en a fait qu'une par personne. Et même si c'était la meilleure tomate que j'aie mangé de ma vie, elle n'a pas apaisé mon estomac affamé : c'était comme un petit caillou lancé dans un puits vide !

Finalement, quand la dernière miette de pain a été sucée sous nos ongles crasseux, l'agent kurde nous a donné la nouvelle que nous attendions : nous partions pour la Grèce.

Quand nous sommes arrivés sur la plage, il était près de minuit. Les Kurdes nous ont poussés vers un canot à moteur.

— Montez sur ce petit bateau qui vous transportera sur le gros ! a traduit Hamid pour le compte du passeur en montrant un navire qui dansait sur l'eau noire, à l'horizon.

Même moi, qui ne savais pas grand-chose dans ce domaine, je pouvais voir que le bateau qu'il appelait « gros » ne l'était pas beaucoup, et, à coup sûr, pas assez pour cent vingt personnes.

Personne ne voulait entrer dans la mer – dans l'obscurité, il était impossible de savoir si l'eau était profonde et quels dangers cachait sa surface – pas plus que monter dans le canot ou, ensuite, sur le « gros bateau ». Le canot s'est mis à transborder des gens, cependant – autant qu'il pouvait en emporter à chaque voyage.

Mes amis et moi sommes restés ensemble jusqu'à ce que, au terme de je ne sais quelle bousculade, tout le monde embarque sauf Mehran et moi. J'ai paniqué en pensant qu'ils allaient nous laisser sur place. Heureusement, le canot est revenu. C'était mon tour !

— Il faut monter ! a crié Mehran par-dessus le bruit du moteur.

La terreur me collait les pieds au sable en m'empêchant d'entrer dans l'eau. Mehran m'a tiré dans la mer pour me jeter dans le canot. Quand il s'est mis à avancer, j'ai failli vomir tant la sensation que j'éprouvais était bizarre. J'étais terrorisé mais si je survivais j'aurais fait un pas de plus vers l'Ouest : de l'autre côté de cette eau abominable, c'était la Grèce. « Reste dans le jeu, Gulwali ! » ai-je pensé pour m'aider à contrôler mes émotions.

Quand le canot a accosté le navire principal, j'ai été heureux que nous ayons été parmi les derniers à venir à bord. On avait entassé les premiers arrivés dans la cale tandis que les autres étaient assis sur le banc en bois qui faisait le tour d'un pont supérieur encombré de monde. J'ai vu Hamid près du gouvernail. Près de lui se tenait un homme à moustache dont j'ai pensé qu'il s'agissait du capitaine.

Mehran et moi n'avons pas su où aller. Il n'y avait de place nulle part. Un jeune matelot, un adolescent à la peau pâle avec les oreilles percées et un tee-shirt moulant, nous a alpagués.

— Toi, en bas ! a-t-il ordonné en montrant à Mehran l'escalier de la cuisine,

Je me suis mis en devoir de suivre.

— Non ! Toi, le petit, tu restes en haut !

Je me suis faufilé jusqu'à l'endroit où Hamid était assis. Comme des gens continuaient de monter à bord, nous avons bientôt été tellement serrés que je n'ai plus pu bouger les bras. L'odeur d'oignons de mes voisins a commencé à me donner la nausée et j'ai dû prendre sur moi pour ne pas vomir sur mes bottines.

Le capitaine, un homme solidement bâti et musculeux, paraissait de plus en plus tendu. Finalement, il s'est mis en colère contre le Kurde et a commencé à hurler en turc. Hamid a traduit à voix basse, en faisant des grimaces à chaque gros mot.

— Tu m'avais dit qu'il y en avait soixante ! Pourquoi tu en as amené autant ? Je peux pas les prendre tous. C'est un putain de bateau de plaisance, pas un ferry !

— Ta gueule ! Tu veux l'argent ? C'est la cargaison, à prendre ou à laisser !

Le capitaine voulait que la moitié des passagers descende. Beaucoup, sur le pont, voulaient le faire. Ceux qui étaient enfermés au loquet dans la cale – au nombre desquels se trouvaient Baryalai, Mehran, Tamim, Ahmad et l'Ingénieur – ont crié pour demander qu'on les laisse sortir. Mais le Kurde n'a rien voulu entendre. Il a donné un paquet de billets de banque au capitaine qui a discuté un moment à voix basse avec le matelot. Ils n'avaient pas le sourire.

Le Kurde est parti. Le capitaine a mis en marche le moteur qui a toussoté en crachant un nuage de fumée. La promiscuité, l'odeur du gazole et le roulis me donnaient des haut-le-cœur. J'ai récité en silence une prière à Allah pour qu'il ne me laisse pas mourir.

Nous étions en haute mer.

Le capitaine avait éteint tous les feux pour éviter d'être repéré. Je ne discernais rien d'autre qu'un noir sans fin, n'entendais que les sifflements et les craquements terribles des vagues qui venaient gifler notre embarcation surchargée. Aucune joie n'accompagnait notre fuite, aucune impression d'un espoir nouveau. C'était terrifiant – comme d'atterrir sur une planète inconnue.

Ceux qui étaient dans la cale ont recommencé à cogner à la porte. Ils voulaient changer de place, criaient que l'eau s'infiltrait. Le capitaine a tiré en l'air avec un pistolet, ce qui a mis fin aux protestations. J'ai récité une prière de remerciement de ne pas me trouver en bas et une, aussi, pour mes amis prisonniers là-dessous.

Au bout d'à peu près deux heures, une terre a commencé à apparaître à travers les brumes de l'aube. Le capitaine a mis le cap vers ce qui m'est apparu comme une petite plage rocheuse.

— Nous avons réussi à atteindre la Grèce ! a lancé quelqu'un à l'intention de ceux qui étaient en bas.

Certains de ceux qui se trouvaient sur le pont ont commencé à sauter à terre. Le jeune matelot avait ouvert la cale : les hommes grimpaient l'escalier et bondissaient par-dessus le bord sur la plage. J'ai aperçu Baryalai qui me faisait signe de le suivre.

Une quarantaine de personnes avait déjà débarqué quand le matelot s'est mis à repousser tout le monde vers la cale. Le capitaine a redémarré, en marche arrière. Tout le monde a protesté.

— Que faites-vous ? Laissez-nous débarquer !

Le capitaine a agité son arme en nous visant.

— Asseyez-vous !

J'étais horrifié et choqué de voir que, dans toute cette agitation, Baryalai était descendu du bateau sans moi. Des larmes me brûlaient les yeux. Après avoir retrouvé mon ami, je n'arrivais pas à croire que je l'avais perdu de nouveau. Je ne savais pas non plus si Mehran et Tamim l'avaient suivi ou s'ils étaient restés à bord.

Nous dérivions en mer depuis deux jours alors qu'on nous avait dit que le voyage prendrait quelques heures. Mon corps entier me faisait mal à cause du manque de sommeil et de la position dans laquelle je devais rester assis. J'avais mal au ventre. Nous n'avions rien eu à manger depuis le premier jour. Désormais, j'étais sûr que j'allais mourir. Tout le monde s'attendait à ce que le capitaine nous jette par-dessus bord. Je me noierais dans cette eau glauque, une mort glacée, froide et solitaire – loin de l'affection de ma mère, de la force de mon père et de l'amour de ma famille. Ce voyage était pourtant supposé être le commencement de ma vie, pas sa fin.

J'ai entendu des voix qui parlaient une langue étrangère. J'ai levé la tête et n'en ai pas cru mes yeux. Quatre bateaux de gardes-côtes tournaient autour du nôtre à l'agonie. Des gens nous appelaient.

Sur l'instant, j'ai été déçu. Je ne voulais retourner en Turquie à aucun prix. Mais tout de suite après, je me suis senti reconnaissant parce que je n'allais pas mourir.

Une voix dans un haut-parleur grondait des mots que je ne comprenais pas. Sur le bateau le plus proche, des policiers faisaient de grands gestes. Quelques hommes se sont jetés à l'eau, ce qui a fait rouler le bateau encore plus dangereusement. J'ai hésité. Ces nouveaux venus allaient-ils nous aider ou nous laisser mourir. Seulement, notre bateau sombrait. Si je sautais, je risquais de me noyer. Si je ne le faisais pas, je me noyais à coup sûr.

J'ai retenu mon souffle et fermé les yeux. Les vagues étaient si grosses ! Je me suis demandé combien de temps je pourrais flotter en battant des jambes. Puis une corde est tombée à côté de moi. Les gardes-côtes les lançaient pour amarrer leurs vedettes à notre bateau afin de le maintenir à flots. Ils ont repêché les hommes dans l'eau et lancé des gilets de sauvetage à ceux qui étaient encore à bord. Sans savoir comment on les utilisait, j'en ai passé un par-dessus la tête.

Tout mon corps s'est mis à trembler de façon incontrôlée, mes jambes sont devenues molles : le choc prenait possession de moi. L'émotion s'est diffusée parmi mes compagnons. Quoique adultes, les hommes se sont mis à pleurer et à trembler, tout en remerciant Allah, en criant, en applaudissant, en se réjouissant bruyamment d'être encore en vie. De joie, Hamid m'a serré dans ses bras.

La police a amarré notre bateau à un anneau de la jetée. On nous a dit de rester à bord et de ne pas bouger. Je voulais descendre, mais je me suis consolé en me disant que, au moins, ce bateau puant flottait encore. Quelques personnes sont montées à bord.

Une femme élégante avec des cheveux brun clair m'a posé une couverture sur les épaules et m'a tendu une bouteille d'eau. Elle avait des yeux ronds et bleus. Dans mon état de délire, j'ai trouvé qu'elle ressemblait à un ange. Elle appartenait à un groupe de gens de la ville qui étaient venus nous attendre avec de la nourriture et des couvertures. Je n'arrivais pas à y croire. C'était le premier acte de gentillesse dont j'étais témoin depuis des semaines.

Un de ses amis est venu m'apporter du poisson, des légumes et une barre de chocolat. J'étais tellement déshydraté que j'ai eu du mal à avaler. Du reste mon estomac n'a pas supporté les aliments. J'ai crié aux gardes-côtes pour leur faire comprendre que je devais me rendre aux toilettes – maintenant !

Quand je suis revenu, je me suis senti doublement soulagé en constatant que Mehran, Tamim et Ahmad étaient tous là, sains et saufs, même s'ils étaient aussi secoués et choqués que moi.

Durant les vingt-quatre heures qui ont suivi, les gardes-côtes ont enregistré les noms de tout le monde ainsi que nos âges et notre pays d'origine. Après quoi, on nous a transférés de l'autre côté du port où deux autocars nous attendaient pour nous mener à Athènes.

CHAPITRE VINGT-TROIS

À Athènes, on nous a conduits dans un centre d'immigration. J'ai eu l'impression d'entrer dans une forteresse : des gardes armés avec des chiens se tenaient derrière une clôture haute de trois mètres et près des barrières sécurisées qu'il nous a fallu franchir.

C'était la quatrième fois en six mois que je me trouvais derrière des barreaux. On a pris mes empreintes digitales et on m'a envoyé voir un médecin qui m'a donné des médicaments pour l'estomac. Un interprète afghan qui parlait le pachto traduisait les questions de la police : nom et âge, où se trouvait le capitaine. Je me suis contenté de dire : « Je ne sais pas. » J'ai appris plus tard qu'on l'avait arrêté. On m'a dit qu'il risquait vingt-cinq ans de prison. Je me suis senti peiné pour sa famille à qui il manquerait.

J'ai parlé au traducteur de Baryalai et des hommes qu'on avait laissés en route. Il a promis que quelqu'un enquêterait. Toutefois il a ajouté que s'ils avaient débarqué sur une île grecque proche de la Turquie on les avait probablement expulsés. Je me suis senti très malheureux. Baryalai avait toujours été là pour moi, à me défendre, me protéger, m'encourager, m'apaiser. Si j'avais eu un véritable ami au cours de ce voyage épouvantable, c'était bien lui.

J'ai pourtant résolu de poursuivre ma route. C'étaient les règles du jeu : avancer, ne pas regarder en arrière. Je n'avais pas le choix.

J'ai entendu dire que nous allions être expulsés en Turquie. Je vivais dans la terreur qu'on m'y renvoie. Ç'aurait été un coup terrible. J'avais réussi à atteindre l'Europe ; je ne voulais surtout pas repartir en arrière. Mais obtenir des informations sur notre situation légale était une source constante d'angoisse et de perplexité. On nous avait certes remis des documents qui décrivaient notre cas, mais qu'étions-nous censés en faire ? Ils étaient écrits en grec !

La première nuit, les gardes nous ont placés dans une grande cellule. Elle était surpeuplée et nous étions très sales, de sorte que l'odeur était horrible. On nous a donné à manger, même si les repas ont été servis tièdes, sur des plateaux en plastique. Quand nous avons voulu dormir, nous nous sommes étendus les uns sur les autres, chacun servant d'oreiller au voisin. J'ai dormi avec la tête sur la jambe de Hamid.

Le matin suivant, les gardes sont venus séparer onze d'entre nous du reste du groupe. Hamid, Ahmad, l'Ingénieur et moi étions de ce nombre. Supposant qu'on allait nous interroger de nouveau, je ne me suis pas soucié de dire au revoir à Mehran et à Tamim. Mais au lieu de nous mener aux salles d'interrogatoire, on nous a conduits dans une autre aile où on nous a remis des vêtements neufs. On nous a aussi donné des serviettes et un nécessaire de toilette puis on nous a enfin permis de prendre une douche chaude.

J'ai interrogé un officiel au sujet de Mehran. Il semblait qu'on nous avait séparés selon nos âges, ce qui n'avait pas de sens puisque Mehran était plus jeune que Hamid. Seulement, il était grand pour son âge. Était-ce ce qui avait entraîné cette décision ?

Pour moi, le coup était rude. Je me trouvais aussi sans Mehran alors que nous voyagions ensemble depuis Mechhed. Il me faisait rire et je pouvais toujours compter sur lui pour me remonter le moral. C'était dur de voir qu'on m'enlevait mes amis. Et, bien sûr, il y avait aussi mon frère. Penser à lui – où il pouvait se trouver, quelles difficultés il traversait – était une blessure toujours fraîche et béante dans mon esprit.

On nous a d'abord placés dans des cellules séparées mais dès que les gardiens ont vu que nous nous comportions bien, ils nous ont laissé partager les pièces et prendre nos repas en commun. Hamid et moi sommes devenus compagnons de cellule tandis qu'Ahmad et l'Ingénieur étaient quelques portes plus loin.

Quand on voyage comme nous le faisions, les jours et les dates sont de peu d'importance. Un matin, toutefois, nous nous sommes rendu compte que nous étions le premier jour du ramadan. Le directeur nous a permis de jeûner durant le jour et de prendre nos repas le soir. Cela m'a beaucoup touché.

Il y avait un gardien qui s'appelait Dimitri. Il éprouvait de la sympathie à notre égard, comprenait notre souffrance et en était touché. Il est devenu une composante heureuse de nos journées. Son anglais était bon et, grâce à Hamid, nous avons pu lui parler des vies que nous avions laissées derrière nous en Afghanistan.

Nous lui avons montré les documents officiels qu'on nous avait remis pour qu'il nous les explique.

— Est-ce qu'on va nous expulser vers la Turquie ?

La question qui nous taraudait. Dimitri a parcouru le papier.

— Qu'est-ce que ça dit ? ai-je demandé.

— Que nous pouvons rester en Grèce pendant un mois, a traduit Hamid. Après, nous devrons partir sinon nous serons expulsés.

Ça aurait pu être pire.

Seulement, la fois suivante où nous l'avons vu, sa mine préoccupée annonçait de mauvaises nouvelles.

— On nous a condamnés à trois mois de prison, a traduit Hamid. On nous a reconnus coupables d'être entrés en Grèce illégalement.

— Et au bout de ces trois mois, que se passera-t-il ? ai-je demandé. Est-ce que nous pourrons rester en Grèce ?

Dimitri et Hamid ont repris leur conversation. C'était frustrant de procéder de la sorte et de devoir attendre les réponses.

— Il ne sait pas. Il nous faut en parler avec un avocat.

— Oh ! formidable ! ai-je dit, très en colère. Quelqu'un a un avocat à nous prêter ? Je vais voir sous mon lit, s'il ne m'en reste pas un !

— C'est absurde, a fait remarquer Hamid. Trois mois de prison alors que d'après l'autre document nous devons quitter la Grèce dans un mois.

Dimitri a ajouté quelque chose.

— Ça n'a aucun sens ! a traduit Hamid.

Nous n'arrêtions pas de tourner en rond.

Ma santé était mauvaise à ce moment-là. Mon estomac s'était distendu à cause de la malnutrition, et j'avais le corps couvert de boutons. En plus, mon sommeil était plein de cauchemars terribles. Je rêvais que je me noyais ou que j'errais, perdu, dans les montagnes. Parfois j'ouvrais les yeux juste au moment où j'allais revivre ma chute du train en Bulgarie. Nuit après nuit, je m'éveillais en hurlant et en tremblant violemment sans savoir où je me trouvais. Personne n'ignorait mes mauvais rêves : quand ils survenaient, je réveillais toutes les cellules du secteur. C'est pourquoi on m'a emmené consulter une psychiatre.

C'était une femme à la voix douce, en fin de trentaine. Naguère, j'aurais été horrifié d'être assis dans la même pièce qu'une femme avec les cheveux découverts et de lui parler. Mais j'avais changé. Certaines choses n'avaient plus d'importance pour moi. Et mes cauchemars étaient si pénibles que j'avais besoin de son aide.

Hamid était venu avec moi pour traduire.

— Elle te demande de lui raconter tes rêves.

— Eh bien ! ai-je commencé en m'adressant à Hamid.

Seulement j'ai trouvé cela bizarre, et je me suis tourné vers elle.

— Ils surviennent chaque nuit et finissent de la même façon…

Elle a hoché la tête tout le temps que j'ai parlé, même quand je le faisais en pachto. Elle m'a écouté pendant à peu près une heure. Hamid a fait de son mieux, mais je suis sûr que la situation était aussi frustrante pour elle que pour moi. Au final, elle m'a prescrit des somnifères. Ils m'ont aidé à mieux dormir mais je sentais toujours mes démons dans la tête. Quelques cachets n'allaient pas les réduire au silence comme par magie.

Dimitri a fait en sorte que nous consultions un médecin. La maladie de peau d'Ahmad était sérieuse – ses mains étaient en train de partir en lambeaux. Le docteur m'a donné une crème pour mes boutons et de nouveaux médicaments pour l'estomac. Tout le personnel médical a été extrêmement secourable. Le docteur nous a donné, en plus, des vêtements usagés à porter pour quand nous sortirions. C'était très touchant.

Le meilleur remède, cependant, était de causer avec Dimitri. Même si Hamid devait traduire, j'ai découvert que je pouvais m'exprimer librement avec lui. Parfois, il se moquait de moi en faisant semblant d'être moi en train de pleurer. Mais ces moqueries ne m'offusquaient pas. Je me sentais à l'aise avec lui.

Après dix jours de détention, Dimitri est arrivé la mine réjouie.

— Bonne nouvelle ! a traduit Hamid. On va aller dans un camp de réfugiés de l'ONU. Dimitri dit que c'est mieux qu'ici.

Un représentant de l'ONU est venu nous chercher. Nous avons donné l'accolade à Dimitri qui a promis qu'il viendrait nous voir.

Le camp se trouvait dans une zone rurale à quarante-cinq minutes d'Athènes. Il y avait de vastes bâtiments communs et des rangées et des rangées de cabines préfabriquées servant de chambres à coucher ainsi que des blocs de douches et de toilettes. Mes trois meilleurs amis et moi avons pu partager une cabine.

C'était confortable même si j'avais conscience que nous avions troqué les barreaux contre du grillage. Le représentant de l'ONU a précisé que nous ne devions pas quitter le camp sans permission et que Dimitri l'avait assuré que nous nous comporterions bien.

Certains des résidents étaient là depuis des mois et des mois, à attendre que leurs documents administratifs soient en ordre. Ils nous ont prévenus que si nous engagions des formalités cela pourrait prendre beaucoup de temps. Je n'avais pas envie de me trouver pris au piège : il me fallait retrouver Hazrat. Les autres ne voulaient pas rester là non plus. Nous nous inquiétions à cause du document stipulant que nous devions quitter le pays au bout d'un mois.

Nous étions au camp depuis deux jours quand Dimitri est venu nous visiter en compagnie de sa femme. C'était bon de le voir même si c'était pour un bref moment. Nous lui avons dit que nous voulions nous en aller. Il a essayé de nous en dissuader en nous assurant que l'ONU résoudrait nos problèmes. Je ne le croyais pas mais nous nous sommes quand même engagés à ne pas nous enfuir. Au moment de se dire au revoir, il nous a assuré qu'il reviendrait bientôt. Vu son air triste, je pense qu'il se doutait que nous avions promis de ne pas tenter de filer seulement pour lui faire plaisir.

Nous avions un plan d'évasion. Nous irions jusqu'au prochain arrêt d'autobus et de là, retour à Athènes puis cap sur le port de Patras où les camions embarquaient à destination de l'Italie.

Un peu plus tard cette après-midi-là, nous sommes allés traîner du côté du terrain de volley-ball, au bout du camp. Nous avons sauté par-dessus le grillage – il n'était pas bien haut – et couru nous cacher dans un bois voisin. Personne n'a tenté de nous arrêter.

Nous avons gagné Athènes. On nous avait indiqué où aller : un certain square où les migrants fraîchement arrivés se rassemblaient. Nous nous sommes débrouillés pour le trouver. Il y avait un tel nombre d'Afghans qu'on se serait cru dans une rue de Jalalabad.

Un des nôtres avait un parent en ville et l'a contacté. Ce dernier a répondu de l'attendre sur place quelques heures. Le fait que nous étions nouveaux devait sauter aux yeux car toutes sortes de gens nous ont approchés pour nous donner des conseils et proposer leurs services, pour organiser un transport jusqu'à Patras, par exemple.

Tout cela semblait tellement bizarre ! Ce qui était plus ennuyeux, c'était que des individus semblaient avoir des informations sur nous : ils demandaient si nous étions des gens du bateau qui avait été intercepté ou les garçons qui s'étaient enfuis de prison. Un homme savait même que nous arrivions tout droit d'un camp de l'ONU. Comment ces parfaits inconnus pouvaient-ils en savoir aussi long sur notre compte ? C'était vraiment déstabilisant.

À un moment, un homme m'a accosté et m'a pris à part.

— Fais-tu partie des gens de Qubat ?

— Non ! ai-je répondu, apeuré. J'ignore de quoi vous parlez.

— Comme ça, tu ne connais pas le nom de « Shir Aga », hein ?

De plus en plus inquiet, je n'ai pas répondu.

— Je suis un représentant de Qubat. Shir Aga est un parent à moi. Son frère, que tu connais, je crois, habite chez moi.

Les choses s'expliquaient un peu mais je suis resté méfiant.

— Qu'est-il arrivé aux autres qui se trouvaient sur le bateau ?

— Je ne sais pas. Ils étaient en prison.

— J'ai besoin que tu les contactes et que tu leur dises de prévenir leur famille qu'elle doit payer.

— Je ne peux pas, ils sont en prison. Qu'est-ce que je pourrais faire ? S'il vous plaît, laissez-moi tranquille.

Il m'a laissé en disant qu'il voulait me revoir au même endroit dans deux jours. Sinon il viendrait me chercher et il me trouverait.

Quand je suis revenu près de Hamid, mes mains tremblaient.

Heureusement, le parent de notre ami est arrivé. Il nous a aidés, Hamid, Ahmad, l'Ingénieur et moi, à trouver un logement dans une pension que tenait un Afghan. Elle était pleine d'ouvriers afghans. Leur vie était dure. C'était encore le ramadan, et aussitôt qu'ils avaient mangé le repas de l'aube, ils allaient sur le côté d'une route attendre que des entrepreneurs locaux les prennent à la journée travailler sur des chantiers. Ils rentraient très tard, épuisés et sales. Ils gagnaient à peine assez pour payer leur nourriture et le loyer. Parfois, c'était pire : ils revenaient les mains vides parce que personne ne les avait ramassés.

Pour la première fois durant ce voyage, je n'étais pas dans l'illégalité : le papier nous autorisant à rester en Grèce nous a permis de nous promener sans crainte. Enfin, j'ai pu me détendre et faire le touriste. Nous sommes allés chez le coiffeur, nous avons visité les sites célèbres, et je me rappelle très bien être allé à Chinatown. Pour la première fois de ma vie, j'ai goûté à la cuisine chinoise. Nous avons trouvé des boutiques bon marché et nous nous sommes acheté des habits et des chaussures : mes bottines m'avaient bien servi mais elles avaient fini par rendre l'âme.

Deux jours plus tard, même si j'avais peur, je suis retourné rencontrer l'homme qui m'avait menacé.

— Ne t'inquiète plus pour les autres, c'est réglé. Mais toi, quels sont tes projets ?

Il a précisé qu'il avait reçu de Qubat et de Shir Aga l'instruction de m'exposer les différentes options qui s'offraient à moi.

— Ta famille a payé 8 000 dollars pour que nous te fassions passer jusqu'en Italie, tes dépenses comprises.

C'étaient là des informations nouvelles pour moi. Jusqu'alors, je n'avais pas idée de la somme que les miens avaient versée. C'était une somme énorme. J'ai compris pourquoi des agents m'avaient donné de l'argent à plusieurs reprises au cours du voyage.

— Qu'en est-il de mon frère ? ai-je demandé. Il devait voyager avec moi, ma famille y tenait beaucoup. Alors, où est-il à présent ?

— Je ne suis pas au courant pour ton frère. J'ai reçu des informations sur toi seulement.

Il a enchaîné en disant que puisque ma famille avait payé pour ça, il allait arranger mon voyage jusqu'à Patras et, de là, en Italie.

— Tu peux partir demain. C'est garanti : tu seras dans un camion puis dans un bateau. Tu seras en Italie en un rien de temps.

À nouveau ce mot : « garanti ». Il m'a rendu méfiant. Et l'idée de remonter en bateau m'a trop effrayé pour pouvoir même y penser.

— Vous avez d'autres options ?

— Je peux te rendre un peu d'argent à la place, et tu feras ton chemin tout seul, ce que tu regretteras sans aucun doute.

Je n'en étais pas convaincu. Je préférais, et de loin, rester avec mes amis que d'aller avec cet individu.

— Je partirai par mes propres moyens !

— C'est ton choix.

Il a fouillé dans ses poches et m'a tendu 300 euros.

— C'est quoi ? ai-je dit, choqué. Ce n'est pas assez pour aller en Italie. Il y a un type qui prend 1 000 dollars pour ça. Vous m'avez dit que ma famille vous avait donné l'argent. Rendez-le-moi !

En m'entendant, il s'est mis en colère à son tour.

— Je suis venu ici par générosité, parce que tu es un gosse et qu'il faut avoir soin de toi. Seulement, tu es mal élevé. Si tu veux prendre cet argent, tu le prends. Sinon, c'est comme tu veux !

— Ma famille a payé. Je veux récupérer son argent.

J'étais en train de devenir hystérique. Hamid est venu vers nous.

— Tout va bien ici ? a-t-il demandé.

— Non ! Ce gosse stupide s'imagine qu'il peut prendre l'argent de Qubat. Nous lui rendons généreusement 300 euros mais il ne semble pas les vouloir.

— C'est l'argent de ma famille, ai-je insisté.

Hamid m'a saisi par le bras et s'est adressé à l'homme.

— Je m'occupe de lui. Merci, monsieur.

Il a pris les billets qu'offrait l'homme et m'a entraîné à l'écart.

— Je pensais que tu étais devenu un peu plus raisonnable désormais, m'a-t-il grondé. On ne discute pas avec ces hommes !

Ce même soir, nous avons pris un train pour Patras mais, quand nous y sommes arrivés, nous y avons trouvé une situation terrible. Il y avait des nuées de migrants qui vivaient sous des morceaux de bâches dans les rues ou sous des tentes en branchages. Il n'y avait pas d'eau pour boire et encore moins pour se laver. Il y avait de la boue partout, même dans les endroits où les gens essayaient de dormir. Je n'arrivais pas à croire que c'était ça, l'Europe.

Nous avons couché sur le sol en béton d'un bâtiment en construction abandonné. Ç'a été une nuit froide et malheureuse. Le bâtiment se trouvait en face d'une clôture en fils de fer qui séparait l'entrée des docks de la route. Toute la nuit nous avons entendu les cris de ceux qu'on attrapait et qu'on jetait hors des camions.

À Athènes, on nous avait indiqué un passeur local qui s'appelait Borat. On nous avait dit que, contre une certaine somme, il pourrait nous introduire dans un camion et nous faire arriver en Italie.

Il a affirmé qu'il proposait la meilleure offre sur place :

— C'est un peu chaotique, mais le travail est fait, a-t-il déclaré fièrement. 500 euros chacun. Mais j'accepte aussi un accord depuis Kaboul ou l'Europe. Votre famille paie seulement quand vous serez passés sains et saufs.

Aucun de nous n'avait autant d'argent et je n'avais aucun moyen de contacter les miens Nous avons dit que nous allions réfléchir.

Comme nous nous apprêtions repartir, Borat m'a regardé.

— Toi, il me semble t'avoir déjà vu quelque part !

— Je ne pense pas, ai-je répondu.

— D'où viens-tu ? Tu es bien jeune pour faire ce voyage.

— Nangarhar, ai-je répliqué.

— J'ai rencontré un gars de là. En fait, c'est à lui que je pensais. Tu lui ressembles. Comment il s'appelait déjà ? Ah oui, Hazrat.

Je n'arrivais pas à y croire !

— Hazrat ? Mais c'est mon frère. Où l'avez-vous vu ? Quand ? Il va bien ? Où est-il ?

— Holà ! a dit Borat en riant de mon enthousiasme. Du calme !

Il m'a raconté que Hazrat était passé grâce à lui voilà six mois.

— Je l'ai envoyé en Italie. Il voyageait avec un de mes amis nommé Hodja. Ils sont arrivés jusqu'à Calais. Je ne sais pas où est Hazrat à présent, mais Hodja vit à Rome.

Dès qu'il a su que j'étais le frère de Hazrat les choses ont changé.

— Je vous aiderai. Venez à la grille B demain matin. Je vous montrerai comment on s'y prend.

Le lendemain matin, j'ai vu des gens en petits groupes à proximité de la clôture. Borat nous a fait signe de le rejoindre.

— Bon ! Aujourd'hui, je vais vous montrer, histoire que vous compreniez la méthode. Demain, nous ferons affaire et, après ça, je m'arrangerai pour que vous passiez en Italie rapidement.

— Viens, toi, le frère de Hazrat, m'a-t-il demandé.

Il m'a fait passer par un trou de la clôture et m'a mené à l'endroit où les camions stationnaient. Il a ouvert la porte arrière d'un d'entre eux et m'a poussé dedans en même temps que trois autres gars.

Le camion a bougé. Et s'est arrêté. La police a ouvert la porte.

— Sortez de là !

Les autres gars ont filé. J'ai suivi. Les policiers nous ont pourchassés. J'ai couru jusqu'au trou de la clôture.

— C'est normal ! a dit Borat. Cela va prendre quelques jours. Mais vous savez maintenant comment on fait.

— Je ne recommence pas ! C'est trop risqué !

— D'accord, a dit Borat en riant, essaie l'autre méthode.

Un camion s'était arrêté à la station-service, et le chauffeur était entré dans le bâtiment. Borat m'a montré le dessous du véhicule.

— Il y a un espace près des pneus. Passe dessous et trouve-le.

— Pas question. Je ne veux pas mourir. Je ne fais pas ça !

Déjà, un autre réfugié avait plongé sous le camion et se dirigeait vers l'endroit désigné. Borat m'a regardé d'un air déçu.

— Ton frère était plus courageux, Gulwali !

Un peu plus tard, il m'a appelé de nouveau. Il m'a mené à un autre semi-remorque et m'a montré l'espace entre la cabine et la remorque. Il y avait un morceau de métal qui reliait les deux.

— Bon, essaie comme ça. Assieds-toi là-dessus.

Je lui ai lancé un regard dégoûté. Mais ses propos m'avaient piqué au vif : l'orgueil pachtoune est profond. Je me suis tassé dans cet espace. Comme le métal était très chaud, j'ai posé mon sac dessus pour éviter de me brûler. Des policiers ont crié. J'ai entendu des mots en pachto. Il devait y avoir des gens dans la remorque.

Personne ne s'est approché de l'endroit où je me cachais.

Le semi-remorque a démarré en tanguant. La fumée du moteur me piquait les yeux et la gorge. J'ai entendu des plaques en métal cliqueter sous les roues puis le camion s'est immobilisé. J'étais sur le bateau ! Borat m'avait dit que, à partir de ce moment-là, je pouvais sortir de ma cachette mais je n'ai pas osé le faire. Au moins, mon refuge se rafraîchissait-il de minute en minute.

Deux heures plus tard, le camion m'a fait entrer en Italie. Je n'arrivais pas à croire que j'avais réussi. J'étais un peu triste d'avoir laissé mes amis derrière moi mais quel choix avais-je ?

Nous roulions vite désormais, et le moteur devenait atrocement chaud. J'ai tapé de toutes mes forces à la paroi de la cabine. Le camion a ralenti puis s'est arrêté. Je suis sorti de ma cachette au moment où le chauffeur descendait. Sa mine interloquée quand il s'est trouvé nez à nez avec un enfant crasseux voulait tout dire.

J'étais incapable de penser clairement. Au lieu de courir, je suis resté à marcher de-ci de-là, le regard fixé sur les fermes dans le lointain, les prés, les rangées de vigne. Bientôt, des policiers sont arrivés. Ils m'ont fait monter dans leur voiture et m'ont conduit dans un commissariat. Ils ont été gentils avec moi et m'ont bien traité. Ils m'ont posé quelques questions de base : quel était mon nom ? d'où je venais ? L'un d'eux a fait le geste de manger. J'ai acquiescé de la tête. Nous sommes remontés en voiture en direction du port. J'ai pensé qu'ils allaient me remettre dans un ferry mais nous nous sommes arrêtés devant un café où ils m'ont acheté des biscuits, des croissants et du lait.

CHAPITRE VINGT-QUATRE

Satisfaits que j'aie mangé tout mon soûl, les gentils policiers italiens m'ont fait remonter dans la voiture. J'ai été soulagé de nous voir nous éloigner du port. Les abords du complexe maritime ont laissé la place à des bâtiments industriels récents. Il y avait des hangars gris et le plus grand supermarché que j'aie jamais vu. J'avais eu affaire à bien des déserts auparavant, mais celui-ci était très différent. Il regorgeait de signes de civilisation en même temps qu'il était dénué de toute vie. Cela m'a fait me sentir esseulé.

Finalement, la voiture de police a stoppé devant un bâtiment sans caractère. Deux femmes sont venues à notre rencontre. La plus âgée des deux a tendu l'index vers elle.

— Je suis Sabine, a-t-elle dit en souriant.

L'autre aussi m'a accueilli avec un large sourire. Elle était jolie, avec des cheveux brun foncé attachés en queue de cheval. Après mon enfance passée à voir les femmes se couvrir les cheveux, je continuais de trouver étrange la façon qu'avaient les Européennes de laisser libre leur chevelure, mais ça ne me mettait plus en colère.

— *Ciao*, Gulwali ! a-t-elle dit en tendant la main. Alexandria.

J'ai souri et pressé ma paume contre la sienne.

C'était la première femme à qui je serrais la main.

Sabine m'a fait entrer dans une grande pièce beige avec des canapés marron et, dans un angle, un poste de télévision. Elle a décrit de larges cercles avec les bras pour me faire me sentir chez moi. Elle recourait aux gestes puisque nous ne pouvions pas user de la parole. De là, elle m'a fait passer par un long couloir bordé de portes. La lumière y entrait à flots depuis une fenêtre de toit.

Un rire aigu a éclaté en même temps que s'ouvrait une des portes. A paru une fille blonde et mince, à peine plus âgée que moi.

— Katia, *Russki*, a dit Sabine. Gulwali, Afghanistan.

Tout à coup, je n'ai pas voulu serrer la main de cette fille. Je ne voulais être présenté à personne. J'étais déprimé d'avoir perdu mes compagnons de voyage. C'était toujours le ramadan, je voulais être en train de jeûner. En fait, je rêvais d'être de retour en prison en Grèce, sûrement pas là sans aucun de mes amis.

La fille a ri et a fermé la porte. Sabine m'a fait signe de la suivre. Nous sommes allés jusqu'au bout du couloir où se trouvait une salle de bains. Ma guide m'a montré les toilettes et les douches. Elle m'a ensuite conduit à une chambre, petite, beige aussi, avec une fenêtre donnant sur un parking. Il y avait un lit à une place. Deux serviettes blanches bien pliées étaient posées dessus. Il y avait une armoire et, à côté, une chaise sur laquelle étaient posés en une pile impeccable gant de toilette, brosse à dents, dentifrice, savon et déodorant.

— D'accord ? a-t-elle dit.

J'ai acquiescé. Elle est sortie. Après que la porte s'est fermée avec un bruit de serrure rassurant, j'ai inspecté la pièce. L'armoire était vide. Le savon avait une odeur douceâtre écœurante. J'ai jeté les serviettes sur la chaise, et me suis écroulé sur le lit pour sombrer dans un sommeil déprimé.

Je me suis réveillé dans la pénombre, en sursaut. Je ne savais plus où j'étais. Il m'a fallu un moment pour reprendre mes esprits.

Le couloir était désert, mais j'entendais la télévision dont le son était très fort. Rien ne pouvait gâcher le plaisir d'un W.-C. et d'une douche propres, et qu'on pouvait fermer à clef. La douche m'a paru merveilleuse : elle a fait disparaître la saleté, mais pas ma détresse.

J'avais faim à présent. J'ai fait une entrée prudente dans la salle commune qui m'intimidait. J'y ai trouvé Katia et deux adolescentes vautrées sur les canapés. Elles portaient des jeans ajustés et des hauts courts. Elles ont à peine remarqué mon arrivée. Elles fixaient des jeunes hommes qui dansaient et chantaient à la télévision. La musique avait une sonorité étrangère à mes oreilles. D'un coup, je me suis senti bizarrement déshumanisé, comme si j'étais invisible.

Mon nez m'a mené à une cuisine qui s'ouvrait sur une salle à manger. Un homme aux cheveux gris était assis en train de lire un journal. Il s'est arraché à son siège et m'a tendu sa lourde paume.

— *Ciao*, Gulwali ! Je suis Davide !

Après m'avoir fait asseoir à la table, il m'a apporté une assiette de pâtes, de poulet et de salade. Je l'ai remercié de la tête puis j'ai considéré le poulet. Avec mes quelques mots d'anglais, j'ai tenté de lui expliquer que je ne pouvais pas en manger si ce n'était pas halal.

— Je suis musulman.

Il m'a fait signe de manger seulement les pâtes et la salade avant de me servir aussi une orange et une coupe de glace à la vanille qui ont disparu en quelques secondes. Après quoi, Davide a tenté d'engager la conversation avec moi en anglais. Seulement, j'en connaissais à peine quelques mots et je n'ai rien compris de ce qu'il disait. Nous sommes restés assis à nous regarder en silence pendant un moment. Mon estomac était plein et lourd : très vite il a commencé à me faire baisser les paupières.

Le lendemain, Sabine – je pense qu'elle était la responsable – m'a apporté des vêtements neufs : un jeans, un tee-shirt, plusieurs sous-vêtements et une paire de baskets trop grandes pour moi de deux pointures. J'ai mis les vêtements mais j'ai décidé de garder aux pieds les bottines que j'avais achetées à Athènes. On m'a aussi apporté un pyjama. J'ai trouvé cela bizarre : l'idée d'un vêtement exprès pour dormir dedans n'avait aucun sens pour moi.

J'étais en sécurité, propre, vêtu et bien nourri. À l'évidence, ces gens s'efforçaient de m'aider, pourtant j'étais plus perturbé et angoissé que jamais. Personne ne pouvait m'expliquer ce qui se passait ni me dire combien de temps je devrais rester là. Et je n'arrivais pas à m'empêcher de penser à Hazrat. Tout ce à quoi j'aspirais, c'était d'aller à Rome trouver ce fameux Hodja. Peut-être pourrait-il me mener à Hazrat.

À cause de la barrière de la langue, je ne pouvais expliquer ça à personne, si bien que ce qui aurait dû être un sanctuaire me faisait l'effet d'une prison. Tristement, l'absence totale d'information me faisait me sentir comme quand j'étais aux mains des passeurs – même si j'avais conscience que tout le monde s'efforçait de m'aider.

Je suis allé trouver Alexandria et j'ai tenté de lui expliquer tout ça, en pachto. Évidemment, elle n'a rien compris. Elle m'a gratifié d'un sourire et m'a fait signe de m'asseoir. Elle a mis la télévision sur les programmes d'Al Jazeera et m'a demandé de l'attendre. Elle devait croire que je comprenais l'arabe, ce qui n'était pas le cas. J'ai regardé les images. Quand elle est revenue, elle m'a demandé :

— Gulwali, farsi ?

Cela voulait-il dire que quelqu'un allait venir me parler ?

— Pachto ? ai-je demandé, le regard plein d'espoir.

Ella a secoué la tête. J'ai pointé l'index vers moi :

— Gulwali, pachto, dari !

Elle a souri tristement et a secoué la tête.

— Non. Farsi !

J'ai fait pivoter ma main sur elle-même : « comme ci comme ça ». Elle a souri et quitté la pièce. Elle est revenue bientôt en faisant mine de conduire une auto.

Un peu plus tard, j'étais assis dans un bâtiment du gouvernement local en face d'une femme d'allure sévère en tailleur. Elle m'a semblé tellement chic et importante que j'ai pensé qu'il s'agissait sans doute du gouverneur de la ville.

— Je suis Fabiana ! a-t-elle dit. Bonjour Gulwali.

Elle a parlé anglais, aussi ai-je pu saisir un peu de ce qu'elle disait. Je l'ai bien aimée, ce qui n'a pas changé la sensation de peur et de colère qui montait en moi. Physiquement, j'étais mieux que je l'avais été depuis des mois, émotionnellement, j'explosais.

Fabiana a composé un numéro de téléphone. Elle a branché le haut-parleur. De l'italien s'est fait entendre avant que la voix en ligne n'en vienne au farsi.

— *Salâm*, Gulwali !

Dans mon meilleur farsi, j'ai répondu « bonjour ». J'ai précisé que j'étais pachtophone avant de demander à mon interlocuteur, de s'exprimer en dari –, la version afghane du farsi – puisqu'il ne parlait pas ma langue maternelle. Il m'a suggéré de parler dari et qu'il répondrait en farsi. Dans un jargon mêlant le farsi, le dari et le kurde – et avec mon accent pachtoune – je me suis efforcé de tout lui dire. Que j'avais perdu mon frère, que j'essayais de le retrouver, que je voulais savoir combien de temps je devrais rester dans le foyer et ce que j'allais devenir.

Sans surprise, il a eu du mal à saisir ne serait-ce qu'un seul mot.

— Calme-toi, Gulwali ! Parle plus lentement !

Pour comble de frustration, il parlait farsi avec un accent italien si fort que je n'arrivais pas à le comprendre non plus. Ma tête explosait de questions et j'avais désespérément besoin de réponses. Mais il n'y avait pas moyen de les obtenir : très vite, il est devenu évident que nous n'avancerions pas.

Sabine et Fabiana attendaient, pleines d'espoir. Ma grimace de déception leur a vite fait comprendre notre échec. Quand je leur ai rendu le combiné, l'homme à l'autre bout de la ligne a parlé en italien, sûrement pour confirmer que nous n'avions pas progressé.

— Désolée, Gulwali ! a dit Fabiana.

Quand nous sommes rentrés, Davide s'affairait à la cuisine. Les autres enfants étaient assis autour de la table. Ils m'ont fixé quand je me suis joint à eux, ce qui m'a gêné. Davide a posé un grand plat de spaghettis avec de la sauce à la viande au milieu de la table. Il est revenu avec un bol fumant de pâtes et de légumes pour moi.

— Halal ! a-t-il dit d'un ton de triomphe.

J'ai mangé en silence. Quelle solitude !

Cette nuit-là, j'ai eu du mal à trouver le sommeil. Durant mes voyages, j'avais connu la peur, la faim, la soif, j'avais été victime de brutalité voire de cruauté, mais je ne m'étais jamais trouvé seul. J'avais toujours fait partie d'un groupe. À la maison, je dormais avec mes grands-parents. C'était la première fois que j'avais une chambre à moi seul. Je n'aimais pas la façon dont je m'y sentais.

Les jours ont passé de la même façon ennuyeuse et déprimante. Je faisais les cent pas entre les murs comme un animal en cage. J'avais été en proie à l'adrénaline et en mouvement pendant si longtemps que je ne pouvais pas supporter d'être enfermé. La douleur d'être séparé de ma famille m'envahissait de nouveau ; je ne parvenais pas à empêcher les souvenirs de me submerger. Chaque nuit, les cauchemars me réveillaient.

J'avais l'impression d'être là depuis des siècles. On m'a conduit voir la dame en tailleur élégant dans son bureau une deuxième fois – ce qui m'a rendu encore plus furieux parce qu'il était évident que, même si elle essayait de me rassurer, ça ne servait à rien.

La personne dont j'étais le plus proche, c'était Alexandria. Du coup, c'était elle qui subissait le plus les effets de ma frustration.

Un jour, je lui ai dit en anglais avec beaucoup de véhémence :

— Je suis ici depuis un mois, pourquoi ? Un mois ! Pourquoi ?

Elle a secoué la tête et pris le calendrier épinglé au mur.

— Gulwali, non ! Dix jours que tu es ici. Seulement dix !

Elle a tendu dix doigts puis a montré les dates sur le calendrier. Je l'ai regardée, dubitatif. Cela pouvait-il faire juste dix jours ?

L'après-midi suivante, Sabine nous a fait monter dans un minibus qui nous attendait. Nous nous sommes garés sur le front de mer. C'était le début d'octobre, le vent était fort et les vagues, grosses. Je me suis glacé de peur quand des images du bateau m'ont submergé. Je voulais me trouver n'importe où sauf au bord de l'eau.

Les autres se sont mis à courir sur la plage. Tout ce que je me rappelle, c'est que je voulais m'en aller. Partir le plus loin possible.

Il y avait beaucoup de gens qui se promenaient, avec des chiens en laisse. J'ai regardé les terrasses, les gens installés dehors pour prendre des cafés. Sur la place centrale, des adolescents nous ont frôlés en passant à toute allure sur des skate-boards. Je n'en avais jamais vu auparavant, et j'ai été à peu près sûr qu'un d'entre eux allait finir par me heurter ou me trancher le bout des pieds.

Cela aurait dû être une après-midi agréable mais, pour moi, cette promenade a été pleine de terreur, de confusion et de solitude. J'ai commencé à comploter. J'avais décidé que j'allais m'enfuir.

Sabine a acheté des glaces. La mienne était à la pistache. À Jalalabad, mon grand-père nous emmenait chez un glacier où on faisait les meilleures glaces qui soient. Le goût m'a ramené tout droit là-bas, à l'époque où j'avais six ans et où j'étais heureux.

Alors que nous retournions vers l'endroit où le minibus était garé, je suis resté un peu en arrière des autres. Un car avait attiré mon attention. J'ai pensé essayer de monter à bord. Le chauffeur était dehors, à fumer une cigarette tout en causant avec des gens. J'aurais facilement pu me glisser dedans sans me faire remarquer. Grâce à l'agent qui m'avait rendu les 300 euros de ma famille, je disposais de plus d'argent que je n'en avais jamais eu auparavant.

J'étais déchiré. Aussi désespérée que soit mon envie de partir, je n'avais pas vraiment de plan. Et je ne voulais pas, non plus, causer des ennuis à Alexandria, Sabine ou au reste du personnel. Si je me sauvais, on les blâmerait sûrement.

Nous sommes rentrés au foyer, et j'ai pris une douche. Alexandria s'était mis en tête de me faire me laver tous les jours. Au début, j'avais jugé qu'elle était folle. Pendant la mauvaise saison, en Afghanistan, je me serais lavé entièrement le corps une fois par semaine. Nos hivers étaient si froids qu'aucun enfant ne voulait se laver plus souvent. Cela prenait aussi beaucoup de temps à ma mère et à mes tantes pour faire chauffer l'eau sur le feu. L'été, je me baignais tous les deux ou trois jours dans une des nombreuses rivières qui coulaient près de chez nous.

Pour moi, prendre une douche par jour était un déplorable gâchis d'eau. « Mais je suis propre ! » avais-je l'habitude de protester dans mon meilleur anglais. Alexandria secouait la tête et montrait du doigt la porte de la salle d'eau. Son insistance a été telle que je me suis presque mis à apprécier ce rituel quotidien. Et, alors que j'étais de plus en plus abattu mentalement, la douche est devenue aussi un bon endroit pour pleurer. J'avais envie de déchirer le monde en petits morceaux, juste pour qu'il sente quel effet ça faisait.

Des jours ont succédé à d'autres. L'Aïd, la fête qui vient après le ramadan et qui, pour les musulmans, est un peu l'équivalent de Noël, approchait. Quand j'étais enfant, j'attendais cette date toute l'année. Nous recevions des habits neufs et de l'argent comme cadeau, et la famille entière se mettait sur son trente et un pour aller pique-niquer. C'était un des moments les plus heureux de mon enfance. J'ai revu mentalement des images douces-amères de nos combats d'œufs avec mes frères : on cogne son œuf dur contre celui de l'adversaire, et celui qui casse la coquille de l'autre a le droit de manger son œuf. Hazrat et Noor avaient le chic pour trouver les coquilles les plus dures et les plus solides et me battaient à tour de rôle. Je me revois les regarder enfourner mon œuf sans aucune vergogne après qu'ils avaient gagné. Une fois, je me suis tellement mis en colère contre Hazrat que mon père nous a grondés. Et à présent, tout ce à quoi je pouvais penser, c'était à le retrouver.

J'ai pris mon petit déjeuner comme d'habitude mais mon cœur battait fort. Je me préparais. J'étais nerveux. Je me suis dit que si j'avais pu échapper à la police iranienne, je pourrais m'enfuir d'un foyer pour enfants. De retour dans ma chambre, j'ai rangé mes habits neufs dans mon sac en même temps que les articles de toilette. Puis, j'ai ouvert ma fenêtre et je me suis juché sur le petit rebord qui se trouvait juste en dessous. J'ai pris une profonde inspiration, dit une prière, et sauté depuis le deuxième étage pour me retrouver sur le parking. J'ai atterri avec un grand « boum ! ». Il n'y avait pas de temps à perdre : je suis sorti du parking et, comme je n'avais pas idée d'où aller, sinon qu'il me fallait essayer de trouver une gare, j'ai pris une des routes au hasard et j'ai couru.

Arrivé à une certaine distance du foyer, j'ai ralenti et essayé de me comporter avec le plus grand naturel possible.

— Excusez-moi. Où est la gare ? ai-je demandé dans un anglais approximatif à un vieil homme qui m'a dirigé vers la gauche.

J'ai vu des rails, preuve que j'allais dans la bonne direction. Je traversais un carrefour, juste en face de la gare quand Alexandria s'est arrêtée en faisant crisser les pneus.

— Gulwali ! a-t-elle crié par la vitre. Qu'est-ce que tu fais ?

Elle a sauté de voiture et m'a saisi par les épaules. Elle tremblait. Des larmes coulaient à flots sur ses joues. J'ai compris qu'elle était à la fois inquiète et très en colère. Elle n'a pas cessé de me palper les épaules et les bras pour vérifier que je ne m'étais pas blessé.

Je me suis senti coupable et pourtant j'ai refusé de monter dans la voiture. J'avais appris un peu d'italien en quinze jours et j'ai dit :

— Je m'en vais.

À ces mots, elle s'est vraiment fâchée.

— *Polizia*, Gulwali. J'appellerai la police !

Je suis monté dans la voiture. Ses larmes ont fini par déclencher les miennes et nous avons pleuré tout le long du retour. Quand nous sommes rentrés dans le bâtiment, je me suis trouvé face à une mer de mines consternées. J'ai eu l'impression d'entrer dans la fosse aux lions. Tous me jugeaient, personne ne comprenait ma souffrance.

Je suis retourné dans ma chambre. Plus que jamais, j'étais déterminé à m'en aller. J'ai entendu Alexandria téléphoner. J'ai supposé qu'elle racontait ma tentative à Sabine. Je me suis senti coupable de lui faire subir ça. Je venais probablement de perdre ma seule amie dans cet endroit. Il me fallait partir.

Je suis sorti de ma chambre et j'ai traversé le salon. Le courage gonflait en moi. Les autres étaient là en train de regarder la télé.

— Je m'en vais, ai-je crié en pachto. Au revoir ! *Ciao !*

Ils m'ont dévisagé comme si j'étais fou. J'ai ouvert la porte et me suis jeté dehors. J'ai entendu Alexandria qui appelait du balcon.

— Gulwali ! Gulwali ! Arrête-toi !

Je l'ai regardée pour l'implorer : je voulais qu'elle me laisse partir. Je savais cependant qu'elle allait me suivre, et je me suis mis à courir très vite. Cette fois, je savais où se trouvait la gare.

Je m'attendais à y trouver des voitures pleines de policiers prêts à arrêter le détenu en cavale mais elle était tranquille et quasi vide.

Sans reprendre ma respiration, je me suis adressé au guichetier :

— Rome, s'il vous plaît.

Hazrat y était passé : je pouvais commencer par là.

Il m'a considéré avec curiosité et j'ai eu peur qu'il essaie de me retenir. Mais non, il a imprimé un billet et m'a expliqué qu'il me faudrait changer dans une ville appelée Bari.

Le train entrait en gare, j'ai couru pour y monter.

Une fois dans le wagon, je me suis écroulé dans un siège. Tandis que le paysage défilait par la fenêtre, je me suis senti soulagé d'être libre. Au plus profond, cependant, j'étais inquiet. Et, d'une certaine façon, je sentais que ce que je faisais était absurde. Pourquoi fuyais-je le premier endroit où je me trouvais en sécurité ? Je me suis senti déconcerté, comme si j'étais face à une version sauvage de moi-même, qui ne se fiait à personne.

Il n'a pas fallu longtemps pour atteindre Bari. De là, j'ai pu prendre un train pour Rome. Tout le temps que j'ai attendu sur le quai, j'ai eu peur. Je m'attendais à voir la police arriver d'une seconde à l'autre.

J'ai regretté d'être venu à Rome aussitôt que j'y ai débarqué. La nuit était tombée. La gare était immense et effrayante. Des gens allaient et venaient dans tous les sens. J'avais désespérément envie de demander de l'aide à quelqu'un mais je n'osais pas.

Je savais qu'il me fallait trouver le parc où se rassemblaient les migrants. En sortant de la gare, j'ai vu un groupe d'hommes qui avaient l'allure d'Afghans. Ils arrêtaient les passants et leur montraient un bout de papier pour leur demander la direction de ce qui était noté dessus. J'ai deviné qu'ils cherchaient la même chose que moi. Une dame les a dirigés vers un arrêt de bus. J'ai suivi. Quand ils sont montés dans le bus, j'y suis monté aussi.

Dix minutes plus tard, je suis descendu à côté d'un vaste parc public. Le spectacle était incroyable. Il était entouré de monuments antiques de toute beauté qui m'ont coupé le souffle d'admiration. Partout, cependant, on ne voyait que des corps. Il y avait des gens couchés sur des cartons, sur le trottoir, sur le côté de la chaussée, près du marbre sculpté des monuments, sur les pelouses, sous les arbres – c'était une ville fantôme au milieu de Rome.

Il y avait là des visages venus de partout dans le monde. J'ai reconnu des Éthiopiens, des Érythréens, des Soudanais, des Congolais, des Somaliens, des Irakiens et des Afghans. Il y avait probablement d'autres nationalités que je n'ai pas identifiées. Dans leur écrasante majorité, toutefois, ils étaient afghans ou irakiens.

Je devais sembler perdu car un homme maigre m'a abordé.

— Qu'est-ce qui t'arrive, mon garçon ? a-t-il demandé en pachto.

C'était tellement agréable de pouvoir comprendre ce qu'on me disait, mais je n'ai pas cru devoir tout révéler à un parfait inconnu.

— Je viens d'arriver, mon oncle !

— Sois prudent, mon garçon ! Il y a des hommes méchants dans les parages. Tiens-toi loin de la police qui vient pendant la nuit.

Il m'a montré une petite rue latérale.

— Il y a un cybercafé afghan là-bas. Il y a aussi beaucoup d'endroits où tu pourras manger. Pour dormir, reviens ici.

— Merci, mon oncle !

En m'éloignant, j'étais furieux contre moi-même. Pourquoi avais-je quitté ce foyer agréable et sûr ? La pauvre Alexandria devait avoir de gros ennuis. Une partie de moi-même ne parvenait pas à comprendre pourquoi je m'étais conduit comme un animal sauvage alors qu'on me témoignait juste de la gentillesse. Et puis le visage de Hazrat s'est présenté à moi. Je me suis à nouveau senti calme. Il fallait croire que le destin me menait quelque part ailleurs.

J'ai trouvé le cybercafé. L'homme derrière le comptoir a paru surpris de voir un jeune Afghan propre et bien habillé entrer chez lui. Nous nous sommes mis à causer. J'ai avoué :

— Je viens d'arriver. J'ai faim et je n'ai nulle part où loger.

— Tu connais quelqu'un en ville ?

J'ai hésité, puis je lui ai dit :

— Un ami de mon frère habite ici. Je n'ai pas tous les éléments pour le joindre mais il s'appelle Hodja et il est de Nangarhar.

Je n'ai pas pu en croire mes oreilles quand il a dit :

— Je connais Hodja. S'il s'agit bien du même homme.

Il était occupé avec ses clients, aussi a-t-il suggéré que j'aille manger quelque part. Il m'a promis qu'il tenterait de contacter Hodja pour moi entre-temps.

Je suis allé dans un restaurant turc. Je n'ai pas compris le menu, aussi ai-je fait signe au serveur de me donner quelque chose de bon. Il est revenu en apportant un délicieux sandwich chaud avec de l'œuf, du poulet, des frites et du fromage, le tout mélangé.

Quand je suis retourné au cybercafé, mon nouvel ami avait le sourire. Il avait déjà joint Hodja mais il l'a rappelé et me l'a passé.

— *Salaam*. Êtes-vous Hodja ?

— Oui. Et toi, tu es Gulwali ? Tu es le fils du docteur ?

C'était bien l'homme que je cherchais. Il m'a assuré que Hazrat allait bien mais qu'il me dirait tout quand nous nous verrions le lendemain. Il avait d'ores et déjà demandé à Marouf ; le patron du café, de me loger pour la nuit. Je l'ai remercié avec effusion.

Marouf m'a dit de retourner me promener et de revenir au moment de la fermeture, vers minuit. En flânant dans l'air froid de la fin octobre j'ai vu toute la misère du monde autour de moi.

Quand je suis revenu à la boutique, tout était fermé et obscur. J'ai frappé à la porte. Marouf a ouvert.

— Chut ! Ne fais pas de bruit !

Ma situation n'était pas du tout confortable. Je connaissais cet homme depuis seulement deux heures. J'avais supposé qu'il avait un appartement au-dessus ou à l'arrière du magasin. À la place, il a montré un petit matelas en mousse derrière le comptoir.

— Il nous faut dormir ici cette nuit.

J'ai eu envie de partir en courant. Pourquoi cet homme aiderait-il un jeune garçon ? Des soupçons m'ont traversé l'esprit.

— Ma maison est loin d'ici. Demain, c'est l'Aïd. Nous irons ensemble à la mosquée pour la prière du matin et Hodja nous retrouvera là-bas.

Je n'étais qu'à peine plus rassuré. Je continuais de trouver étrange qu'il me laisse dormir là, et pas dans le parc glacial avec les centaines d'autres migrants désespérés. Je savais que certains hommes prenaient des garçons comme moi pour en faire des *bachas*. Dans la tradition afghane, ce sont des garçons danseurs même s'ils offrent à leur maître une palette de divertissements beaucoup plus étendue, dont très peu sont consentis librement.

J'ai fini par me dire que j'avais peut-être simplement un coup de chance et j'ai essayé de dormir malgré mon inquiétude. J'ai pensé à l'Aïd : je le savais proche mais j'ignorais que c'était le lendemain. J'ai essayé de me sentir heureux tout en m'assoupissant.

Il faisait encore nuit quand nous nous sommes levés. Nous sommes allés dans un supermarché voisin qui appartenait à un ami de mon hôte. Nous y avons pris une douche et petit-déjeuné. Mon hôte avait avec lui un sac qui contenait ses vêtements neufs : un magnifique *shalwar kamiz* brodé. Cela m'a rendu encore plus triste. C'était mon premier Aïd el-Fitr loin de ma famille.

Et, tout à coup, j'ai pris conscience que j'étais sur les routes depuis une année entière. Cela signifiait que j'avais treize ans. J'avais oublié mon anniversaire mais, sans le savoir, j'avais marqué mon passage dans ma quatorzième année en sautant de la fenêtre du foyer, vingt-quatre heures plus tôt.

Marouf m'a mené à la mosquée centrale de Rome, la plus grande que j'aie vue depuis Istanbul. Il pleuvait mais ça n'altérait pas l'ambiance de l'Aïd. Aux abords du bâtiment, il y avait des enfants habillés de neuf qui couraient et des stands de nourriture qui vendaient toutes sortes de kébabs odorants, des sucreries, du riz.

À l'intérieur, j'ai été enchanté de voir la diversité des musulmans assemblés là : toutes les couleurs, toutes les races, tous les âges. J'ai ressenti une forte impression d'unité et de fraternité, ce qui a adouci le chagrin de ne pas être avec ma famille.

Après les prières, nous sommes sortis. Marouf s'est dirigé vers un banc et m'a présenté à un homme barbu. J'ai été abasourdi tant Hodja me rappelait mon oncle Lala. Il m'a serré dans ses bras.

— Bienvenue, Gulwali. Ton frère m'a tant parlé de toi. Mais tu ne ressembles pas au petit garçon qu'il décrivait.

Il m'a raconté qu'il s'était trouvé en compagnie de mon frère quelques mois plus tôt. Ils avaient voyagé ensemble depuis la Turquie jusqu'à Calais.

— Il n'arrêtait pas de parler de toi et de s'inquiéter de ce qui pouvait t'arriver. Il demandait à tous les passeurs et les agents s'ils t'avaient vu, et leur disait de faire attention à toi. Il montrait ta photo à tous les gens qu'il rencontrait. Il voulait te retrouver.

Mon cœur a chanté quand j'ai entendu ça.

Hodja a poursuivi en disant que, au bout de quelque temps, à Calais, Hazrat avait pu monter dans un camion pour l'Angleterre.

— Il était si courageux. C'est l'enfer à Calais. Moi, je n'ai pas cessé d'échouer. À la fin, je suis revenu en Italie.

— Ainsi, Hazrat se trouve en Angleterre.

— Oui. Il a appelé pour dire qu'il était bien arrivé mais, depuis, je n'ai aucun moyen de le joindre.

J'ai éprouvé des sentiments mêlés. D'un côté, j'étais content qu'il soit arrivé sain et sauf, d'un autre, je me suis senti abattu d'être toujours sur la route. Je me suis demandé aussi comment je ferais pour le retrouver si je réussissais à arriver en Angleterre. Mais, pour la première fois depuis que j'avais sauté par cette fenêtre, je me suis senti heureux d'avoir fui du foyer d'enfants.

Marouf a dû retourner à sa boutique. Il m'a fait promettre de passer lui dire au revoir avant de partir. Hodja m'a conduit chez lui. J'y suis resté deux nuits. Il a insisté pour m'acheter des vêtements – un blouson de ski jaune vif vraiment douillet et un jeans.

Le jour du départ, il m'a accompagné à la gare pour m'aider à acheter mon billet pour la France. Je devais prendre un train pour Gênes et, de là, pour Vintimille. Il a payé mon voyage jusqu'à la frontière mais, à partir de là, m'a-t-il dit, il me faudrait acheter des billets pour une ville qui s'appelait Cannes puis pour Paris.

— À Paris, parle à d'autres Afghans et prends une décision raisonnable, m'a-t-il conseillé. Calais est un endroit très dangereux.

En me donnant les billets de train, il m'a tendu 150 euros.

— Non ! Vous avez déjà tellement fait pour moi. C'est trop !

— Tu en auras besoin à Calais a-t-il insisté.

— Il me reste des dollars et 200 euros. J'ai beaucoup d'argent.

Il a ri.

— Cela peut sembler beaucoup mais les billets de train, en France, coûtent plus de 100 euros. Et puis il te faudra survivre.

Il m'a recommandé, une fois arrivé à Calais, de trouver un passeur aussi fiable que possible et de lui faire bien comprendre que l'argent que je lui proposais était tout ce que j'avais. Il a expliqué que, souvent, les passeurs manquaient d'argent liquide. Du coup, quelqu'un qui leur agitait un billet de 100 euros sous le nez pouvait avoir sa chance.

Le train ne partait pas avant deux bonnes heures, aussi sommes-nous allés dire au revoir à Marouf. Il a été ravi de nous voir. Mais la question qu'il n'a pas tardé à me poser m'a désarçonné.

— Gulwali, peux-tu faire quelque chose pour moi ? J'aimerais que tu voyages avec mon ami Shafique.

Il a désigné un adolescent qui a paru aussi confus que moi.

— Shafique doit se rendre en France. Faites le trajet ensemble, vous serez tous les deux plus en sécurité.

— Pas question ! ai-je dit. Vous me prenez pour un passeur ?

Hodja est intervenu.

— Gulwali, personne ne te demande d'agir en passeur. C'est une bonne idée. Tu ne devrais pas être tout seul, et lui non plus.

Je n'étais pas content : j'étais à peine capable de m'occuper de moi-même, sûrement pas de quelqu'un d'autre ! Seulement j'ai plaint Shafique. Pourquoi n'était-ce pas mon tour d'aider quelqu'un, maintenant qu'on me le demandait ? Si bien que j'ai accepté.

Dans le train pour Gênes Shafique et moi avons fait mieux connaissance. Il avait seize ans et venait de Kaboul. Ses raisons de partir ressemblaient aux miennes : son frère avait été tué en combattant au côté des talibans. Il était en Italie depuis un mois. Il avait essayé d'atteindre la France déjà une fois, mais on lui avait vendu un mauvais billet. En général, si vous avez l'air d'un illégal, le personnel des chemins de fer italiens refuse de vous vendre un billet pour la frontière sauf si vous présentez une carte d'identité ou un passeport. Du coup, le commerce de titres de transport illégaux prospère à Rome. On l'avait abusé en lui refilant un billet prétendument pour la France mais, en fait à destination de Milan.

La veille, il était allé au cybercafé acheter un billet à Marouf pour qui la vente de titres de transport trafiqués était une activité annexe. Marouf lui avait parlé de moi et avait suggéré que nous partions ensemble. Après mon déplaisir initial, j'étais plutôt content d'avoir un nouveau compagnon.

La gare de Gênes était plus grande que je l'avais imaginé. Nous n'avions pas idée de comment trouver la correspondance pour Vintimille. Nous avons regardé les mots qui s'affichaient sur le tableau mais nous n'y avons rien compris. J'ai pris une profonde inspiration et me suis approché d'un contrôleur. Il a lu mon billet et m'a montré le quai de départ en faisant signe de nous dépêcher.

Nous n'avons pas trouvé le chemin qu'il indiquait mais le quai était en vue, de l'autre côté des rails. Il ne restait plus de temps et j'ai fait une des choses les plus stupides qui soient : j'ai sauté sur les rails pour les traverser en courant en entraînant Shafique avec moi.

Il n'y avait pas beaucoup de monde, mais tous les gens nous ont regardés sans en croire leurs yeux. Le moyen infaillible d'attirer l'attention sur nous et de nous faire arrêter !

Le matin, nous sommes arrivés à Vintimille. Nous nous sommes dirigés vers le panneau d'affichage pour voir comment prendre le train pour Cannes. Nous nous efforcions de marcher normalement pourtant un policier s'est approché de nous. Il a demandé nos billets et, une fois qu'il les a vus, a secoué l'index.

— Pas France ! a-t-il dit dans un mauvais anglais. Pas France.

Nous sommes sortis de très mauvaise grâce et nous avons traîné dans les rues alentour jusqu'à ce que nous trouvions un café où nous avons acheté à manger. Il était clair que nous allions devoir prendre le risque d'acheter des billets sans avoir de passeport.

— J'irai ! ai-je dit, certain de convaincre les préposés à la vente.

Même si Shafique avait seize ans, j'assumais le rôle de chef. Parce que j'étais en route depuis plus longtemps que lui, je pense, je me sentais plus expérimenté.

J'ai tourné autour de l'entrée de la gare, en pistant le policier qui m'avait éloigné un moment plus tôt. Il n'était plus là mais bon nombre de ses collègues patrouillaient. Adoptant ma démarche la plus nonchalante, je les ai dépassés en prenant soin de garder la tête haute. Dans mes vêtements neufs et mon blouson de ski jaune vif, je n'étais pas plus menaçant qu'un préado italien boudeur.

Je me suis dirigé vers une dame entre deux âges qui était assise derrière la vitre et l'ai gratifié d'un grand sourire qui était, selon mes calculs, à la fois charmant et vulnérable. Les femmes avaient été gentilles par le passé, et j'espérais que ça serait vrai une fois encore.

Après pas mal d'efforts, j'ai réussi à lui faire comprendre que je voulais deux billets à destination de Cannes.

— Désolé ! Carte d'identité, s'il vous plaît

Je ne sais pas si ç'a été parce que je me montrais insistant ou persuasif mais j'ai eu l'impression qu'elle céderait. J'ai juste haussé les épaules et continué de faire ma mine la plus suppliante. À la fin, de façon très surprenante, elle a poussé les billets sur le comptoir en regardant nerveusement autour d'elle. C'est à ce moment-là que j'ai compris qu'elle risquait sans doute sa place pour m'aider. Elle semblait avoir peur mais ses yeux disaient son émotion. Je l'ai gratifiée d'un grand sourire. Il existait aussi des gens compatissants que notre situation de migrants émouvait.

Nous avons pris le train. Quand le contrôleur est venu dans notre voiture, il a vérifié longuement nos billets avant de repartir très vite. Peu après, deux policiers sont entrés dans le wagon. Nous avons baissé la tête. J'ai regardé dehors. Shafique a fait semblant de dormir. Ils sont passés sans même nous accorder un regard.

Puis une annonce crachotante s'est fait entendre.

— Je crois que c'est du français ! me suis-je exclamé. Je pense que nous sommes en France !

De soulagement, nous avons éclaté de rire.

Nous n'étions pas tirés d'affaire cependant mais nous avons eu un vrai coup de chance : un jeune homme est entré dans notre wagon. J'ai été convaincu d'être en présence d'un Afghan Hazara.

— *Salaam !* Parlez-vous pachto ? me suis-je aventuré.

— Oui, un petit peu, a-t-il répondu en se tournant.

Il s'est assis en face de nous. Il était étudiant à l'université de Marseille et n'a pas été avare de conseils. Il nous a enseigné les phrases utiles en français, nous a dit à quelle heure le train arrivait et à quoi nous attendre pour notre voyage jusqu'à Paris.

Son dernier conseil, alors que nous arrivions à Cannes et que nous nous apprêtions à en descendre, m'a vivement frappé :

— Attention à la police. Elle vous fera passer de mauvais moments !

— Ils nous mettront en prison ou ils nous expulseront ?

— Probablement pas, même si vous avez envie qu'ils le fassent. Bonne chance en tout cas !

Cela m'a laissé perplexe.

CHAPITRE VINGT-CINQ

Mes yeux ensommeillés se sont ouverts lentement. Nous étions dans le train depuis plus d'une demi-journée après avoir quitté Rome à peine quarante-huit heures plus tôt.

— Paris ! me suis-je exclamé.

Shafique a eu un sourire satisfait.

— Pourquoi y a-t-il autant de choses écrites sur les murs ? lui ai-je demandé, comme s'il pouvait le savoir.

J'avais remarqué des graffitis semblables dans les endroits les plus pauvres de Grèce, de Turquie et d'Italie, mais je ne m'attendais pas à en trouver à Paris. J'avais dans l'idée que c'était la ville la plus distinguée et la plus belle du monde. J'avais entendu dire que, chaque matin, un avion y pulvérisait du parfum de telle sorte que l'air était toujours frais et agréable à respirer. Alors que le train ralentissait, j'ai été frappé par le fait qu'il s'agissait d'un mensonge. La gare, la plus grande que j'avais jamais vue, était noire de monde.

En sortant, nous avons regardé autour de nous, pleins d'étonnement. Les rues, très animées, étaient bordées d'immeubles en pierre avec des devantures de boutiques rutilantes. Il y avait des cafés, des restaurants partout, et des gens élégamment habillés qui passaient si vite qu'on aurait cru que c'était pour eux une question de vie ou de mort. Les voitures roulaient pare-chocs contre pare-chocs, et des motos bourdonnaient autour comme des guêpes.

Hodja nous avait conseillé de nous rendre dans un parc où, comme à Rome, les réfugiés se rassemblaient. Nous espérions pouvoir entrer en contact avec des gens, peut-être même des passeurs, qui nous aideraient à rejoindre Calais. J'ai eu envie de demander le chemin à un passant mais les Parisiens qui nous croisaient nous regardaient comme si nous étions quelque chose de déplaisant – une odeur désagréable qui polluait l'air de la cité.

Un homme âgé avec ces traits burinés que donne une vie passée sous le climat afghan se tenait près d'une sortie. Il tendait une tasse en papier usée aux passants pressés.

— *Salaam, kaka !* ai-je lancé en pachto. Où est le parc ?

— Par là, a-t-il répondu en montrant une direction où la circulation était dense. À sept pâtés de maisons d'ici.

Il a serré sa couverture autour de lui. Il faisait froid et je commençais à frissonner moi aussi. Le ciel était lourd de nuages.

— Viens ! a dit Shafique. Il va neiger.

J'ai tapé des pieds pour faire venir un peu de sang dans mes orteils glacés. Je me sentais misérable, épuisé, affamé. Le souvenir de jours passés au foyer d'enfants semblait se moquer de moi.

Nous avons pris la direction qu'il nous avait indiquée : de petits flocons de ce qui tenait le milieu entre la pluie et la neige ont commencé à tomber. J'aurais dû me sentir content. Paris signifiait que la Grande-Bretagne était proche. Encore un peu et j'y serais. Ce que ce « y » recouvrait, je n'en étais pas trop sûr. Ce qui comptait, c'était que Hazrat s'y trouvait et que je cesserais de courir.

Nous sommes arrivés au parc juste à temps : les bénévoles qui servaient des repas chauds commençaient à remballer. Quelques minutes plus tard, j'avais le visage plongé dans un nuage de vapeur parfumée : l'odeur des haricots blancs et du poulet me mettait l'eau à la bouche. Shafique avait déjà presque fini son ragoût.

— C'est trop chaud pour le manger. Tu as un estomac en fer.

— C'est trop bon pour ne pas le manger, a répliqué Shafique en léchant la sauce sur ses lèvres.

— *Très bien, monsieur*[1].

— Joli français !

— Toi, finis de manger, a dit Shafique en jetant son bol en plastique vide dans une poubelle. Je vais voir où nous dormons.

Nous avions entendu parler d'un refuge qui accueillait des migrants pour la nuit. J'étais en train de saucer mon bol avec un morceau de pain quand il est revenu.

— Mauvaise nouvelle ! Le refuge est fermé.

Ça nous a donné un coup.

— Alors, on fait quoi ?

— Je ne suis pas sûr, a répondu Shafique. Il y a des gens qui dorment ensemble à l'autre bout du parc. On peut y aller

— Sous la neige ?

— Il y a un arbre et, dessous, c'est pratiquement sec. Les branches vont nous abriter du mauvais temps.

Il avait raison : sous l'arbre, le sol était à peu près sec. Mais la température n'a pas tardé à baisser et des flocons de neige

1. En français dans le texte.

plus gros et plus serrés se sont mis à tomber. Nous nous sommes allongés dos à dos, pour essayer de nous tenir chaud.

Shafique n'a pas tardé à ronfler. J'avais sommeil mais il n'y a pas eu moyen que je m'endorme. Le froid et les bruits de la ville m'en ont empêché – les sirènes, le trafic, les voix qui résonnaient dans la nuit comme si personne ne dormait, comme si la masse d'humains que contenait la ville continuait de vaquer à ses affaires pendant que moi et les autres réfugiés vivions comme une sous-espèce.

J'attendais tellement de Paris ! Et tout ce que j'avais pu voir, c'était une cité sale, malodorante et froide, pleine de Parisiens qui s'écartaient de nous avec horreur.

Je me suis levé. Il devait être autour de minuit. Les hanches et les épaules me faisaient mal à cause du froid. Cela faisait du bien de bouger après ce sol tellement glacé, si bien que j'ai continué de marcher sans direction précise. Des paquets de corps étaient allongés çà et là dans le parc – pour l'essentiel étendus sur les bancs ou abrités dans des cartons. La lueur d'une cabine téléphonique flottait non loin de là ; dans sa lumière, les flocons de neige ressemblaient à des papillons de nuit. Il semblait y faire presque tiède. J'ai laissé la porte de verre se refermer derrière moi en claquant, et mon souffle a commencé à remplir l'espace.

Un groupe de jeunes Français ivres s'est approché en parlant fort et en agitant autour d'eux leurs cigarettes incandescentes qui ont dessiné des arabesques extravagantes. Ils sont passés sans me voir.

Je me réchauffais un petit peu, tapi au fond de la cabine.

Un bruit de ferraille assourdi par la neige m'a réveillé. Un homme avec un gros manteau et un chapeau poussait un chariot de supermarché. Son petit chien trottait à côté de lui. Je l'ai regardé, interloqué. Il n'avait pas l'air d'un réfugié. J'avais vu d'autres sans-abri comme lui à Rome et à Athènes. Je ne comprenais pas comment de telles choses pouvaient exister dans des capitales européennes.

Peu après, le montant de la porte s'est brutalement écrasé contre ma cheville. Deux silhouettes vêtues de noir se sont penchées sur moi. Sur l'instant, je me suis cru de retour en Turquie ou en Iran.

— Police !

Incapable de parler à cause du froid, je n'ai rien dit. Le plus petit a fait signe avec son doigt ganté de noir qu'il me fallait sortir. Je me suis frotté les épaules pour leur faire comprendre que j'avais froid.

— *Halas*, fini ! a crié le plus grand en me tirant dans la rue. *Yallah*. Viens !

C'étaient les mots basiques en arabe que, pensait-il, tous les migrants devaient comprendre. J'ai tendu les poignets pour leur faire signe de m'arrêter. À ce moment-là, une cellule chauffée me semblait préférable à mourir de froid. Il m'a chassé comme un chien en faisant *ts ! ts !* entre ses dents.

Je suis revenu sur mes pas dont les traces s'effaçaient dans la neige. Shafique dormait toujours mais, à présent, frissonnait de façon incontrôlée. Je me suis couché et j'ai essayé de dormir.

Quand je me suis réveillé, il y avait des gens, de l'autre côté de la rue, qui se lavaient le visage à une sorte de bouche d'incendie. J'ai fait pareil. La température de l'eau m'a coupé le souffle.

Une heure plus tard, la soupe populaire a rouvert pour le petit déjeuner. Un Français aux cheveux blond-roux qui portait une barbe bien taillée m'a servi du thé chaud et de la baguette avec du fromage. Plein de reconnaissance, j'ai entouré la tasse de thé noir de mes mains. Il était amer et chaud. J'ai pu le sentir descendre jusqu'à mon estomac et, de là, commencer à me réchauffer.

Shafique s'est attaqué sauvagement à son morceau de pain long.

— C'est bon, a-t-il dit les joues gonflées.

— Comment peux-tu être aussi joyeux ?

J'ai mordu dans le mien.

— Essayons de trouver une solution. Je ne serai pas capable de supporter une autre nuit ici.

Nous sommes allés jusqu'à un endroit où des migrants étaient assis sur des cartons disposés au sol comme des kilims l'auraient été à la maison. Des gens qui avaient dormi ailleurs sont venus nous rejoindre. J'ai vu que Shafique parlait avec un Afghan en manteau de laine noir. Je me suis déplacé pour les rejoindre.

— Gulwali, voici mon ami Jan. Nous avons fait ensemble le trajet de Grèce en Italie. Je l'ai perdu à Rome et le revoici !

— Ravi de te rencontrer, Gulwali.

J'ai serré sa main chaude. Il m'a examiné.

— Il me semble te connaître de vue, J'ai dû te croiser à un mariage ou quelque part. D'où es-tu ? Qui est ton grand-père ?

Je n'ai pas été surpris par ses demandes. Les questions sur le lignage sont choses normales en Afghanistan. C'est ainsi qu'on identifie les gens. Nous avons échangé des parents jusqu'à ce que nous découvrions que mon grand-père et son père étaient cousins. J'ai ri : cela signifiait que nous étions aussi cousins.

— Quel plaisir de te rencontrer, cousin ! ai-je plaisanté. Qu'est-ce qui t'amène en Europe, les affaires ou les vacances ?

— Ha ! Ha ! Ha !

Son rire était sincère.

— Je devrais plutôt demander ce que, toi, tu fais ici.

— Ma mère nous a envoyés, mon frère Hazrat et moi. C'était trop dangereux à la maison.

— Ton frère ? Il est avec toi ?

— Il est déjà au Royaume-Uni. Je veux aller le retrouver.

Prononcer ces mots m'a fait mal. Je suppose que les autres l'ont senti car nous sommes restés silencieux pendant quelques minutes.

— Est-ce que vous avez faim, les garçons ? Je connais un endroit plaisant qui n'est pas trop cher.

Nous avons marché jusqu'à un café turc où Jan nous a payé à déjeuner. Tout semblait tellement normal que, pour une fois, nous ne regardions pas par-dessus notre épaule de peur de voir apparaître la police. Les gens de la ville ne faisaient pas attention à nous.

— Alors, quels sont vos projets à présent ?

Shafique n'avait pas encore décidé ce qu'il allait faire. Peut-être pourrait-il rester en France…

— Et toi, Gulwali ?

— Je vais prendre le train pour Calais.

Jan a haussé les sourcils.

— Seul ? Tu n'as pas entendu dire à quel point Calais est un endroit dangereux ?

Hodja ne m'avait rien caché. Mais quel choix avais-je ? En plus, je ne voulais pas le laisser penser que j'étais un petit garçon.

— J'ai entendu les histoires. Mais alors ? J'irai tout seul s'il le faut. Et je trouverai de l'aide une fois sur place.

La nuit que je venais de passer m'avait rendu plus déterminé que jamais à continuer. L'Angleterre me semblait proche à présent.

— Pourquoi n'irions-nous pas ensemble, cousin ? a suggéré Jan. Je projetais de partir de toute façon. Je peux venir avec toi. Je ne serais pas rassuré que tu t'en ailles seul.

Son naturel protecteur me portait sur les nerfs mais, en même temps, je me suis senti touché. Il me considérait comme de la famille, et c'était son devoir d'être là pour moi.

Nous avons essayé de convaincre Shafique de venir mais il préférait rester sur place un peu plus longtemps pour trouver un bon agent qui organiserait tout d'avance. Je l'aimais bien mais je le trouvais un peu naïf. Il avait atteint la France plus vite que moi mais n'avait pas appris autant en chemin. Je ne voulais pas risquer de tout perdre avec un agent véreux à Paris. Mieux valait, à mon avis, arriver d'abord sur place et voir à quoi ressemblait l'endroit.

Jan et moi sommes allés à la gare acheter les billets. Le prochain train pour Calais partait en début d'après-midi. Il nous fallait aller le prendre dans une autre gare, mais nous n'avions pas idée de comment y aller. De façon étonnante, ça n'a pas été très difficile : il y avait des Afghans partout qui nous ont aidés à nous repérer.

CHAPITRE VINGT-SIX

Le temps de trouver la gare, et le train allait partir : nous avons dû galoper sur le quai. À ce moment-là, je me suis senti soulagé que Jan vienne aussi. Au fond, je n'avais jamais voulu partir seul.

Nous avons somnolé tout au long du voyage.

À Calais, nous n'étions pas les seuls étrangers : des douzaines de migrants se sont bousculés pour sortir de la gare. Il y en avait partout. Jan s'est approché d'un groupe d'hommes tellement sales qu'il n'y avait pas moyen de deviner de quelle nationalité ils étaient.

— Excusez-moi, les amis… a-t-il commencé.

— Vous, les nouveaux venus, il vous faut aller à la Jungle, a lancé en pachto un homme maigre à cheveux gris.

Son accent sonnait un peu bizarre.

— Tu viens d'Afghanistan, frère ? a demandé Jan.

— Du Pakistan. Waziristan, a-t-il répondu.

— La Jungle est vraiment si terrible ? ai-je demandé.

À Rome, j'avais entendu dire à quel point la Jungle – ce lieu où les réfugiés attendaient de pouvoir accéder à un camion pour l'Angleterre – était effroyable. Seulement, j'avais l'espoir que ce qu'on en disait était exagéré, pour dissuader les gens d'y aller.

— Quoi qu'on vous ait raconté sur la Jungle, c'est pire que ce que vous avez entendu. On ne veut pas de nous là-bas. L'Occident aime les chiens, autant qu'il aime la guerre. Bush et Blair ont opéré leur invasion, et nous sommes les chiots non désirés de leurs bombardements. Ils ne veulent pas nous laisser accéder à la chaleur de leur foyer mais ils n'ont pas le courage de nous tuer. Alors nous sommes là, enfermés dehors dans la pluie et le froid, à nous battre pour les miettes qui tombent de leur table. Et la police française nous traite comme des animaux, à nous chasser d'un côté et de l'autre, comme s'il s'agissait d'un grand jeu. C'est pour ça qu'on appelle ça la Jungle, mon garçon.

— Pourquoi il faudrait qu'on y aille, alors ?

— Parce qu'il n'y a nulle part ailleurs où aller.

— Depuis combien de temps êtes-vous ici ? a demandé Jan.

— Six semaines.

— Mais pourquoi n'êtes-vous pas monté sur un camion ?

— Je suis monté sur des quantités de camions. Tous les jours j'en prends un. Ensuite, le chauffeur, la police ou les agents de la sécurité me trouvent et me font descendre.

— Ils ne vous arrêtent pas ?

— S'ils m'arrêtaient, il leur faudrait me mettre dans une cellule chauffée et me donner à manger. Ils préfèrent me déposer sur le bord de la route et me forcer à rejoindre cet endroit misérable à pied. Je pense qu'ils essaient de donner une leçon.

Rien de ce qu'il disait n'avait le moindre sens à mes yeux.

— Une leçon ? ai-je demandé. Mais de quoi ?

— Je ne sais pas. Peut-être qu'ils veulent m'apprendre que j'ai été fou de fuir mon pays. Que je me serais montré plus malin en restant au milieu des combats. Qu'il vaut mieux regarder votre famille et vos voisins mourir que marcher kilomètre après kilomètre le long de routes glaciales, l'estomac vide.

Jan m'a regardé du coin de l'œil avant de demander :

— Alors, où se trouve-t-elle, la Jungle ?

L'homme a montré le bas de la rue.

— Vous la sentirez avant d'y être. Vous avez un agent là-bas ?

Nous avons tous les deux secoué la tête.

— Alors, demandez le Kurde qu'on appelle « Grand Fromage ».

J'ai ri. « Grand Fromage » était le nom le plus ridicule que j'aie jamais entendu.

Nous nous sommes mis en route. Autour de nous, j'ai vu des visages que j'avais croisés au cours de mon voyage. Je continuais d'être étonné que, après avoir traversé la moitié du monde, des Afghans butent sans cesse sur d'autres Afghans. Mais au fond, ce n'était pas si surprenant : nous nous dirigions tous vers l'Angleterre.

Il y avait une soupe populaire à vingt minutes de la gare ; la queue pour le dîner s'étirait sur des centaines de mètres. Jan et moi sommes restés silencieux le temps que nous avons attendu, à peu près une demi-heure. J'ai observé la marée humaine autour de moi. Les rares femmes présentes se tenaient près de leur compagnon. J'ai remarqué la façon dont certains hommes les regardaient, et cela m'a mis en colère. Ces malheureuses semblaient assez effrayées sans que des inconnus les fixent de cette manière vicieuse. Quelques-unes avaient de jeunes enfants avec elles – des petits sales et pleins de morve que secouait une toux permanente. J'ai eu le cœur brisé en les voyant. Elles gardaient les yeux baissés, en manifestant le peu de dignité qu'il était encore possible d'avoir.

En parvenant à l'avant de la file, j'ai vu quatre Françaises d'un certain âge en train de brasser les énormes pots nécessaires pour nourrir un si grand nombre de bouches affamées. J'ai pensé que la distribution devait être le fait d'une église locale. Ces dames servaient à la louche une pâte blanche et épaisse. C'était du riz, mais n'y ressemblait en rien. Et les lentilles qui allaient par-dessus n'avaient pas de goût. J'ai tout mangé quand même, avec gratitude. Autour de moi, deux cents personnes ont fait de même.

Certains réfugiés circulaient parmi nous en proposant de les guider jusqu'au Royaume-Uni. Ils étaient habiles pour repérer les compatriotes fraîchement arrivés et nous ont approchés, Jan et moi. Nous n'avons fait confiance à aucun, déterminés que nous étions à trouver un dénommé Karwan dont Hodja m'avait dit qu'il était le meilleur de la bande. Nous avons fini par trouver des hommes qui étaient « ses gens » et nous ont promis de nous mener à lui.

Avec ces derniers, nous avons marché pendant une heure environ vers la zone portuaire. Rien n'aurait pu me préparer à ce que nous avons vu chemin faisant. On aurait dit qu'on avait tiré la chasse de toutes les toilettes du monde et que la saleté avait atterri là. Migrants et réfugiés encombraient les routes. Certains allaient avec détermination vers une destination inconnue, d'autres étaient assis ou couchés là où ils avaient trouvé un endroit confortable. Tous les visages portaient des traces profondes de privations et de misère.

Cela m'a fait éprouver le sentiment que, tout proche que j'en étais, la Grande-Bretagne restait sans doute plus éloignée que je me l'étais imaginé. Tout ce que je sentais, c'était la déchéance humaine et les fumées des camions à double remorque qui nous dépassaient.

De l'autre côté de la chaussée se dressaient des rangées de hangars bâtis de fer rouillé et de béton brut. D'énormes clôtures les entouraient. Des bosquets impénétrables de buissons épineux et de saules rendaient l'endroit encore plus bizarre et déconcertant. Des sacs en plastique noir bruissaient au bout de chaque rameau, sur chaque épine. L'endroit était si vaste, si déroutant que, vraiment, il n'y avait rien de surprenant à ce qu'on l'ait baptisé « la Jungle ».

CHAPITRE VINGT-SEPT

En approchant de la Jungle, j'ai remarqué des bâches bleu saphir un peu partout. Chacune marquait une demeure improvisée. Des sentiers tracés dans le sol sablonneux les reliaient entre elles. C'était une cité temporaire d'épaves humaines désespérées.

Il y avait partout des piles énormes de détritus, des sacs en plastique pleins entassés à hauteur d'homme, des bidons blancs, des sacs d'engrais, des tasses jetables, des emballages, des bouteilles, des vêtements, de vieilles chaussures… tout un fouillis abandonné.

Nous avons dépassé un abri fait de trois tentes endommagées, noire, verte et orange. Un tuyau d'aération servant de cheminée pointait du toit. Trois Soudanais en veste noire avec des capuches rabattues sur la tête faisaient cuire des œufs dans une casserole cabossée. Un fauteuil beige en cuir moisi, une chaise de bureau cassée et un chariot de supermarché renversé servaient de meubles.

Nos guides nous ont menés à un groupe de migrants qui se serraient autour d'un feu. L'un d'eux a jeté une bouteille en plastique dans les flammes. En fondant, elle a émis un nuage malodorant de produits chimiques.

On nous a présenté un homme solidement bâti comme étant Karwan. Nous nous sommes serré la main.

— Vous êtes les nouveaux qui veulent passer en Angleterre ?

Son farsi était assez bon pour que je le comprenne malgré son fort accent kurde.

— Oui, ai-je dit.

Il a gratté la broussaille noire qui lui couvrait le menton.

— Avez-vous déposé de l'argent auprès de quelqu'un ?

Il voulait savoir si je disposais d'argent déposé auprès d'un tiers pour ce voyage. La plupart des migrants qui arrivent à Calais n'ont pas réglé la traversée parce que, au pays, les passeurs les prennent en charge jusqu'en Grèce ou, au mieux, jusqu'à Paris. Après quoi, il leur faut recourir à un agent spécialisé pour traverser la Manche. Les gens de la Jungle payaient souvent cette partie du trajet au moyen d'une tierce partie établie en France ou en Angleterre qui servait de garant. Il s'agissait de quelqu'un qui disposait d'un compte bancaire sur lequel les fonds transitaient. L'agent pouvait aussi donner les coordonnées de son propre contact. Ce dernier acceptait de servir de garant, l'idée étant de le rembourser une fois rendu en Angleterre. Bien sûr, vous pouviez juste disparaître sans payer mais cela se produisait rarement. Le fort réseau tribal propre à notre pays étendait ses ramifications partout en Europe ; si vous ne teniez pas vos engagements, il y avait gros à parier que les passeurs et les garants vous retrouveraient, vous ou votre famille.

— J'ai des contacts au Royaume-Uni qui peuvent t'arranger un crédit, a-t-il poursuivi. Je te donne leur numéro et tu les appelles. Vous vous mettez d'accord et je vous fais passer en Angleterre. C'est garanti ! 500 euros chacun.

Il s'est gratté le menton et j'en ai fait autant. « Garanti » !

— Nous avons du liquide.

— En liquide, donnez-moi 300 euros chacun.

— C'est trop ! D'où est-ce que nous sortirions cette somme-là ?

Il a continué à se gratter le menton, cette fois avec l'air agacé.

— 50 euros, ai-je dit en tirant un billet de ma poche et en le lui agitant sous le nez.

— Ne me fais pas perdre mon temps pour 50 euros.

— S'il vous plaît, Karwan ! Vous devez nous aider !

Je lui ai entouré le poignet de mes mains et je l'ai regardé en essayant de faire en sorte que mes yeux se remplissent de larmes. Dans des circonstances normales, Karwan m'aurait peut-être repoussé ou, même, frappé. J'ai l'impression qu'il en a eu envie.

— S'il vous plaît, Karwan !

— Et les 50 euros qui te restent, cachés dans ta poche ?

Il les avait vus. À contrecœur, je lui ai donné l'argent.

— Et toi ? Qu'est-ce que tu as ? a-t-il demandé à Jan.

Jan lui a tendu un autre billet de 50 euros.

— S'il vous plaît, Karwan, prenez-nous !

— D'accord, je vous prends, a-t-il soupiré Mais si on vous le demande, vous répondrez que vous avez payé 500 livres sterling chacun. Sur le compte d'une banque anglaise. Compris ? Et si vous dites la vérité à qui que ce soit, je vous tue !

J'étais dans la boue froide, en train de me faufiler sous une clôture en grillage. Karwan tirait dessus pour l'écarter du sol.

— Dépêchez ! nous a-t-il pressés.

Jan, quatre autres Afghans et moi sommes passés aussi vite que possible pour nous trouver face à un vaste parking vivement éclairé rempli de poids lourds. À travers la neige fondue qui tombait, j'ai vu des dizaines de silhouettes se presser autour des remorques ou se glisser entre leurs roues en quête d'un but invisible.

— Venez ! a dit Karwan.

Nous avons trottiné derrière lui. Plusieurs groupes de migrants, constitués selon leur origine, arpentaient le parking en quête d'une occasion d'embarquer.

— Regardez dessous, a dit Karwan. Ce sont de bons endroits, en particulier pour quelqu'un de petit comme toi, Gulwali.

J'ai tenté d'aller voir sous une remorque, mais une main m'a pris par l'épaule. Elle appartenait à un Pakistanais.

— Ne l'écoute pas ! a-t-il dit en pachto. Il fait trop froid pour voyager là-dessous. Si tu ne meurs pas gelé, tu perdras ta prise et tu te feras écraser. Il vaut mieux faire le trajet dans une remorque.

La recherche a continué. Il est vite devenu clair que nous étions trop nombreux pour le peu de cachettes disponibles.

— Allons-nous-en ! a dit Karwan. J'ai un meilleur plan.

Deux heures plus tard, nous étions assis à observer le parking du terminal du ferry pour nous faire une idée de l'activité. À la différence du premier, il grouillait de chauffeurs. Certains vérifiaient les portes de leur remorque ou regardaient sous le châssis. D'autres bavardaient, prenaient un café, fumaient. À côté, des voitures occupées par des familles ou des hommes d'affaires seuls formaient des files bien ordonnées.

La nuit cédait la place au jour, et je sentais le désespoir m'envahir. Karwan nous a crié de le suivre : nous avons couru à travers le parking pour venir nous accroupir derrière un camion.

— Là !

Karwan montrait du doigt un break gris. La portière du chauffeur était ouverte. Nous avons distingué la silhouette d'un homme debout près de la clôture et la vapeur qui tourbillonnait autour de ses pieds tandis qu'il urinait.

Nous nous sommes approchés furtivement. Jan a ouvert la portière arrière. Les sièges des passagers étaient encombrés de sacs et de valises mais l'espace au sol était libre. Mon cœur battait vite. Je me suis glissé dans l'intervalle derrière le siège du conducteur. Jan s'est faufilé lui aussi, et j'ai entendu la portière se refermer doucement. J'osais à peine respirer quand le chauffeur est revenu.

Nous avons avancé, par à-coups, de quelques mètres à la fois, Jan m'a tapoté la cheville comme pour me féliciter : nous étions en route pour l'Angleterre ! Tout d'un coup, il y a eu des voix à la vitre du conducteur qui s'est tourné pour suivre le faisceau d'une torche tandis qu'elle balayait l'intérieur de la voiture.

— Hé ! a-t-il beuglé en se précipitant hors de l'auto.

La portière près de ma tête s'est ouverte brusquement. Une main ferme m'a tiré sur le sol froid. Des policiers se tenaient autour de moi. Ils criaient. Jan était de l'autre côté de la voiture.

— Laissez-le tranquille, c'est juste un enfant !

Les policiers ont répliqué avec colère, en français. Le chauffeur m'a hurlé au visage et m'a poussé contre la portière avant que les agents ne le retiennent. Ensuite, ces derniers nous ont escortés, Jan et moi, jusqu'à l'entrée principale, près des barrières du péage.

— *Halas !* ont-ils dit en nous faisant signe de filer. Allez !

Nous nous sommes éloignés dans la pénombre.

— Pourquoi ils ne nous ont pas arrêtés, Jan ?

— Je ne sais pas. Une cellule et un repas chaud seraient pourtant les bienvenus, pas vrai ? C'est peut-être pour ça.

Nous avons entamé le long trajet pour regagner la Jungle. Il neigeait plus fort désormais, et le vent glacial collait mon jeans mouillé à ma peau en me vidant de toute chaleur. Mon estomac, que la tension avait noué depuis un long moment, commençait à se détendre ; son vide s'est mis à me tourmenter. Le temps que nous arrivions à la Jungle, j'étais épuisé. Nous nous sommes allongés sur des cartons pour essayer de dormir. Karwan est revenu, tôt dans la soirée, nous chercher pour une nouvelle tentative.

C'est devenu notre routine pendant les semaines qui ont suivi.

Nous avons vite constaté qu'il était assez facile de s'installer dans ou sous un camion. Mais il était impossible de ne pas se faire repérer par la police ou les douaniers. Ils avaient des chiens et des caméras et, comme nous, ils connaissaient les meilleurs endroits où se cacher. Chaque fois que nous nous faisions prendre, les policiers nous relâchaient, à condition que nous nous trouvions loin de la Jungle. Si ce n'était pas le cas, ils prenaient un malin plaisir à nous conduire jusqu'à un endroit éloigné pour nous y déposer. Ils ne voulaient pas nous priver de la liberté ; ils s'en prenaient seulement à notre temps et à notre énergie pour nous forcer à cesser d'essayer. En réalité, ça nous poussait juste à essayer encore plus fort.

Jan et moi sommes devenus amis avec un Afghan tranquille et pensif. Je l'ai surnommé Qamandin, c'est-à-dire « chef » ou « patron ». C'était juste un adolescent mais sa force de caractère nous l'a tout de suite rendu sympathique. Nous avons construit une petite maison avec une bâche et les branches d'un saule. Jan et Qamandin ont trouvé des palettes sur un chantier, un matin, au cours d'une longue marche pour rentrer. La bâche avait été récupérée de la même façon. Qamandin possédait une bouteille de gaz empruntée dans un abri non fermé à clef sur une plage du voisinage. Voler ne me plaisait pas mais nous agissions par désespoir. Le choix était simple : voler ou mourir.

La vie est devenue un cycle moralement destructeur de tentatives d'embarquement, de captures, de vols, d'ajouts à notre abri. Seuls la nécessité d'aller manger à la soupe populaire, les lavages occasionnels et les sommeils hachés rompaient ce cycle.

La Jungle était divisée en divers secteurs selon les nationalités des occupants. Les Africains paraissaient les plus pauvres et dormaient à proximité de la clôture du parking. Ils ne semblaient pas avoir d'agents et essayaient de monter sur les camions par eux-mêmes. Il y avait aussi des Chinois qui apparaissaient seulement le soir avec des cannettes de bière pour s'asseoir avec nous et parler. Ils n'avaient pas l'air de réfugiés. Il s'agissait peut-être de travailleurs immigrés qui vivaient dans les parages – il y avait de nombreuses usines aux environs du port.

Chacun tentait de tirer le meilleur parti possible de la situation indépendamment de sa nationalité ou de ses projets. Quelqu'un a trouvé un ballon de football tout abîmé : il nous a procuré de précieux moments d'amusement.

La police aimait effectuer des descentes pendant la journée, sans doute parce que c'était le moment où nous pouvions nous reposer. Il était fréquent que la couverture que m'avaient donnée des bénévoles humanitaires me soit arrachée par des policiers qui me criait au visage en français. Ils nous faisaient nous déplacer, et battaient ceux qui résistaient. Nous étions forcés de rester debout à grelotter pendant qu'ils posaient des questions auxquelles, nous le savions, ils n'attendaient pas de réponses. Bien sûr, je ne manquais pas de dire que je n'avais que treize ans, mais ils s'en moquaient.

Il arrivait que des militants viennent former un bouclier humain entre les policiers et nous. C'étaient des hommes et des femmes anglais ou français, généralement jeunes, même si des personnes plus âgées s'impliquaient également. Ils se tenaient devant notre camp, criaient contre les agents, leur demandait de ne plus nous harceler. Ils se servaient de haut-parleurs pour les perturber et les inciter à nous laisser tranquilles. Nous leur étions reconnaissants de leur empathie et de leur soutien. Ces moments d'humanité et de réconfort étaient plaisants. Parfois, ils apportaient des fruits ou d'autres choses à manger – ce qui était encore mieux. Mais nous savions qu'ils ne seraient pas là tout le temps. Et la police aussi.

J'ai été détenu pendant vingt-quatre heures à une reprise ou deux. Ça n'était pas dérangeant : il faisait chaud et cela m'offrait la chance de voir un docteur. Il y avait un dispensaire tenu par des bénévoles où un jeune médecin franco-afghan m'a aidé. J'avais le visage et le corps couverts de boutons – conséquence d'une mauvaise hygiène – mais il n'y avait pas grand-chose à y faire. La clinique était équipée de douches qu'on pouvait utiliser seulement pour des motifs médicaux. Cependant, ce médecin était gentil, il me laissait toujours me glisser dedans pour me laver.

Il m'est arrivé de porter les mêmes vêtements pendant des semaines de suite. Je les gardais jusqu'à ce qu'ils deviennent des haillons crasseux ou qu'ils soient infestés de poux et de puces au point que je ne pouvais plus les supporter. Par chance, les organismes charitables qui distribuaient la nourriture donnaient aussi des habits usagés. Voici comment définir une bonne journée : un repas chaud, des vêtements propres, une visite chez le médecin et une douche illicite dont je ressortais propre et bien vêtu. Je haïssais la saleté. Jeter mes vieilles frusques au feu et regarder les parasites éclater dans les flammes me procurait un petit plaisir.

L'humiliation était difficile à supporter. Beaucoup des visages que je voyais témoignaient de la même chose. Dans leur pays, ces gens avaient eu du pouvoir, ils avaient été respectés par la communauté. Ici, dans la Jungle, ils étaient à peine humains. Nous étions les bêtes qui donnions son nom à cet endroit.

J'ai passé beaucoup de temps à vagabonder dans la Jungle ou dans la zone de distribution de nourriture, près de la gare, ce qui aidait à faire passer la journée. Les policiers, qui me voyaient souvent, supposaient que j'étais de sortie pour voler, faire le pickpocket ou dérober des choses dans les magasins – je dois admettre que ça m'arrivait parfois. Ils passaient près de moi en me regardant avec insistance. Assez souvent, il y en avait un qui me prenait en pitié – certains devaient avoir des enfants ou des proches de mon âge. Ils me donnaient quelques euros ou un peu de nourriture que j'acceptais avec le sourire.

Il y avait une routine de ma vie dans la Jungle même si je détestais m'y plier. Chaque soir, sans tenir compte de la vanité de nos tentatives, nous essayions tous de passer en Angleterre.

Une nuit, Karwan nous a fait monter – Jan, Qamandin, vingt et un autres gars et moi – dans un camion à hauts côtés. Le chauffeur l'avait délaissé pour aller aux toilettes.

— J'ai découpé un trou dans le toit, nous a annoncé Karwan alors que nous l'attendions allongés dans l'herbe, à trembler de froid.

Quand nous sommes arrivés près du camion, j'ai eu un doute.

— C'est quoi, ça ? ai-je demandé en montrant des panonceaux rouges avec des têtes de morts disposés sur les côtés du camion.

— Pas de quoi s'inquiéter, a répondu Karwan. Simplement, ne mangez rien de ce que vous trouverez dedans. C'est *haram*.

— Toi d'abord, mon petit bonhomme ! a-t-il dit en me poussant.

J'ai plongé tête la première par le trou pour atterrir dansle noir sur ce que j'ai pris pour des céréales. Un nuage de fine poussière m'a sauté au visage. J'ai compris qu'il s'agissait d'un produit agricole. J'ai rampé jusque dans un coin, et je suis resté tranquille. Peu importait ce que c'était, on pouvait s'y coucher confortablement, ce qui était un changement agréable.

J'ai entendu les autres grimper à bord et trouver leur place.

Le chauffeur est revenu et le camion s'est mis à bouger. Nous l'avons senti se diriger vers l'embarcadère mais au moment où il aurait dû tourner vers le port – on s'habitue à évaluer les distances –, il a continué tout droit sur un kilomètre et demi environ.

Dès que le chauffeur a ouvert la porte, nous avons couru. Il a crié quelque chose en anglais dont j'ai compris juste ces mots :

— … Courez pas !… Ambulance !… Ambulance !

Aucun de nous n'avait idée de ce qu'il pouvait vouloir dire, de sorte que nous avons continué de fuir aussi vite que possible.

J'étais noir de ce qu'il y avait dans le camion, tout recouvert d'une fine poussière. Peut-être parce que j'avais été le premier à y monter, ou pour n'importe quelle autre raison, j'en étais ressorti beaucoup plus sale que les autres.

Nous avons trouvé un tuyau pour laver cette saleté et je me suis passé de l'eau sur le visage. Je me suis senti soulagé d'en être débarrassé. Je me suis senti propre. Je me suis senti… brûler !

La douleur s'est intensifiée. Il me semblait que mon visage avait pris feu. Je serrais les paupières pour garder les yeux fermés.

— À l'aide ! ai-je crié en courant pour avoir encore de l'eau.

Qamandin était là, il m'a arrosé.

— Lave-toi bien, Gulwali ! Sur les yeux ! Rince tes yeux !

Une brûlure encore plus forte ! L'eau empirait les choses. Je hurlais – la douleur était au-delà de tout ce que j'avais déjà ressenti de ma vie tandis que le produit chimique me corrodait la peau.

Qamandin m'a traîné comme une chèvre morte vers l'endroit où se trouvait le dispensaire. Nous sommes passés devant le point de distribution de nourriture. Grâce à Dieu, la gentille dame avec le bonnet de laine était là. En me voyant, elle a poussé un cri d'effroi.

— Il faut l'emmener à l'hôpital ! Vite !

Elle m'a poussé dans sa voiture, juste avant que je m'évanouisse de douleur.

Quand j'ai repris conscience, tout était noir. Même si je ne pouvais pas le voir, j'étais dans un lit. Les draps étaient doux au toucher et sentaient le propre.

— Comment te sens-tu ?

C'était la voix d'une femme. J'ai pensé que j'étais peut-être mort, mais elle avait l'accent français : sauf si le paradis se trouvait en France, j'étais plus probablement vivant. Une main s'est mise à décoller des sparadraps de ma tête. Doucement, j'ai commencé à voir de la lumière. J'ai senti qu'on m'ôtait des tampons de gaze de sur les yeux. Une image brouillée s'est formée au-dessus d'eux.

— Gulwali, a dit la forme floue.

La lumière vive m'a aveuglé. J'ai cligné. L'image s'est faite plus nette. Une femme entre deux âges se tenait devant moi – cheveux blonds, blouse blanche, visage aimable. Près d'elle se trouvait un Afghan que je n'ai pas reconnu. Il s'est adressé à moi en dari.

— Tu es à Paris. Dans un hôpital.

Je me suis contenté de cligner des paupières.

— Le docteur dit que tes yeux iront bien. On te donnera des gouttes à y mettre, une crème pour ta peau et des antalgiques.

J'ai souri. Mes lèvres m'ont fait mal : j'ai eu l'impression qu'elles étaient pelées.

— Nous allons te renvoyer. Nous te reconduirons où tu désires.

Où je désirais aller ? Je n'avais nulle part, sinon mon abri temporaire dans la Jungle.

Le trajet a été étrange. J'étais allongé à l'arrière d'une ambulance, le visage moite de pommade. J'éprouvais du soulagement pour mes yeux, mais j'étais furieux contre Karwan qui m'avait fait monter dans ce camion. Il devait au moins se douter que c'était dangereux. Était-ce pour ça qu'il m'y avait fait monter en premier ?

Cela n'avait plus d'importance. Une chose comptait pour moi : passer en Angleterre, peu importait par quels moyens.

Quand je suis revenu dans la Jungle, Karwan avait disparu. Nous avons trouvé un nouvel agent, Pustiwan. Nous l'avons supplié de nous prendre. Nous n'avions plus d'argent, aussi avons-nous dû appeler un de ces gens, en Angleterre, pour obtenir une garantie.

Je me suis rendu compte que je me fatiguais très vite après mon accident. Je ne sais toujours pas quel type de produit chimique m'a brûlé, juste qu'une réaction s'est déclenchée avec l'eau quand je me suis arrosé. Jan et Qamandin se sont occupés de moi ; ils m'ont apporté à manger et ont insisté pour que je reste couché et me repose. Mais quand nous sortions pour tenter de monter dans des camions, les autres gens de Pustiwan se fâchaient : ils m'accusaient d'être trop lent et de gâcher leurs chances d'embarquer. Désormais, ils me prenaient pour un maillon faible – comme si ce qui m'était arrivé dans le camion était, si peu que ce soit, de ma faute.

Cela n'a fait qu'ajouter à ma sensation de désespoir. J'étais là depuis si longtemps et c'était à peine si je connaissais une seule personne qui était parvenue à passer. Je priais pour que nous parvienne la nouvelle que quelqu'un avait réussi, juste pour nous redonner espoir. Je commençais à me demander si c'était à ça que ressemblerait le reste de ma vie.

Quand je me suis senti un peu plus fort, nous avons essayé de sauter sur des trains qui se dirigeaient vers le tunnel. C'était vraiment très dangereux et, même si on parvenait à monter à bord, la sécurité n'avait aucun mal à nous trouver. Cela signifiait une autre longue marche jusqu'à la pile de chiffons puants que nous appelions notre chez-nous.

J'étais malheureux, stressé au-delà du croyable. Je me faisais l'impression d'être un raté : venir aussi loin et me trouver bloqué par une étendue d'eau que je pouvais presque m'imaginer traverser à la nage un jour de temps calme !

Un soir, les autres sont sortis. Je ne me rappelle pas vraiment ce qu'ils ont dit qu'ils allaient tenter. Je me sentais malade et fatigué. Mon visage me faisait encore beaucoup souffrir : il s'était desséché, était devenu noir et pelait. J'ai souhaité bonne chance à Jan et à Qamandin avant de me couvrir la tête de ma couverture sale.

Ils ne sont pas revenus.

J'ai voulu me sentir heureux pour eux, mais c'était la pire chose qui pouvait m'arriver. J'avais laissé passer ma chance de me sortir de là parce que j'étais trop fatigué. Je me suis maudit. Je me suis dit que j'étais un petit garçon stupide. Leur départ m'a fait plonger un peu plus dans le noir. Quelques Afghans qui semblaient gentils ont pris leur place au campement.

Pustiwan essayait de nous convaincre de nous installer sous des camions à relevage d'essieu. Quand ils sont vides, des roues se replient pour réduire l'usure des pneus. C'est un bon endroit pour se cacher. Mais si le camion est chargé, vous risquez de vous faire écraser. Je connaissais quelqu'un qui était mort comme ça. Je ne voulais pas me faire réduire en miettes comme du kefta d'agneau.

Un vendredi, Pustiwan est apparu avec une échelle sous le bras.

— Un nouveau plan ! a-t-il proclamé fièrement.

Nous avons rejoint un parking plein de remorques qui attendent d'être attelées à un tracteur pour s'en aller. Pustiwan les a inspectées l'une après l'autre avant de trouver celle qui lui paraissait convenir. Il a appuyé son échelle contre un des côtés et a grimpé sur le toit. Avec un cutter, il a découpé un trou dans la bâche.

— C'est un bon ! a-t-il déclaré. Venez, vite !

Cette fois, je ne suis pas passé en premier. La cargaison était constituée de cartons contenant des choses lourdes. J'ai été soulagé.

— Deux jours et puis l'Angleterre ! a lancé Pustiwan.

Nous étions cinq. Nous sommes restés là-dedans pendant deux jours, sans nourriture, sans eau, à attendre et attendre. J'ai essayé de me tenir tranquille, pour conserver mon énergie, ma force mentale.

Après ce qui avait paru durer une semaine, la remorque a frémi : la cabine s'amarrait à nous.

— Ça y est ! a soufflé quelqu'un dans l'obscurité.

Peut-être que, cette fois, j'allais réussir.

Nous avons bougé. Je m'attendais à tourner à gauche en sortant du parking, vers le port – nous avions fait des tentatives semblables un millier de fois. À la place, le camion a tourné à droite.

— Nous allons dans la bonne direction ? ai-je demandé.

Ce n'était pas le cas. La panique s'est installée. Quelqu'un s'est mis à taper dans l'obscurité pour attirer l'attention du chauffeur.

— Stop ! Stop ! Laissez-nous sortir !

Peut-être nous a-t-il entendus. Peut-être pas. La semi-remorque a continué de rouler. Plus loin, toujours plus loin du port.

Au bout d'une demi-journée, le camion s'est arrêté. Nous avons entendu des voix à l'extérieur. Les portes se sont ouvertes en grand.

— *Halas*.

C'était la police. Nous sommes descendus sur le bord de la route. Je n'avais pas idée d'où nous étions. Personne d'autre non plus.

— Angleterre ? a risqué quelqu'un.

— Belgique, a répondu un agent de police avant d'éclater de rire.

Les policiers ont essayé de nous interroger mais la barrière de la langue ne l'a pas permis. Finalement, ils ont fait semblant de noter nos noms avant de nous montrer le carrefour voisin.

Le voyage de retour allait être long.

Nous avons marché pendant vingt-quatre heures. D'autres policiers nous ont arrêtés. Nous avons tenté de leur expliquer notre situation mais ils n'ont pas compris ou ne s'en sont pas souciés.

— Calais ! disaient-ils en montrant la route du doigt.

Et nous continuions de marcher.

Je ne sais pas comment j'ai tenu le coup. Je fixais mes pieds : pied gauche, pied droit… J'ai cru que ça ne finirait jamais. Quand nous avons fini par arriver tout titubants à notre campement, la Jungle m'a paru le plus bel endroit que j'aie jamais vu. J'ai plongé sur ma palette et me suis endormi aussitôt.

J'ai d'abord imaginé que c'était ma mère qui m'éveillait pour l'école, mais le policier était plus obstiné que mes rêves. La descente hebdomadaire ! J'ai cru mourir.

La police française savait que nous n'avions pas vraiment le choix. Tout ce qu'elle voulait, c'était nous humilier, nous ôter le peu de dignité qui nous restait. Elle voulait que nous partions – pour que nous ne soyons plus son problème –, aussi ne nous laissait-elle pas d'autre solution que de tenter encore et encore de passer en Grande-Bretagne. Chaque fois que je me faisais prendre, les moqueries des agents me remplissaient les yeux de larmes :

— Pas de chance cette fois ! Peut-être la prochaine.

Ils trouvaient ça drôle. Nuit après nuit, chat et souris avec la police. C'était un jeu pervers, et j'étais piégé. Je devrais y jouer aussi longtemps qu'il le faudrait – aussi longtemps que je le pourrais. Je commençais à me détacher de ce qui m'entourait. Rien ne m'importait plus. L'instinct de vie est fort mais quand survivre est tout ce qu'il y a, vous vous trouvez confronté à cette question évidente : « Pourquoi continuer ? »

Ma vie était devenue un cauchemar éveillé. Nous continuions à essayer des camions. La routine se répétait : pénétrer par effraction, être pris, marcher des kilomètres pour rentrer.

Une nuit, celui dans lequel nous nous trouvions a tourné à droite une nouvelle fois. J'ai seulement grogné : je n'avais plus la force de me battre. Les autres ont hurlé et cogné puis, de désespoir, ont commencé à couper la bâche à l'arrière de la remorque pour s'échapper. À ce moment, le camion s'est arrêté et le chauffeur a ouvert les portes, l'air méchant, une batte de base-ball à la main.

Les six gars qui étaient avec moi lui ont sauté dessus et ont commencé à le frapper à coups de pied et de poing. Il a lâché la batte et a couru se rouler en boule sur le bas-côté de la route.

— *Nein, nein. Halas... Bitte. Bitte.*

Je voulais avoir pitié de lui, une part de moi avait pitié. Mais, profondément, je m'en fichais. Il avait une maison, une famille, une vie. J'avais quoi ? Rien. J'étais un mort qui marchait.

Les autres ont cessé de cogner et nous nous sommes mis à courir. Nous avons dépassé un concessionnaire de voitures. Il y avait des fanions de Mercedes qui flottaient en haut des mats en même temps que d'autres, rouge, jaune et noir.

— Les gars, on est en Allemagne ! a soufflé quelqu'un.

J'ai ralenti pour me mettre au trot sur le bord de la route. Je regardais les voitures qui passaient, vite. Il aurait été si facile de faire un pas de côté. Plus de faim ! Plus de peur ! Plus de Jungle ! Plus d'Angleterre ! J'ai pensé à ma mère, j'ai continué à avancer.

J'étais épuisé. Mes réserves de force – physique et mentale – étaient à vide. Je voulais me coucher sur l'herbe au bord de la route pour dormir et, si j'avais de la chance, ne jamais me réveiller. Peut-être aurais-je abandonné si une berline bleue surgie de nulle part ne s'était pas arrêtée. Il ne restait plus que deux hommes avec moi.

Une dame brune entre deux âges est sortie.

— Réfugiés ? a-t-elle dit, en anglais.

— Oui ! avons-nous répondu.

Elle a ouvert la portière du passager et je me suis effondré sur le siège, rempli de reconnaissance. Elle nous a donné une baguette et une bouteille d'eau. J'ai dévoré le pain en un clin d'œil en le faisant descendre avec l'eau. Je me suis senti mieux sans savoir si c'était à cause de la nourriture ou de son acte tout simple d'humanité.

Elle nous a laissés près de la Jungle. J'aurais dû être au trente-sixième dessous, mais sa compassion m'a aidé. Son geste – le petit geste d'un humain envers un autre humain – m'a soutenu le moral pendant plusieurs jours.

La routine de la Jungle a continué, inchangée, et il ne m'a pas fallu longtemps avant de me trouver plus abattu que jamais. Au lieu d'être à l'école, jouer avec mes amis ou prendre du bon temps en famille comme tous les garçons de mon âge, j'étais sans cesse en train de me battre pour rester en vie. La question de savoir si je le voulais toujours, cependant, se posait de plus en plus nettement.

Je suppose que c'est pour ça que, quelque temps plus tard, alors que je me trouvais devant un camion frigorifique plein de bananes, je n'ai pas hésité. Les six autres gars avec qui j'étais ont discuté :

— Nous allons mourir de froid là-dedans !

J'ai tapé des pieds nettoyer mes bottines usées et j'ai grimpé.

— Gulwali, ont-ils demandé. Tu es sûr ?

J'ai haussé les épaules. Quelle différence cela faisait-il ? Geler dans un camion de bananes ou dans la Jungle au cours de ce mois de novembre glacial ? Et décembre qui serait encore plus froid ! Plutôt mourir que de continuer à vivre comme ça. Pas une gorgée de soupe au poulet de plus ! Ni une autre course pour échapper à la police ! Plus une seule autre marche interminable dans le froid !

Si les autres avaient su mon état d'esprit, ils n'auraient pas suivi.

— Le gosse sait ce qu'il fait ! a dit le passeur.

Je ne savais plus rien du tout.

CHAPITRE VINGT-HUIT

En grimpant dans le camion, je me suis tourné vers le passeur.

— Ne le dites pas !

Chaque fois que nous embarquions, il lançait, en farsi :

— Dieu soit avec vous ! Demain, l'Angleterre !

Au début, je trouvais ça amusant. Puis ça ne l'a plus été du tout. C'était comme s'il se moquait de moi ou me portait la poisse.

Nous connaissions la distance du parking à l'entrée du port, la sensation de passer sur les dos-d'âne avant le point d'enregistrement ; nous savions comment ça faisait quand le camion ralentissait pour rejoindre la file d'attente des contrôles de sécurité. J'ai coché sur ma carte mentale chaque bruit familier, chaque ralentisseur, en visualisant notre trajet jusqu'à l'insaisissable ferry.

Le camion s'est arrêté au poste de contrôle français, et j'ai entendu les policiers ouvrir les portes. J'ai été certain que c'était fini. Dans ma tête, je me suis vu descendre du véhicule à nouveau. Mais, cette fois, ils ne nous ont pas aperçus. Nous étions cachés à l'avant, derrière des cartons de bananes ; cette nuit-là, la police n'a pas pris la peine de bien regarder. Les portes se sont refermées.

J'avais pénétré en territoire inconnu. C'était le plus loin que j'étais allé après un mois passé à essayer – un mois qui m'avait paru durer trois fois plus longtemps.

Lentement, le camion a avancé vers ce que je savais être le point de contrôle britannique. Les portes se sont ouvertes de nouveau. Par une fente entre les cartons, j'ai vu les douaniers diriger le faisceau de leurs lampes vers les espaces sombres. Les portes se sont fermées, nous plongeant dans le confort d'une obscurité totale.

Le camion a avancé en tremblant. Chaque bruit nouveau faisait accélérer mon cœur. Les *clac-clac-clac* sourds et métalliques qu'ont produits les essieux en passant l'un après l'autre sur une rampe ont suscité une vague d'enthousiasme dans la remorque.

— On est en train de monter dans le ferry !

Je n'ai rien dit. J'osais à peine respirer. Le camion s'est immobilisé et le chauffeur a coupé le contact. Pendant les quarante minutes qui ont suivi, nous sommes restés silencieux tous les sept.

— Est-ce que nous bougeons ? a fini par souffler quelqu'un.

J'ai retenu mon souffle et me suis concentré. Ça y était : une oscillation tout juste perceptible, un très léger balancement.

Nous étions partis pour l'Angleterre !

J'ai essayé de ne pas penser à l'eau profonde et noire qui glissait au-dessous de nous. C'était un ferry massif – le plus gros bateau que j'aie jamais vu. Je me suis senti un peu plus assuré. Nous avions affaire à des professionnels, pas à des passeurs sur un rafiot percé surchargé d'hommes pathétiques et désespérés.

Nous avons commencé à nous tranquilliser et à parler plus librement. Quelqu'un a dit :

— Dieu merci, il n'a pas mis la réfrigération en marche !

L'atmosphère se faisait chaude et étouffante dans la remorque mais, au moins, c'était supportable. Si le chauffeur l'avait fait fonctionner, nous serions sans doute morts de froid. Beaucoup d'histoires couraient à propos de gens à qui c'était arrivé. C'est pourquoi monter dans ce camion était prendre un gros risque.

Quelques heures plus tôt, j'étais prêt à mourir. J'allais réussir ou bien on retrouverait mon cadavre bleui recroquevillé sur les cartons de bananes. Dans les deux cas, j'en aurais fini avec cet enfer qu'on appelait la Jungle dans le port de Calais.

— Hé ! a lancé une voix dans les ténèbres. George Bush, Tony Blair et Hamid Karzai sont en enfer.

— C'est une blague ou tu essaies de nous redonner le moral ?

Nous étions de bonne humeur, désormais.

— Bush dit à Satan : « Hé, Satan, je dois téléphoner à Dick Cheney pour vérifier comment se déroule la guerre. » Satan répond : « Bien sûr, George ! Ce sera un milliard de dollars, s'il te plaît. » Bush n'est pas content mais il donne l'argent et téléphone. Ensuite, c'est Blair qui demande à Satan : « Hé, Satan, je dois téléphoner à la reine, à Londres, pour vérifier comment se déroule la guerre. » Satan dit : « Bien sûr, Tony ! Ce sera un milliard de dollars, s'il te plaît. » Tony ne veut pas payer non plus mais quel choix a-t-il ? Finalement, notre glorieux président s'adresse à Satan : « Hé, Satan, je dois appeler Kaboul, pour vérifier comment se passe l'invasion. » Satan répond : « Pas de problème Hamid ! Ce sera 50 cents, s'il te plaît. » Pendant que Karzai part téléphoner, Bush et Blair se précipitent vers Satan : « Tu nous as fait payer un milliard de dollars à chacun et seulement 50 cents à Karzai ? Ce n'est pas juste ! » Satan répond : « Au contraire, les gars, c'est tout à fait juste ! Vous avez téléphoné à Washington et à Londres : des appels longue distance. Pour Hamid, c'est juste un appel local. »

J'ai ri et ri encore. Nous avons tous ri. Je me sentais bien même si le visage me piquait beaucoup à cause de l'air confiné de la remorque. J'ai pris la pommade dans mon sac pour m'en barbouiller la peau. Ça m'a un peu soulagé.

Au bout d'une heure à peu près, le camion a repris vie. Le bruit du moteur du ferry s'est modifié. Nous nous sommes mis à parler plus fort parce que nous savions que nous avions réussi. Cela n'avait plus d'importance de nous faire prendre : nous étions passés.

Nous roulions depuis à peu près une heure du côté anglais quand les autres gars se sont mis à discuter pour savoir s'ils tenteraient d'ouvrir les portes quand le camion s'arrêterait ou s'ils allaient essayer d'attirer l'attention du chauffeur tout de suite. Ils savaient qu'il leur faudrait s'enfuir en courant aussitôt que possible parce que sinon, ils se feraient arrêter. Et ils craignaient d'être expulsés.

Je voulais juste attendre que les portes soient ouvertes par le chauffeur. J'étais tellement fatigué et malade que je ne pouvais plus courir nulle part. J'ignorais si on allait me permettre de rester ou pas. J'étais inquiet car je risquais d'être jeté en prison. Je ne pensais toutefois pas que le Royaume-Uni serait comme l'Iran, la Bulgarie ou, même, la France. J'étais sûr qu'il n'y aurait pas un policier armé d'une cravache ou des kidnappeurs en train de nous attendre.

Nous nous sommes mis d'accord pour taper, mais le chauffeur n'a pas entendus. Une fois à destination, il a ouvert. Les autres étaient prêts à sauter mais il nous a vus. Malgré sa surprise, il a été le plus rapide : il a refermé avant que quiconque ait pu sortir.

— Non ! a crié quelqu'un.

J'avais jeté mon premier coup d'œil sur l'Angleterre mais je me trouvais enfermé dans le noir à nouveau. Au bout d'un quart d'heure, les portes se sont ouvertes de nouveau, en grand. Tout semblait désespérément familier. C'était un autre complexe d'entrepôts, avec un parking pour des dizaines de poids lourds.

J'ai respiré l'air britannique pour la première fois de ma vie. Il ne sentait pas le *fish and chips* ni le rosbif mais son odeur n'était pas déplaisante non plus. Peut-être sentait-il la liberté ? Le temps était beau – étonnamment ensoleillé pour novembre. Comme tout le monde, j'avais entendu dire qu'il pleuvait toujours en Angleterre.

On nous a fait monter dans un fourgon de police pour nous conduire dans un commissariat près de Dartford, dans le Kent.

Il y avait des interprètes pachtophones pour aider la police dans ses interrogatoires. Nous étions en état d'arrestation nous ont-ils expliqué. On a pris mes empreintes digitales. On m'avait arrêté auparavant, mais jamais avec autant de politesse : on m'a dit que je pouvais garder le silence et ne rien dire sauf si je le voulais. C'était comme si on me demandait la permission.

Je haïssais la police désormais, mais cette fois-ci semblait différente. Je n'étais pas sûr de ce qui allait m'arriver.

Pourtant je n'avais plus peur : j'avais déjà tout vu, déjà tout enduré. Qu'est-ce que ces policiers anglais bien élevés me feraient que leurs collègues iraniens, turcs, bulgares ou français n'avaient pas déjà fait ?

Je leur ai dit mon âge : « Treize ans ». Ils m'ont ri au nez. Un rire humiliant, amer, cynique. Ils ne m'ont pas cru même après que l'interprète a répété la question à plusieurs reprises.

Après l'interrogatoire, on nous a laissés dans de petites cellules pendant vingt-quatre heures. Elles ont été les plus longues de toutes. Je ne cessais de penser : « D'accord, je suis en Angleterre mais quoi ensuite ? Et s'ils m'expulsent ? Suis-je arrivé aussi loin pour faire tout le chemin inverse jusqu'au point de départ ? » Je n'avais pas envisagé que cela puisse arriver. À présent, je n'en étais plus aussi sûr. Me retrouver prisonnier m'a fait me sentir comme à Istanbul – de retour dans ce commissariat où la nourriture était immonde –, et toutes mes angoisses sont remontées à la surface.

Le lendemain, on nous a fait monter dans un minibus. On ne nous a pas dit où nous allions. J'ai pensé au pire quand j'ai compris qu'on nous ramenait vers Douvres. Je voyais des ferries couper les vagues grises vers le rivage lointain de la France.

On nous a conduits dans un bâtiment dont la porte affichait : Centre de Transfert de l'Immigration. Un de ceux avec qui j'étais me les a expliqués. J'ai été sûr qu'on nous renverrait en France ou, même, en Afghanistan – ce qui m'a fait peur comme jamais. Je ne voulais pas aller dans ce sens-là. Reculer serait pire que la mort.

— S'il te plaît, Dieu, non !

Dans ce vaste centre de rétention pour immigrés, on nous a laissés dans une salle d'attente anonyme. Elle m'a paru familière, pareille à tant d'endroits que j'avais vus auparavant, pleine, comme d'habitude, de visages du monde entier. En parlant, nous avons essayé d'obtenir des informations sur ce qu'il se passait. Certains étaient là pour signer des papiers avant d'être expulsés. On prenait leurs empreintes digitales, et ils s'en allaient, déprimés et brisés. Beaucoup d'autres venaient juste de se faire arrêter, comme nous.

L'ambiance était affligeante. Des gens pleuraient. D'autres étaient assis, tassés sur eux-mêmes, les bras enroulés autour du corps, et se balançaient d'avant en arrière. Être arrivé jusque-là pour tomber au dernier obstacle et échouer, c'était trop dur !

Je partageais leurs sentiments : j'étais terrorisé. L'Angleterre n'était pas l'endroit accueillant que j'avais été amené à imaginer.

On m'a conduit dans une pièce où j'ai été interrogé par deux agents de l'immigration. Par le truchement d'un interprète, ils m'ont interrogé pendant deux heures. Ils n'ont pas cessé de revenir à mon visage en demandant pourquoi il était aussi vilainement brûlé. Ils ont demandé à voir mon tube de pommade contre les brûlures et voulaient savoir exactement de quoi il s'agissait. Ils m'ont envoyé chez un docteur qui a examiné mon visage et la pommade suspecte.

J'ai parlé à différents fonctionnaires gouvernementaux, chaque fois avec un interprète. Tous m'ont demandé la même chose :

— Pourquoi êtes-vous venu ? Comment avez-vous fait ? Quand êtes-vous arrivé ?

Je suis resté là toute la journée. Ils m'ont posé des questions détaillées sur ma famille et m'ont demandé si je voulais demander l'asile. Je leur ai répondu que j'étais parti parce que ma vie était menacée alors, oui, je voulais demander l'asile.

C'était la première fois qu'on me posait cette question au cours de mon voyage. C'était étrange. La question en elle-même n'a pas été réconfortante – pas comme j'avais pensé qu'elle le serait. Je m'étais attendu à ce que ce soit comme recevoir un prix à l'arrivée d'une course, mais ça n'a pas été le cas. Je souffrais, j'étais fatigué et j'étais déconcerté. Je savais que le processus devait être engagé. Mais j'étais trop choqué pour pouvoir répondre correctement à leurs questions. Je n'avais pas dormi depuis plusieurs jours et n'avais pas pris de nourriture depuis autant de temps.

Au moins, ces fonctionnaires-là, quand je leur ai dit mon âge, se sont contentés de le noter sans me rire au nez comme les policiers. J'ai parlé de mon frère à l'un d'eux et lui ai demandé s'ils pourraient le retrouver pour moi. Il a bien ri et m'a répondu qu'il y avait soixante-cinq millions d'habitants dans le pays et que, non, ils ne pourraient pas le trouver. Il n'a même pas noté son nom.

Cela m'a mis en colère. J'avais vu des gens que des parents venaient recueillir : je savais qu'il était sûrement possible de retrouver quelqu'un. Et si chaque arrivant était enregistré dans un système informatique, pourquoi ne pouvaient-ils pas au moins essayer de faire une recherche avec son nom pour moi ?

Il m'a semblé que j'ai passé des heures dans cette salle d'attente. Il y avait une machine à café qui faisait gicler un liquide noir dans de petites tasses en plastique marron. C'était chaud, il y avait beaucoup de sucre dedans et c'était totalement gratuit. J'en ai sans doute pris huit tasses, ce qui a fait que j'ai fini par me sentir bizarre. Ça n'a pas compensé le manque de nourriture – je mourais de faim, et personne ne m'a proposé quelque chose à manger.

Finalement, quelqu'un est venu me dire qu'on m'avait assigné un travailleur social et que j'étais inscrit comme demandeur d'asile. J'ai éprouvé un certain soulagement : au moins on ne me renvoyait pas chez moi tout de suite. Un fonctionnaire m'a donné ma carte d'identité – elle portait mon nom et ma date de naissance – et un document établissant mon statut d'immigrant illégal en Grande-Bretagne. Je devrais revenir régulièrement me présenter au centre.

Ma photo sur la carte d'identité m'a causé une impression étrange. Il ne restait pas trace du garçon au visage frais que j'étais un an auparavant. J'avais la peau grêlée et marquée de cicatrices, j'étais maigre et j'avais les traits tirés. Mais j'étais fier : j'avais réussi ! J'étais là, et on ne me renvoyait pas – pas tout de suite.

Plus tard au cours de la même après-midi, un travailleur social m'a conduit à un hôtel. C'était une vieille bâtisse de style victorien situé sur le front de mer. Il était agréable, propre. Le directeur m'a conduit à une petite chambre individuelle et m'a dit d'aller prendre une douche. Il n'a pas eu besoin de me le demander deux fois.

Tandis que, serviette à la main, je gagnais la salle de bains, j'ai remarqué des chaussures posées devant une porte. Mon cœur a bondi : quand vous avez utilisé les pieds de quelqu'un comme oreiller, vous n'oubliez pas ses chaussures.

J'ai frappé à la porte. Qamandin m'a ouvert. Son visage s'est illuminé d'un sourire familier. Nous nous sommes donné l'accolade. C'était tellement bon de le revoir, en Angleterre, surtout ! Il m'a dit que Jan et lui avaient été séparés au centre d'immigration et qu'il ne savait pas ce que les autorités avaient fait de lui.

Ce soir-là, à l'hôtel, j'ai pris une longue douche chaude et, ensuite, avalé un gros dîner de *chili con carne* et de riz.

Après quoi, j'ai dormi comme un bébé.

Le matin, je me sentais comme si je venais de renaître.

— Allons voir l'Angleterre ! a dit Qamandin en faisant tomber de ses lèvres les miettes du petit déjeuner avec une serviette en papier tel un authentique gentleman britannique.

Nous sommes allés au centre-ville de Douvres en suivant le front de mer. Le grand air marin m'a fait du bien au visage qu'il a apaisé et soulagé. Plus tard, nous avons grimpé jusqu'au château de pierres noires qui se dresse au-dessus de la ville, sur la falaise crayeuse. Apercevoir Calais à l'horizon faisait un effet étrange et, aussi, savoir combien il y avait de souffrance là, dans la Jungle. Il commençait à faire sombre, et je savais que, pas si loin, des milliers d'hommes, de femmes et d'enfants s'apprêtaient pour leur vaine tâche nocturne : tenter de traverser cette étendue d'eau insignifiante. Une douche, des habits propres, la liberté et un lieu où dormir, c'était tout ce que j'avais et j'étais comme un roi. Pourquoi tout le monde ne pouvait-il accéder à quelque chose d'aussi simple ?

Moralement, toutefois, j'étais encore un désastre. Je continuais de me sentir complètement seul et déprimé. J'avais besoin de ma famille – de retrouver Hazrat. À ma connaissance, il n'y avait qu'un moyen d'y parvenir : une fois de plus, je me suis enfui.

J'ai changé ce qu'il me restait d'argent – à peu près 100 euros – en livres. Je suis allé à la gare où j'ai pris un billet pour Londres. Je n'avais pas idée d'où Hazrat pouvait être mais il fallait bien commencer mes recherches quelque part.

Une fois arrivé à la gare de London Bridge, j'ai brusquement perdu confiance : Londres était si impersonnel, si grand, si déroutant. J'ai cependant appliqué la tactique que j'avais utilisée partout où j'étais passé : j'ai cherché des Afghans autour de la gare et je leur ai demandé s'ils avaient vu Hazrat Passarlay. Ils m'ont tous répondu : « Adresse-toi aux services sociaux ! »

Cela m'a fait comprendre à quel point je m'étais montré stupide. Parler à des Afghans était parfait pour trouver un agent ou un passeur mais il y avait une autre façon de faire les choses ici. Il était temps de rentrer à Douvres.

Le lendemain, une travailleuse sociale m'a rendu visite. Elle était originaire d'Europe de l'Est. J'ai espéré que le fait qu'elle était aussi une immigrée lui rendrait ma situation sympathique. Je connaissais juste quelques phrases de base en anglais – en général, les policiers français me parlaient anglais quand ils m'arrêtaient, et je trouvais cette langue plus facile à apprendre que le grec, l'italien ou le français. Seulement, son anglais était à peine meilleur que le mien. En plus, je l'ai trouvée très agressive et cassante. Elle a refusé de croire que j'avais treize ans, et faute de preuves, il n'y a pas eu moyen de la convaincre. Elle m'a considéré comme quelque chose de déplaisant collé à la semelle de sa chaussure. Elle m'a dit qu'elle appartenait aux services sociaux du Kent et qu'on déciderait de ce qu'on ferait de moi au terme d'un entretien. Je devrais également subir un test destiné à établir mon âge.

J'ai passé les jours qui ont suivi à attendre et à m'inquiéter. Régulièrement, des gens avaient des entretiens et, souvent, on les emmenait après ça. Qamandin m'a dit que certains allaient à Appledore, une structure spécialement destinée aux migrants assez jeunes pour être enregistrés comme enfants non accompagnés. D'autres étaient mis en relation avec des parents et autorisés à aller vivre chez eux. Je me demandais ce qui allait m'arriver. J'étais toujours terrifié à l'idée que je pourrais être expulsé et je me demandais ce que Hazrat pouvait bien faire.

Le jour où j'ai dû passer le test pour déterminer mon âge, ma travailleuse sociale m'a conduit dans un bureau où je me suis trouvé assis à une table en même temps que cinq autres personnes – des membres des services sociaux et du conseil régional du Kent plus un interprète pachtophone. Ils m'ont interrogé durant des heures. Aucun ne souriait. C'était pire qu'au centre d'immigration.

Certaines questions m'ont paru absurdes, par exemple me demander des noms de rue en Afghanistan, comme s'ils ne croyaient pas que j'étais afghan. Ou comment s'appelaient les places de Jalalabad, les cours d'eau de mon pays. Je leur ai donné les réponses qu'ils voulaient. L'interprète m'a alors expliqué qu'ils me trouvaient trop doué et malin pour avoir seulement treize ans – comme si des réponses justes à leurs questions stupides prouvaient que j'étais un adulte.

On m'a ensuite laissé un long moment patienter dans une salle d'attente. Quand on m'a rappelé, un membre du conseil, dont le visage était aussi morne et gris que le costume, a parlé.

— Sur la base de cet entretien, a traduit l'interprète, nous avons conclu que vous êtes âgé de seize ans et demi. Par conséquent, votre date de naissance est le 1er mai 1991.

C'était absurde ! Après tout ce par quoi j'étais passé, me voir assigner une nouvelle date de naissance par un comité de parfaits étrangers était plus que je pouvais supporter.

Ils m'ont remis un document sur lequel figuraient leurs conclusions. Je n'ai pas compris ce qu'il disait mais j'ai pu lire la date. Je l'ai déchiré en petits morceaux que j'ai jetés sur la table.

— Merci beaucoup ! Je n'en veux pas ! Vous pouvez le garder, ai-je dit en éparpillant les confettis devant eux.

L'interprète a relayé mes propos en anglais même si ce que je venais de faire était sans ambiguïté. Ils ont tous paru abasourdis.

Il se peut que j'aie semblé plus âgé que je ne l'étais, mais par où étais-je passé ? Mon visage avait été très abîmé par les brûlures, ce qui me donnait l'air plus vieux. De plus, j'avais été obligé de mûrir très vite et d'apprendre à me montrer coriace. Comment ces gens-là pouvaient-ils ne pas le comprendre ? N'avaient-ils pas lu le rapport de l'examen médical que j'avais passé en arrivant à Douvres ? Ignoraient-ils que vivre dehors par tous les temps et dans un état de semi-famine permanente pouvait affecter une personne ?

Je n'avais aucune preuve pour contester leurs conclusions absurdes, et le bon sens n'était pas un langage que ces gens-là entendaient. J'ai éprouvé le sentiment de me trouver aux mains d'autres étrangers, après les agents et les passeurs : désormais, ces technocrates avaient pris le contrôle de ma vie. Être traité comme un menteur par ce comité de fonctionnaires était anéantissant. Après mon éclat, j'ai refusé de dire un mot de plus. Face à autant de stupidité, pourquoi ma coopération aurait-elle compté ?

Quelques jours plus tard, deux officiels sont arrivés à l'hôtel.

— Gulwali, m'a dit le directeur, ces messieurs sont venus pour t'emmener à Appledore.

CHAPITRE VINGT-NEUF

Appledore était un foyer pour migrants et réfugiés mineurs dépourvus de famille. Il comportait vingt-neuf chambres à deux lits, une grande cuisine et un salon communs. Une vingtaine de jeunes de moins de seize ans vivait là au moment où je m'y suis trouvé, en majorité des Afghans mais aussi des Africains et des Arabes... Tous comme moi, avaient fait le voyage seuls.

Nous avions des assistants sociaux pour s'occuper de nous, des gens très agréables. Mon responsable principal était Scott, le sous-directeur du centre. Il était jeune et savait me faire rire, mais il était très occupé, et avoir un peu de temps avec lui était difficile.

L'endroit était très bien équipé. Les chambres étaient propres, avec des meubles modernes. Il y avait une table de ping-pong et un terrain de football. Ils faisaient réellement de leur mieux pour nous.

On attendait de nous que nous employions notre temps à en apprendre plus long sur le pays. Nous suivions des cours sur la vie britannique : histoire, monarchie, culture. Une vidéo nous a fait savoir que le Royaume-Uni était le père de la démocratie et un leader important dans le domaine des droits de l'homme.

Nous acquérions aussi les compétences essentielles à la vie quotidienne : la gestion du temps et de l'argent, comment utiliser les transports publics… Nous gagnions des bons points en faisant nos chambres ou en aidant le personnel à la cuisine. Une fois par semaine, nous allions faire des courses pour acheter tout ce qui était nécessaire à la cuisine – l'idée était que, ainsi, nous apprenions à gérer un budget et à effectuer les dépenses à bon escient.

Je continuais de préférer la compagnie des gens plus âgés si bien que j'aimais mieux me proposer pour charger le lave-vaisselle, déballer les provisions ou nettoyer les étagères plutôt que de causer avec les autres enfants, qui étaient tristes et déprimés comme moi. Je ne voulais pas qu'on me rappelle ma propre histoire et, encore moins, entendre celle des autres. Je ne pouvais pas le supporter.

On nous allouait un budget pour les vêtements, et nous devions faire la liste de ce qui serait le plus approprié selon le temps ou le lieu où nous étions. C'était un moyen de voir si nous étions capables de décider entre un bon achat et un gaspillage d'argent. Tout visait à s'assurer que nous nous débrouillerions quand nous quitterions le centre. Je pense que c'était très utile.

La première fois que je suis allé faire du shopping a vraiment été amusante. On m'avait donné de l'argent pour acheter des vêtements – je crois qu'il s'agissait de 100 livres. Une des assistantes sociales, Lorraine, m'a conduit dans un immense magasin qu'elle connaissait et qui, m'a-t-elle assuré, vendait au meilleur prix. Elle m'a dit que c'était là où les Anglais sensés faisaient leurs achats.

J'ai été ébloui : le magasin vendait de tout, depuis les produits ménagers jusqu'aux jouets, aux vêtements et à la literie. Lorraine m'a aidé à courir les allées pour dénicher les articles en promotion et les offres spéciales. Nous avons pu acheter tant de choses : des chaussettes, des serviettes, des chemises, des jeans ! Depuis mon départ, je n'avais jamais eu plus d'un jeu de vêtements de rechange. Quand nous sommes rentrés au centre, nous étions très fiers de nous. Ce sentiment de satisfaction a été le premier que j'ai éprouvé depuis que je résidais à Appledore.

J'étais là depuis deux semaines quand Qamandin est arrivé. Ç'a été formidable de pouvoir partager ma chambre avec lui ! Lui aussi avait passé un test d'âge, mais des gens différents s'étaient occupés de lui : ils l'avaient cru quand il avait dit qu'il avait quinze ans.

Finalement, on l'a envoyé dans une famille d'accueil, à Hastings. Son départ m'a fait me sentir très seul Pourquoi ne pouvais-je pas avoir une famille d'accueil, moi aussi ?

Une des choses que j'ai le plus aimée pendant la période où j'ai vécu à Appledore a été que chaque vendredi on nous déposait au train pour aller à Tunbridge Wells, dans une mosquée locale. Rencontrer d'autres musulmans était réconfortant.

Nous laisser aller là-bas tout seuls constituait un gros pari pour l'équipe d'encadrement : il lui fallait nous faire confiance. Peut-être, une fois ou deux, ai-je songé à m'enfuir. Je ne l'ai pas fait, cependant, parce que j'ai pensé qu'en restant à Appledore je parviendrais à régler la question de mon âge avec les services sociaux et à commencer à rechercher mon frère.

On nous a même emmenés à Londres, à la National Portrait Gallery. L'art était chose nouvelle pour moi. Les images ne sont pas islamiques et la photographie avait été interdite par les talibans, de sorte que portraits et photos n'étaient pas quelque chose que j'avais beaucoup vu auparavant. J'ai trouvé un peu étrange de regarder le visage de gens morts depuis des centaines d'années. Pour être honnête, j'ai trouvé ça plutôt ennuyeux. Je pense que, en dépit de tout, une partie de moi était typique d'un adolescent sur ce point. J'ai vraiment aimé le British Museum, en revanche.

Chaque semaine, on nous donnait 10 livres d'argent de poche. La plupart des autres les utilisait pour appeler leur famille. J'étais triste de ne pas pouvoir le faire !

Nous effectuions aussi des travaux d'intérêt public tels qu'aider l'agence environnementale locale à planter des arbres. Ça, j'aimais ! Cela me rappelait quand j'étais enfant et que j'allais couper des branches pour réparer le toit de ma salle de classe. Et je sais qu'il y a quinze arbres dans le Kent que j'ai plantés – j'en suis fier !

Au bout d'un mois de séjour, et je commençais à me demander si je quitterais jamais Appledore. Une fois encore, ma santé mentale n'était pas bonne : je me sentais isolé, esseulé, hébété.

Un jour, j'étais assis dans la cuisine en train de discuter avec un nouvel arrivant pakistanais nommé Kiran quand j'ai entendu une voix appeler derrière moi.

— Gulwali !

C'était Shafique. Il m'a serré dans ses bras en poussant de tels cris de joie que plusieurs résidents sont venus voir ce qu'il se passait. Une fois calmé, il m'a raconté son histoire. Il était parvenu à traverser la Manche à partir de Dunkerque en se cachant dans un conteneur fixé sur le côté d'un camion. Il savait que c'était dangereux en raison de la quantité limitée d'oxygène que contenait ce coffre mais, comme moi, il avait atteint un tel point de désespoir qu'il ne s'était plus soucié de vivre ou de mourir.

J'ai été content qu'il ait réussi et qu'il n'ait pas dû passer le reste de l'hiver à se geler en France ! J'étais toujours en proie au désespoir mais sa compagnie m'aidait – savoir que quelqu'un était près de moi, à qui je n'avais pas besoin de donner d'explications.

Peu de temps après, j'ai eu un entretien avec les gens du ministère de l'Intérieur. La représentante légale qu'on m'a assignée est venue me voir au préalable pour étudier mon cas. Elle semblait gentille et n'a pas discuté quand je lui ai dit mon âge. Elle a paru me croire, aussi ai-je espéré qu'elle pourrait faire quelque chose. Je lui ai aussi demandé de m'aider à retrouver Hazrat. Elle a répondu qu'il me faudrait parler de ça moi-même, mais qu'elle glisserait une note à ce sujet dans mon dossier.

J'étais tellement habité par la colère et si peu confiant que je ne lui ai pas fourni autant de détails que je l'aurais dû sur ce qu'il m'était arrivé en Afghanistan. Tout le monde me posait sans cesse les mêmes questions mais personne ne m'écoutait, me semblait-il. Du coup, je n'avais pas l'énergie pour revenir dessus.

Je n'étais pas un adulte et le répétais mais on me traitait quand même comme tel. Mon ressentiment s'est accru quand j'ai compris que l'entretien au ministère de l'Intérieur n'était pas prévu pour un enfant – auquel cas on était traité avec plus de gentillesse.

Le jour de cet entretien, je me sentais malade, et j'ai dû faire appel à toute la motivation qui me restait pour y aller. J'étais convaincu qu'ils ne me croiraient pas, alors, à quoi bon ?

Avec une des assistantes sociales, nous sommes allés dans un endroit de Londres appelé Croydon. C'était impersonnel, moche, gris – bien en accord avec mon humeur. Le bâtiment s'appelait *Lunar House* (« Maison Lunaire »). Il était encore plus gris – avec des files d'attente qui s'étiraient déjà devant la porte d'entrée.

Le spectacle à l'intérieur était dans le même ton : encore d'autres queues et de bruits de gens qui pleuraient ou qui discutaient.

J'ai été effaré de découvrir que ma représentante légale n'était pas là, contrairement à ce qu'elle m'avait promis. Un collègue à elle était venu à sa place, mais il ne savait à peu près rien de moi. Il était clair qu'il avait juste lu ses notes dix minutes plus tôt.

On m'a mené dans un bureau et, par le truchement d'un interprète, on m'a mis sur le gril comme si je passais en jugement.

J'avais considéré l'estimation des services sociaux comme une mauvaise chose, mais cet entretien a atteint un tout autre niveau d'horreur. Tout s'est passé comme si on essayait délibérément de me faire me sentir coupable et pitoyable pour avoir osé venir au Royaume-Uni. J'ai eu la sensation d'être traité comme un criminel.

J'ai essayé de leur dire que j'avais seulement treize ans, mais un homme assis à la table a répondu :

— Désolé, nous ne sommes pas là aujourd'hui pour discuter de votre âge. Du reste, cela a déjà été fait et réglé.

Après quoi, ils m'ont dit que je leur fournissais des informations nouvelles en demandant pourquoi je n'avais pas dit ces choses-là dans la déclaration de témoin que j'avais faite pour mes avocats. Ils ont ajouté qu'il y avait des différences avec la version que j'avais donnée au centre d'immigration, à Douvres. Cela se pouvait mais n'était pas surprenant ! À Douvres, je sortais d'un camion frigorifique après un long voyage, je n'avais pas mangé, j'étais sous le choc. À l'époque, j'ignorais que vous étiez censés ne pas oublier le moindre détail lors de votre premier interrogatoire sous peine d'en payer le prix plus tard. Étaient-ils incapables de voir que si j'avais commis des erreurs, elles étaient de bonne foi ?

Je n'ai pas pu parler plus longtemps. Je me suis mis à pleurer, ce qui m'a fait me sentir encore plus humilié. C'est alors qu'un de ces hommes m'a dit d'arrêter de jouer la comédie. J'ai pété les plombs. Je me suis mis à cogner sur la table avec les poings, encore et encore. Personne n'a rien dit. Ils m'ont juste regardé fixement, comme si ça aussi démontrait que j'étais un criminel.

Cette procédure était si impersonnelle, si bizarre ! Raconter l'histoire de ma vie à des inconnus était en complète contradiction avec ma culture. Je ne l'avais pas fait de tout le temps où j'étais en route. À présent, il me fallait tout déballer à une bande de parfaits étrangers assis autour d'une table. Ce n'était pas que je refusais de raconter, mais pour pouvoir parler, j'avais besoin de me sentir en sécurité et rassuré. Cette procédure était juste à l'opposé de ça.

Au terme de quatre heures d'entretien, on m'a informé qu'on prendrait une décision à propos de ma demande d'asile et que j'en serais informé. Je savais d'ores et déjà que c'était fini.

De retour au centre, j'étais tellement déprimé que je n'arrivais plus à réfléchir. Mais d'autres mauvaises nouvelles étaient à venir : Shafique avait passé le test pour déterminer son âge, et on avait décidé qu'il avait dix-huit ans – alors qu'il n'en avait pas tout à fait seize. On l'avait emmené dans un centre de détention sans que nous ayons eu le temps de nous dire au revoir.

Il est resté là une semaine à attendre son expulsion vers l'Afghanistan mais il a eu de la chance finalement. Il avait un très bon avocat qui a attaqué le conseil régional du Kent sur son âge. Le médecin qui l'a examiné a admis qu'il avait juste un peu moins de seize ans. On lui a alors accordé deux ans de séjour au Royaume-Uni et on l'a placé dans une famille d'accueil à Gillingham.

J'en suis arrivé à un point où ma dépression n'aurait pas pu être pire. En plus, je désespérais de retrouver un jour mon frère. Personne ne voulait m'aider et, dans un pays où habitait tant de monde, comment m'y prendre pour le chercher ?

Un jour, je me suis senti tellement en colère que je suis parti du centre. J'ai marché vers la gare alors que l'après-midi s'achevait. C'était la fin novembre, aussi faisait-il nuit quand j'y suis arrivé. J'ai pris un train pour Tunbridge Wells et je me suis promené par là-bas. J'étais pareil à un zombie, à me tenir au milieu de la route en espérant qu'une voiture me renverserait.

Après avoir marché pendant quelques heures, je me suis rendu compte que je n'avais nulle part où aller. Il me fallait rentrer au centre. J'ai appelé au téléphone pour dire que j'étais à la gare. Un des assistants sociaux a répondu. Si j'avais espéré de la compréhension, je n'y ai pas eu droit.

— Gulwali, pourquoi es-tu aussi ingrat ? On s'inquiétait !

Quand je suis rentré, j'ai couru dans ma chambre. Je ne pouvais regarder personne dans les yeux. J'ai eu le sentiment d'avoir fait quelque chose de très mal et me suis senti extrêmement coupable. J'ai pensé qu'ils allaient tous me haïr.

— Gulwali, tu as perdu toutes les permissions et tous les privilèges que tu avais. Tu n'as plus le droit de quitter le centre.

J'avais conscience d'avoir mal agi, mais ne pouvaient-ils pas voir dans quel état de désarroi je me trouvais ? Les cauchemars sont revenus. Je m'éveillais en hurlant en croyant que mon lit était en feu. La sensation de brûlure était si réelle que je courais à la salle de bains pour m'arroser avec de l'eau. Parfois, j'étais tellement paniqué que je ne parvenais plus à respirer ni à bouger. Je restais allongé sur mon lit en me forçant à reprendre ma respiration et à me calmer. J'avais tellement envie que ma mère et ma grand-mère soient là pour me réconforter, me serrer contre elles et m'assurer que c'était juste un mauvais rêve. À la place, il fallait me le dire à moi-même. C'était mon seul réconfort.

Quelques jours plus tard, les autres sont allés à Londres, pour aller à la Grande Roue du millénaire. On ne m'a pas permis de les suivre, pour me punir de mon escapade. J'ai admis les raisons qui m'en privaient, mais cela m'a fait me sentir encore plus mal. Pour la première fois, j'ai éprouvé de vraies envies de suicide. À Calais, je me moquais de vivre ou pas. Je n'avais pas juste envie de mourir.

J'étais dans ma chambre quand ils sont tous revenus.

— Gulwali, ouvre la porte !

Un résident frappait à ma chambre. Je l'ai ignoré. La dernière chose que je voulais entendre, c'était le récit de leur voyage.

— Gulwali, on a quelque chose à te dire !

— Fiche le camp ! Laisse-moi tranquille !

— Gulwali, on a trouvé Hazrat !

CHAPITRE TRENTE

Le lendemain, mes rêves sont devenus réalité. Je tremblais quand l'assistante sociale m'a passé le téléphone.

— Gulwali ?

J'ai commencé à sangloter. Après ça, tout s'est brouillé. Hazrat était presque hystérique de joie. Il a dit qu'il n'avait jamais perdu espoir et qu'il avait montré la photo de mon passeport à tous ceux qu'il avait croisés sur la route. Il était arrivé en Angleterre six mois plus tôt et habitait Manchester. Il prenait des cours d'anglais et travaillait dans un magasin. Il habitait avec un ami et s'était vu accorder une autorisation de séjour de deux ans.

Le hasard grâce auquel il m'avait retrouvé était incroyable. Il était à Londres, en voyage avec son lycée et il avait causé avec des Afghans qu'il avait rencontrés à la Grande Roue – mes camarades d'Appledore. L'un d'entre eux avait dit qu'un garçon du centre lui ressemblait beaucoup. Hazrat avait demandé comment il s'appelait et quand on le lui avait dit, il s'était mis à crier.

— C'est mon petit frère ! C'est mon petit frère !

Son travailleur social a arrangé une visite quelques jours plus tard. J'étais terriblement nerveux. Je me demandais si les humiliations et les traumatismes l'avaient beaucoup changé. En fait, c'est à peine si je l'ai reconnu. Il avait tellement grandi ! Quand il m'a pris dans ses bras, je n'ai pas pu m'empêcher de le taquiner, comme je l'avais toujours fait :

— Hé ! Tu es devenu gros ! Comment est-ce arrivé ?

Nous avons passé la journée ensemble, à nous raconter nos voyages. Le sien s'était déroulé largement de la même façon que le mien, avec des avancées et des retours en arrière, mais il avait passé moins de temps à Istanbul et plus en Grèce. Nous avons aussi pleuré quand nous avons évoqué notre famille en Afghanistan.

Après qu'il est parti, j'ai pensé que mon cœur allait se briser à nouveau. Je ne parvenais plus à penser qu'à deux choses : quitter Appledore pour vivre avec lui et convaincre le ministère de l'Intérieur que j'avais seulement treize ans.

Mais la mauvaise nouvelle n'allait pas tarder à tomber : on me refusait l'asile. En fait, on m'avait permis de rester un an à compter de mon arrivée, le 17 novembre 2007. Ensuite, du fait de la fausse date de naissance, je serais censé avoir dix-sept ans et, par conséquent, je devrais partir ou être expulsé.

J'ai été soulagé de pouvoir au moins rester pendant un an – c'était mieux que rien – mais je persistais à être en colère à cause de l'âge qu'on m'avait imposé. En plus, le dernier document qu'on m'a remis portait la mention « Nationalité inconnue ».

Le pire coup a été qu'on me refuse la permission de vivre avec Hazrat : je devais rester dans le Kent.

Au moins, en mars 2008, m'a-t-on attribué une nouvelle travailleuse sociale, Nassi. Elle était d'ascendance iranienne ; nous avons donc pu communiquer en farsi en plus de mon pauvre anglais. Cela a aidé. Je me sentais plus à l'aise avec elle. Celle qui l'avait précédée était un peu raciste : c'était pour cela qu'elle s'était montrée aussi cassante avec moi.

Les services sociaux m'ont trouvé un appartement à Gravesend dans un immeuble peuplé d'autres demandeurs d'asile. Il était plaisant et comportait deux chambres. L'autre occupant était un Afghan qui approchait la trentaine, mais il m'a considéré plutôt comme une gêne et m'a ignoré. L'endroit était bruyant. Certains occupants jouaient de la musique tout le temps, ce qui n'a fait qu'amplifier mon sentiment de solitude. Et mes cauchemars.

Mon colocataire a cru que je faisais exprès de crier pendant la nuit. Il s'est plaint auprès de Nassi. L'humiliation de me faire réprimander pour quelque chose que je ne pouvais pas empêcher a été le coup fatal. J'avais atteint la limite.

Le lendemain, je suis allé à la pharmacie où j'ai acheté un flacon de paracétamol. Puis j'ai avalé tous les comprimés.

CHAPITRE TRENTE ET UN

Mon colocataire m'a trouvé inconscient et a appelé une ambulance. À l'hôpital, on m'a donné un vomitif. Mon estomac, qui avait déjà tellement souffert, s'est trouvé à l'agonie tandis que je vomissais de la bile dans un bassin. Le personnel hospitalier s'est montré gentil, ce que j'ai beaucoup apprécié.

Je suis resté là quelques jours avant qu'on me renvoie chez moi, tout seul. Je n'allais pas à l'école, je n'avais pas de travail. Les jours succédaient à d'autres, pleins d'ennui et de solitude. J'ai acheté des livres dans le magasin caritatif local et j'ai passé mon temps à essayer d'améliorer mon anglais. J'ai aussi lu le Coran, ce qui ne manquait pas de me réconforter. J'étais dans une détresse intérieure terrible. Le suicide est interdit par l'islam. Je me sentais coupable pour ce que j'avais tenté de faire. Cependant, j'avais le sentiment très fort qu'il s'était agi d'un nouveau test pour ma foi. Je suis resté en suspens entre la brutale réalité terrestre de mon existence et la tranquillité de mes prières. Ce que j'avais fait était mal, mais, en même temps, je ne sentais pas que Dieu m'avait abandonné.

Nassi m'a fait entrer au North West Kent College pour apprendre l'anglais deux jours par semaine. J'ai montré ma première carte d'identité aux professeurs, celle qui disait que j'avais treize ans, en expliquant que je devrais être au collège plutôt qu'au lycée. Ils m'ont répondu qu'ils ne pouvaient rien faire.

J'ai fréquenté le lycée pendant à peu près deux mois. Les autres élèves avaient l'âge du lycée mais eux aussi peinaient à s'adapter à la vie en Angleterre. Deux d'entre eux buvaient beaucoup – peut-être était-ce une sorte d'automédication contre le traumatisme. L'un d'eux a cessé brutalement de venir en cours, et nous avons appris qu'il s'était fait arrêter pour avoir agressé quelqu'un.

Je pense qu'après avoir grandi dans un système culturel rigide, il peut être difficile de s'adapter à la soudaine liberté sociale qu'offre la Grande-Bretagne. Et sans argent, il est dur de s'occuper. Je recevais une allocation pour jeunes personnes de 97 livres par quinzaine avec laquelle il me fallait acheter tout ce dont j'avais besoin, y compris les tickets de bus. J'étais bon pour établir des budgets et j'avais appris à chercher les offres spéciales et les aliments à prix réduit dans les supermarchés, mais c'était une bagarre de tous les jours.

Shafique étudiait dans le même lycée que moi et venait souvent me rendre visite ; cela aidait, mais ne suffisait pas. Mon frère me manquait tellement ! Me trouver dans le même pays après tout ce temps et ne pas être auprès de lui était une torture.

J'ai dépensé mon allocation pour m'acheter un billet de train pour Manchester. Une fois là, j'ai appelé mon assistante sociale pour lui dire que je ne reviendrais pas.

— Il le faut, tu es enregistré dans le Kent. Reste un peu avec ton frère si tu veux mais rentre, sinon je te signalerai comme absent.

Puisque personne ne voulait m'aider, j'ai décidé que c'était à moi de le faire. Je suis allé dans plusieurs écoles à Manchester demander à ce qu'on m'y accepte comme élève ; on m'a répondu que c'était impossible. Une fois encore, j'ai vu que ce pays avait des systèmes que je devais comprendre avant de pouvoir les contester.

Rétablir ma vraie date de naissance constituait la première étape.

Hazrat et moi sommes allés à l'ambassade afghane, à Londres. J'ai demandé un nouveau passeport, en leur donnant comme preuve ma première carte d'identité et des lettres certifiant qui j'étais et quel âge j'avais. Quand j'ai reçu le passeport, je l'ai envoyé au ministère de l'Intérieur, mais mon plan s'est retourné contre moi. Le ministère, en effet, m'a demandé pourquoi, en étant demandeur d'asile, je m'adressais à l'ambassade de mon pays ? Dans mon cas, pourtant, la question était idiote : je n'avais pas fui mon pays parce que j'étais persécuté par mon gouvernement.

Mes opinions sur le Royaume-Uni provoquaient chez moi des émotions violentes et contradictoires que je supportais très mal. D'un côté, je désirais y rester, maintenant que je m'y trouvais avec mon frère, d'un autre, je tenais ce pays comme coupable de la guerre dans mon propre pays. Je ressentais donc à son égard un mélange dérangeant de gratitude et, je peux le dire, de haine.

Des amis de mon frère m'ont parlé d'un endroit qui s'appelait *Starting Point* (« Point de départ »), situé à Bolton. C'était un centre éducatif pour les enfants qui venaient d'arriver. Il proposait des cours intensifs dans les matières de base en même temps qu'un solide programme de soutien en langue anglaise. La directrice, une dame nommée Katy Kellett, a bien voulu me recevoir. Quand je me suis trouvé assis dans son bureau à prendre un chocolat chaud, un délicieux sentiment de paix m'a envahi. Après lui avoir exposé ma situation, en insistant sur le désaccord relatif à mon âge, je me suis tout de suite senti rassuré. Les mots qu'elle a prononcés alors ont tout changé pour moi.

— Gulwali, je te crois. Tu peux venir étudier ici.

Elle m'a dit qu'il survenait tout le temps des désaccords sur l'âge.

J'ai eu du mal à contenir ma joie quand elle a demandé à la secrétaire d'imprimer une lettre pour confirmer que j'avais ma place dans cette école et de me donner un uniforme neuf. Elle m'a aussi promis de contacter Nassi et de tout régler. Sa gentillesse était bouleversante. Par la suite, elle s'est adressée aux services sociaux de Manchester de ma part, pour leur demander de transférer ma tutelle chez eux.

Finalement, j'ai obtenu l'autorisation de résider à Manchester. Mme Kellett m'a trouvé un endroit où habiter. Hazrat vivait chez des amis, et ces derniers en avaient par-dessus la tête que je sois là aussi. Mme Kellett a fait en sorte que j'aille habiter dans un endroit appelé *Bedspace*. C'était l'équivalent du premier appartement où j'avais vécu de façon autonome à Gravesend. Cette fois, mon colocataire était un Kashmiri dans la trentaine. Parce que le ministère de l'Intérieur persistait à soutenir que j'avais seize ans et non treize, on m'avait logé avec les adultes. Il me fallait prendre deux bus pour aller en classe tous les matins, mais ça ne me gênait pas. J'étais tellement heureux d'y aller !

L'année 2008 s'est achevée, et j'ai dépassé mon quatorzième anniversaire. Pour la première fois depuis deux ans, je commençais à me sentir de nouveau un enfant. *Starting Point* a fait de moi un capitaine d'école, ce qui m'a rendu très fier.

Fréquenter un établissement scolaire a beaucoup contribué à adoucir mes opinions sur le Royaume-Uni. J'aimais y être, j'y étais estimé et les gens veillaient à ce que je m'améliore. Chaque fois que j'avais une bonne note ou une étoile d'or, un peu de l'enfant normal qui était en moi revenait à la vie.

Les autres élèves venaient de partout dans le monde. Certains étaient des demandeurs d'asile, d'autres appartenaient à des familles de travailleurs immigrés. Le nombre d'écoliers fluctuait : parfois nous étions cinquante, parfois à peine dix. J'appréciais vraiment que la Grande-Bretagne veuille donner leur chance à des enfants tels que nous. *Starting Point* est devenu ma famille. J'aimais me trouver assis au premier rang de la classe de Mme Brodie, à lever la main pour poser des questions.

— Gulwali, pourrais-tu laisser les autres enfants poser une question ? me taquinait-elle tout en souriant de mon enthousiasme.

Mais j'étais déterminé à profiter de chaque minute ! J'aimais tellement Mme Brodie et Mme Kellett, qui faisaient tant pour moi !

Une fois par semaine, les élèves visitaient un foyer de personnes âgées. Cela me plaisait parce qu'elles me rappelaient mes grands-parents. J'avais de la peine pour ces vieilles personnes qui devaient vivre là, loin de leur famille, quand ils en avaient une.

Pourtant, après avoir tant lutté pour survivre, je n'arrivais pas tout à fait à supporter que ma vie aille en s'améliorant. L'école me remettait dans un état normal en refaisant de moi un enfant. Intérieurement, cependant, j'étais perturbé, tour à tour plein de larmes ou de colère. Mes sautes d'humeur étaient terribles. Par moments, mes crises de rage m'effrayaient moi-même, mais je ne savais pas comment les gérer. Je ne voyais pas à qui demander de l'aide. Je refusais de confier à mes professeurs que je me sentais en colère, parce que je ne voulais pas qu'ils pensent du mal de moi.

Toutes les nuits, je m'éveillais en sueur et en larmes quand les cauchemars m'agrippaient l'âme. Plus ma vie redevenait normale, moins je la sentais sous contrôle ; plus les conditions se stabilisaient autour de moi, plus le traumatisme que j'éprouvais grandissait. Cette confusion me laissait paralysé, déprimé, apeuré. Mais je n'avais personne vers qui me tourner.

Après ma tentative de suicide, on m'avait proposé un soutien psychosocial qui m'avait un peu aidé, mais je n'avais eu que deux séances. Je ne ressortissais pas des services de protection de l'enfance en sorte que je n'étais pas vraiment suivi.

J'ai bien songé à parler de mes angoisses à Mme Brodie et à Mme Kellett mais, bêtement, j'ai craint qu'elles ne m'aiment plus si je leur révélais la vérité. Je ne voyais aucun moyen d'échapper à mon propre esprit. J'ai élaboré des plans pour mourir. J'ai pensé à me jeter depuis le pont d'une autoroute ou à me précipiter sous un train. Mais cela risquait de faire trop mal, et j'ai eu peur.

À la place, je suis allé chez le pharmacien et j'ai acheté autant de cachets que me le permettait mon allocation. J'ai avalé le tout.

Cette fois, j'ai failli réussir à me tuer. C'est l'Ingénieur, en passant me rendre une visite inopinée, qui m'a trouvé. Il a appelé les secours, et une ambulance m'a transporté à toute allure à l'hôpital. Il a téléphoné à Hazrat pour tout lui raconter.

Mon frère a pleuré à mon chevet. Il m'a fait jurer que je ne referais jamais quelque chose d'aussi idiot.

— Nous sommes passés par tout ça juste pour que tu meures dans mes bras, Gulwali ? Qu'est-ce que je ferai si je te perds ?

Je me sentais coupable, bien sûr. Mais je continuais d'être égaré et malheureux. J'aurais sans doute essayé de me tuer encore une fois. Seulement, la voix de ma mère m'a sauvé.

Un ami de Hazrat qui venait d'être expulsé vers l'Afghanistan avait promis de contacter notre famille. Trois semaines plus tard, il a appelé Hazrat et lui a donné un numéro pour joindre notre mère. Il a dit qu'elle avait été folle de joie de savoir que nous étions sains et saufs. Qubat lui avait affirmé que nous avions atteint la Grèce, aussi loin qu'elle avait payé pour nous. Mais comme elle n'avait pas entendu nos voix depuis plus de deux ans, elle ignorait s'il ne lui avait pas menti.

Quelques secondes après avoir reçu le numéro, Hazrat l'a appelée. Il a branché le haut-parleur.

— Les garçons, c'est vous ?

Sa voix était nerveuse, chevrotante. Je tremblais, moi-même.

— *Morya*, c'est moi, Gulwali !

Tout à coup, nous nous sommes mis à rire et à pleurer tous à la fois. Elle nous a dit comment allaient les petits, comment les choses se passaient à la maison. Je lui ai raconté l'école. Hazrat, le lycée. Nous étions dans un tel état d'excitation que nous parlions en même temps. C'est seulement après avoir raccroché que je m'en suis rendu compte : nous n'avions pas parlé du voyage. Je ne suis pas sûr que j'aurais pu ne serait-ce que chercher les mots pour lui raconter ce par quoi j'étais passé. Mieux vaut taire certaines choses.

Le simple fait d'entendre sa voix a tout changé ! De nouveau, je me suis senti comme si je savais ce que j'avais à faire. Elle avait sacrifié tant pour que nous soyons là ! Il me fallait la rendre fière.

Starting Point a utilisé ma seconde tentative de suicide comme un catalyseur dans la bataille relative à mon âge. Pendant des mois, le personnel enseignant m'avait observé en classe. Il a informé les services sociaux du Kent et le ministère de l'Intérieur que, à son avis, j'étais un enfant de quatorze ans.

À ce moment-là, j'étais l'élève le plus ancien de l'établissement. La plupart des garçons restaient là à peu près six semaines, jusqu'à ce qu'ils obtiennent une place dans une école des environs. L'idée du centre était de plonger les enfants dans l'éducation et la langue anglaise avant qu'ils ne rejoignent le cursus scolaire normal. Mais tant que je ne prouverais pas que j'avais quatorze ans, aucune école des environs ne voudrait de moi.

— Gulwali, tu resteras avec nous jusqu'à ce que nous ayons réglé tout ça, m'a dit Mme Kellett. Si ça prend deux ans, qu'il en soit ainsi. Mais nous ne te laisserons pas tomber.

Elle et Mme Brodie étaient les deux seules adultes à qui je faisais confiance. Grâce à leurs interventions, j'ai pu obtenir un nouvel entretien pour faire appel du rejet de ma demande d'asile.

La réunion, organisé par les services sociaux de Bolton, ressemblait à la première : cinq officiels assis autour d'une table avec un interprète pour me poser les questions. Mais, cette fois, je l'ai ressentie différemment. J'avais des gens de mon côté : Nassi, Mme Kellett et un avocat d'une association caritative.

Après l'entretien, les gens du Kent ont contacté *Starting Point* pour dire qu'ils voulaient bien concéder que j'étais plus jeune qu'ils l'avaient établi précédemment, mais ils souhaitaient que j'admette que j'étais né en 1992 et non en 1994. Cela me faisait avoir tout juste seize ans. C'était absurde ! Comment aurais-je pu accepter ?

Simplement, au lieu d'être bouleversé, j'ai trouvé ça drôle. Et cette nouvelle proposition signifiait au moins que les choses s'étaient mises à bouger dans la bonne direction.

Au terme de nombreux allers et retours, les services sociaux du Kent ont réévalué mon âge et admis que ma date de naissance était le 11 octobre 1994. Le ministère de l'Intérieur m'a alors écrit pour me dire qu'on allait reconsidérer mon cas. Finalement, on m'a accordé le droit de rester au Royaume-Uni jusqu'à la veille de mon dix-huitième anniversaire.

Ç'a été le jour le plus heureux de ma vie depuis mon départ de la maison. Hazrat a été autorisé à devenir mon tuteur légal, et lui et moi avons obtenu le droit de louer une maison ensemble à Bolton.

Starting Point s'est mis en devoir de me trouver une école. J'étais triste de quitter un endroit qui avait été mon sanctuaire et, à la fois, enchanté de pouvoir enfin fréquenter une vraie école. J'ai passé un entretien avec M. Khaliq, de l'Essa Academy, à Bolton.

— Gulwali, est-ce que tu penses que tu pourras t'en sortir chez nous ? m'a-t-il demandé.

Je le connaissais déjà car je l'avais vu à *Starting Point*. Il avait toujours plaisanté avec moi en disant qu'un jour je viendrais dans son établissement, mais que je ne devrais pas m'attendre à ce qu'on m'y gâte comme le faisait Mme Brodie avec son thé et ses toasts.

— Oui, je le crois !

Il restait seulement deux mois avant la fin de l'année scolaire. Je leur ai demandé de me mettre en quatrième, la classe en dessous de mon âge, de façon à utiliser ce temps pour rattraper mon retard.

La chose la plus difficile, en rejoignant une école classique, a été de me faire des amis. J'étais passé d'un centre avec, au maximum, cinquante élèves à un collège qui en comptait mille. Les autres enfants me faisaient peur. Je n'arrivais pas à comprendre pourquoi certains d'entre eux ne voulaient pas apprendre et se dissipaient à la place, en se montrant grossiers avec les professeurs. Je détestais le sport et, en particulier, j'avais horreur de devoir me changer devant tout le monde pour l'éducation physique. C'était pour moi une chose difficile à faire, pour des raisons culturelles, et je devenais rouge de honte quand je devais me mettre en tenue de sport. Les autres garçons riaient de ma gêne.

Un des moments que j'ai le mieux aimés a été un voyage scolaire à Scafell Pike, la plus haute montagne d'Angleterre, dans le cadre du cours de géographie. Nous l'avons escaladé. Tandis que les autres soufflaient et geignaient, j'ai marché à grands pas comme un champion. Après tant d'escalades et de marches forcées au cours de mon voyage, cette modeste ascension a été un jeu d'enfant.

CHAPITRE TRENTE-DEUX

Lentement mais sûrement, j'ai pris mes marques et je me suis fait des amis. Je vivais toujours avec Hazrat. À présent que j'étais officiellement un enfant aux yeux de l'État, les services sociaux faisaient plus attention à moi et m'accordaient une plus grande aide psychosociale. Mon conseiller était gentil mais faire part de mes problèmes à un étranger continuait de me paraître bizarre. Il m'était plus facile de parler à Mme Kellett et à Mme Brodie, dont j'avais fini par comprendre qu'elles n'allaient pas me rejeter, aussi en colère et perturbé que je puisse être.

Je me suis plongé dans la vie scolaire et diverses activités, obtenant mes diplômes des *Duke of Edinburgh's Awards*, un programme de développement personnel pour la jeunesse fondé dans les années 1950 par le prince Philip. Cela m'a fait rire de participer, moi, un Afghan, à un programme conçu par l'époux de la reine. Naguère, pareille chose serait passé à mes yeux pour une effroyable trahison envers tout ce que je défendais. À présent, pouvoir y prendre part constituait un vrai privilège. Le cursus était difficile et varié puisqu'il allait de l'apprentissage d'une langue au sport et au bénévolat. Il incluait des activités nautiques telles que le kayak ou le sauvetage, aussi ai-je dû apprendre à nager.

Je tremblais comme une feuille quand je suis entré dans l'eau pour ma première leçon de natation. Honnêtement, je ne pensais pas y parvenir, mais les autres jeunes du programme et le moniteur m'ont encouragé alors que je tremblais au bord de la piscine.

— Allez ! Gulwali ! On veille sur toi ! Tu peux le faire !

Le moniteur m'a pris par la main, et je me suis laissé emmener jusqu'à l'extrémité peu profonde du bassin. Ç'a été un tournant : si j'avais été capable de ça, je pouvais désormais tout réussir.

Au bout de six mois passés en classe de troisième, mon anglais s'était beaucoup amélioré. Je suis allé trouver le directeur, décidé à le convaincre de me laisser me présenter aux épreuves du Certificat général de l'enseignement secondaire.

— Entendu, Gulwali, passe-les, mais ne sois pas déçu si tu rates.

En plus de l'anglais, des sciences et des maths qui étaient obligatoires, j'ai choisi comme matières la technologie de l'information, l'ourdou, les sciences religieuses et la géographie.

Les sciences religieuses étaient une matière étrange mais fascinante. C'était la première fois que j'apprenais des choses sur le christianisme et le judaïsme. Je ne parvenais cependant pas à comprendre pourquoi les gens des différentes religions étaient si souvent en guerre entre eux vu que, d'après ce qu'on m'enseignait, toutes les religions abrahamiques étaient fondées sur la croyance en un seul et même Dieu.

Les classes de citoyenneté et d'études sociales que tous les élèves devaient suivre me dérangeaient beaucoup plus. Y étaient abordés des sujets tels que la morale et l'éducation sexuelle. Il m'était impossible de comprendre comment on pouvait vouloir que des jeunes gens sachent des choses sur le sexe. Dans ma tête, expliquer à des adolescents comment obtenir des contraceptifs ne pouvait que les encourager à s'en servir. Dans la société afghane, nous n'aurions jamais discuté de choses semblables, pas avant d'être marié. Tout ce que je parvenais à faire, c'était à ne pas fuir de la salle de classe en me bouchant les oreilles avec les mains.

J'étais resté en contact avec mon amie Mme Brodie de *Starting Point*. Une fois par semaine, elle m'invitait à dîner chez elle. Sa famille – son époux et ses deux fils – était adorable avec moi, et j'aimais beaucoup aller les voir tous.

Pendant la seconde année de mon certificat, j'ai recommencé à éprouver des difficultés. Les études étaient difficiles et la dépression continuait de me miner. J'ai compris que si je me laissais aller, je redeviendrais suicidaire. J'ai résolu de m'aider à rester positif en faisant quelque chose de positif pour les autres. L'école m'a nommé ambassadeur auprès des nouveaux arrivants étrangers. Je savais combien il était difficile de s'intégrer. Avec les professeurs, nous avons élaboré un plan pour apporter un soutien moral et scolaire supplémentaire à ces nouveaux venus : nous voulions être sûrs qu'ils nageraient au lieu de couler.

Ce plan a si bien marché que d'autres établissements voisins l'ont copié. J'en ai été très fier Je suis aussi devenu membre du conseil de l'école et bibliothécaire volontaire. Je préférais passer mon temps libre à la bibliothèque que n'importe où ailleurs.

En octobre 2010, Hazrat a dû rentrer en Afghanistan auprès de notre famille. Ç'a été une décision difficile à prendre. Il savait qu'il repartait vers le danger mais plusieurs indices nous avaient amenés à croire que nos proches n'étaient pas en sécurité. J'ai été terrifié à l'idée que je pourrais ne jamais le revoir mais j'ai essayé d'être brave. Notre mère avait tout sacrifié pour nous sauver. Maintenant qu'elle était en danger, c'était au tour de Hazrat d'être là pour elle.

Lui dire au revoir et me retrouver seul a été incroyablement dur. Je l'ai supporté parce que j'étais soulagé qu'il soit là-bas pour s'occuper des nôtres.

J'avais eu seize ans, mais les services sociaux étaient encore responsables de moi ; ils ont voulu que je retourne dans le Kent ou que je sois placé. Alors, Mme Brodie m'a conduit dans une famille d'accueil potentielle. Elle habitait un ancien presbytère, dans la campagne près de Bolton.

— En plein milieu de nulle part ! me suis-je plaint. Ce n'est même pas la peine d'y aller !

Elle a insisté pour que je rencontre ces gens avant de prendre une décision. Il neigeait très fort le jour où elle m'y a emmené. Cela faisait deux mois que je vivais seul, sans Hazrat et sans chauffage. Je crois que c'est le froid qui m'a fait accepter d'aller les visiter.

Le mari s'appelait Sean, son épouse, Karen. Ils avaient un grand fils qui n'habitait plus avec eux. Il y avait aussi deux enfants placés chez eux, un garçon et une fille, tous deux britanniques.

Tandis que Sean me faisait voir la maison et me montrait où je pourrais dormir, j'ai été poli mais ferme :

— Merci, mais je ne viens pas !

Je voulais toujours qu'on me laisse vivre seul. Mais Mme Brodie me connaissait assez bien dorénavant pour savoir que, par moments, j'étais mon pire ennemi. Elle m'a harcelé jusqu'à ce que j'accepte au moins de faire un essai.

J'ai déménagé juste avant Noël. Ce que je n'arrivais pas à comprendre, c'était que Sean prépare le dîner, et pas Karen.

J'avais changé et ouvert les yeux sur le monde, mais, sur certains points, j'étais resté le petit villageois conservateur que j'avais toujours été. Je peinais à comprendre pourquoi un homme marié aurait dû cuisiner alors qu'il avait une femme. Je pensais que ça diminuait la valeur de Sean en tant qu'homme et, grossièrement, j'ai refusé de manger ce qu'il avait préparé. Seulement, le soir, j'ai été touché de voir qu'ils avaient acheté un bureau pour ma chambre. Il était ancien, fait d'un chêne solide. J'ai promené les doigts dessus en songeant que c'était un geste plein d'attention.

Le soir suivant, j'ai mangé ce que Sean avait cuisiné, et je lui ai dit que c'était délicieux. Je le pensais vraiment. Il m'a proposé de me donner des leçons de cuisine, ce que j'ai accepté.

Il m'a montré comment préparer des currys et des plats italiens et mexicains. Il m'a expliqué qu'il faisait la cuisine parce qu'il aimait ça et que Karen, ou tante Karen comme je l'appelais, travaillait beaucoup. Il m'a dit que le mariage était une affaire de partenariat et consistait à former une équipe. En observant Sean et Karen qui semblaient très heureux et amoureux, j'ai compris que mes points de vue étaient issus d'une autre culture – culture que je continuais d'aimer et en laquelle je continuais de croire mais que ce n'était pas la façon dont les gens vivaient dans ce pays-ci.

Je me suis rendu compte que je pouvais respecter cette culture différente tout en gardant mes propres idéaux et convictions. Personne ici ne me forçait à rejeter l'islam, à devenir laïque ou chrétien. Ils m'acceptaient pour ce que j'étais, si bien que je n'avais aucune raison de les rejeter. Vivre avec une famille d'accueil a été une formation culturelle accélérée et, peut-être, ce qui m'a le plus aidé à commencer pour de bon à m'assimiler en Grande-Bretagne.

J'ai continué d'étudier durement et Sean s'est offert pour m'aider. Un soir, pas longtemps après que j'ai déménagé, je lui ai tendu une feuille de papier qui portait un emploi du temps.

— Tiens ! C'est mon programme de travail à la maison.

— C'est pour toi, alors ? Tu veux que je t'aide à t'y tenir ?

— Non, c'est pour toi ! Ce sont les moments où j'ai besoin que tu m'aides à faire mon travail.

Il a ri si fort, que j'ai bien cru qu'il allait tomber de sa chaise.

— Gulwali, c'est une première ! Je n'avais encore jamais eu ici un enfant qui me donne mon programme de devoirs à l'avance !

Vivre avec Sean et Karen a fait s'estomper ma dépression. Je réussissais à l'école et j'adorais rentrer à la maison pour raconter ma journée et montrer les appréciations positives qu'on me donnait. J'avais obtenu un si grand nombre de brevets et de badges pour mes succès que Sean me taquinait en disant que toutes ces décorations sur mon blazer me faisaient ressembler à un général.

J'étais désormais en seconde, et proche de passer mon Certificat général de l'enseignement secondaire. J'ai été nommé ambassadeur de l'Essa Acadamy, préfet et membre du conseil de l'école – je me dédiais à la vie scolaire et sentais que c'était vraiment là ma place.

J'ai surpris mes professeurs avec mes résultats au certificat : j'ai obtenu un A en ourdou, et des B ou des C dans toutes les autres matières. Mon professeur principal n'arrivait pas à croire que j'avais pu décrocher un C en anglais. Et comme j'ai eu un B en maths après avoir couvert le programme en six semaines, notre professeur a baptisé notre année « Année de Gulwali ».

En septembre 2011, je suis entré au Bolton College pour y passer mes *A levels* en politique, économie, philosophie et ourdou. Je me suis aussi lancé dans un projet de recherches sur les problèmes que les jeunes réfugiés doivent affronter dans le domaine de l'éducation.

J'ai poursuivi mes activités hors de l'école en devenant avocat régional pour les enfants de l'assistance publique, surtout les réfugiés. Je me suis présenté aux élections au Parlement des jeunes. J'ai perdu, mais le *British Youth Council* (une association d'aide à la jeunesse) m'a enrôlé, et on m'a invité à rejoindre le *National Scrutiny Group*, qui a été mis en place pour conseiller le gouvernement et vérifier comment sa politique affecte la jeunesse. J'étais un des quinze jeunes membres recrutés sur le plan national.

J'ai rejoint les jeunes du parti travailliste pour en apprendre plus long sur le système politique britannique. J'ai considéré que ce parti était le plus diversifié et que, par conséquent, c'était là que je trouverais le mieux ma place. Certes, je continuais d'être en désaccord avec Tony Blair et sa décision de participer à l'invasion de mon pays et de l'Irak, mais je savais que tous les travaillistes ne partageaient pas ses points de vue.

Je me rends compte que j'étais encore perturbé : il y avait des moments où la rage me submergeait et, certains jours, j'avais l'impression de reculer malgré mes progrès. Cette nation étrangère, je me battais pour y vivre mais, en même temps, j'éprouvais culpabilité, malaise et frustration à son endroit. Quand je me trouvais en compagnie d'autres réfugiés afghans, ces sentiments s'intensifiaient. Nous nous sentions en porte à faux et pleins de regrets pour ce que nous avions perdu. Parler de la situation politique et des problèmes de notre pays rendait les choses pires.

Quelques-uns de mes amis se sont impliqués dans des groupes islamistes radicaux. Ces derniers trouvent leurs proies parmi les vulnérables et les esseulés. Ils leur offrent amitié et fraternité, et sont passés maîtres pour déceler et manipuler les traumatismes et les problèmes personnels non résolus. J'étais toujours rempli de colère et me débattais pour me faire une place dans une culture nouvelle, aussi n'aurait-il pas été difficile de me laver le cerveau. On m'a invité à participer à des discussions dans des mosquées où l'ordre du jour était radical. Fort heureusement pour moi, j'ai toujours été trop occupé pour y aller. Sans cela, je dois admettre honnêtement que j'aurais pu m'engager sur la voie de l'extrémisme.

Mais, au final, les relations que, grâce à l'école, j'avais nouées avec d'autres organisations de jeunes m'ont sauvé. J'y apprenais qu'il y avait moyen de me faire entendre et d'influer sur la politique et le processus de prise de décisions. Je savais qu'il s'agissait de chances remarquables qu'on m'avait offertes, et, à mes yeux, cela m'a paru beaucoup plus utile et productif que de tomber dans des groupes destructeurs qui promouvaient seulement la haine.

Par ailleurs, j'étais très occupé par mes études et mon apprentissage de l'anglais ; je n'avais donc pas de temps à perdre avec des gens qui ne voulaient rien sinon se plaindre. Mais je peux comprendre pourquoi, en l'absence de toute autre possibilité, certaines de mes connaissances ont été attirées par ça. Ils étaient seuls, sans rien à faire, sans argent ni soutien. Leur esseulement les a poussés dans les bras de certains prêcheurs radicaux.

J'étais également en train de devenir extrêmement ambitieux. Je me suis mis à penser que si jamais je rentrais, je pourrais contribuer à faire de l'Afghanistan un pays plus sûr, de sorte que plus un seul enfant ne se trouve obligé de passer par où j'étais passé. En un mot, je pense que je commençais à remettre en cause ma façon de penser rigide et à développer de nouvelles idées tout en réaffirmant certaines de mes convictions de longue date. Je commençais à apprécier grandement que la Grande-Bretagne soit un endroit où les gens de partout dans le monde pouvaient vivre en paix. Un lieu de liberté où on peut faire avancer les choses.

Je ne sais pas comment ni pourquoi, mais j'en suis arrivé à comprendre que c'était aussi ma façon de montrer ma gratitude envers la société britannique. Le Royaume-Uni m'avait tant donné que je voulais faire quelque chose pour mon pays d'adoption en retour. Je désirais aider les autres jeunes. Je savais ce que cela faisait de n'avoir personne. Après toutes les épreuves que j'avais traversées, je ne voulais plus perdre une seule seconde. J'étais décidé à profiter de la moindre occasion, de la plus petite chance, de chaque expérience qui se présenterait à moi.

Les week-ends, j'assistais à des cours préparatoires à l'université de Manchester. Ils visaient à aider des jeunes gens issus de milieux défavorisés à accéder à des universités de premier plan. J'avais peur, en effet, que mes notes ne soient pas assez bonnes pour me permettre de réaliser mon rêve : étudier les sciences politiques. Ces cours constituaient un moyen de m'assurer une place dans le domaine où je voulais faire mes études.

En octobre 2012, j'ai eu dix-huit ans. Mon autorisation de résidence avait expiré, et le ministère de l'Intérieur était en train de reconsidérer ma demande d'asile. Ç'a été une période très tendue et préoccupante, surtout que les *A levels*, indispensables pour entrer à l'université, approchaient. J'étais décidé à ne pas échouer. J'ai écrit à tous ceux dont je pensais qu'ils pourraient influer sur mon cas, les députés que j'avais rencontrés par le biais du parti travailliste, les responsables des organisations dans lesquelles je m'étais impliqué, les professeurs et les gens qui me connaissaient. Mon message pour le ministère a été le suivant : « L'Afghanistan n'est pas sûr pour moi. En plus, j'ai travaillé très dur et, si vous me permettez de rester, je continuerai de travailler très dur et de donner à ce pays. »

Mais, tristement, le droit d'asile n'est pas accordé en fonction du travail que fournissent les individus qui le demandent. Le souci m'empêchait de dormir la nuit et je craignais de rater mes examens.

Comme j'étais devenu un adulte aux yeux de la loi, j'ai dû déménager de chez Sean et Karen : on m'a donné un logement indépendant au centre-ville de Bolton. J'avais passé deux ans chez eux et ne voulais pas en partir. Cela avait été la meilleure période de ma vie depuis mon enfance. Heureusement, ils sont restés très proches et très présents, à m'encourager dans mon travail en dépit des incertitudes concernant mon éventuelle expulsion.

Les résultats de mes *A levels* ont été meilleurs que ce que j'espérais : j'ai été enchanté d'avoir un A et deux B. J'ai aussi obtenu un A étoile pour mon projet sur les réfugiés. En plus, un prix d'excellence a sanctionné mes études au lycée. Pas si mal pour un garçon qui, quatre ans plus tôt, parlait à peine quelques mots d'anglais et arrivait en Angleterre dans un camion de bananes.

Finalement, la nouvelle est arrivée : on m'accordait l'asile. J'ai pleuré de joie en lisant et relisant la lettre qui l'annonçait.

En pachto, nous avons une expression qui se traduit à peu près par « se sentir trop gros pour ses habits à cause de la fierté ».

Cinq ans après que le bateau avait presque chaviré en mer Égée, je me suis trouvé dans l'hôtel de ville de Burnley avec, à mes côtés, Karen et Sean. Je m'étais mis sur mon trente et un pour l'occasion, et me sentais définitivement trop gros pour mes vêtements : on m'avait choisi pour porter la flamme qui traversait le pays en direction de Londres et des Jeux olympiques de 2012.

Mme Brodie, que, désormais j'appelais « maman numéro 2 » m'avait suggéré de déposer une demande pour le faire.

— Qu'avons-nous à perdre, Gulwali ?

Les rues étaient bordées de gens qui applaudissaient et agitaient des drapeaux. Je ne pense pas que j'aurais pu aimer plus mon pays d'adoption qu'à ce moment-là. J'avais de tous les côtés des policiers qui m'accompagnaient, et la foule était en extase. J'ai essayé de marcher lentement mais l'excitation me faisait bondir. J'ai embrassé le flambeau, rayonnant de fierté et d'amour, avec la conscience que ce moment qui changeait une vie était une des choses les plus importantes que je ferais jamais.

Souvent, durant mon voyage vers la liberté, j'avais songé à renoncer et rentrer. Une pensée m'avait permis de continuer : ma mère m'avait envoyé au loin pour me sauver la vie, ce qui était le plus grand sacrifice qu'une mère puisse faire. Tandis que je courais dans les rues de ma seconde patrie, que la torche brûlait en jetant de vives clartés, que les gens applaudissaient et prenaient des photos, je n'avais qu'une seule pensée en tête : « elle ».

À ce moment-là, je savais sans aucun doute possible que je ne l'avais pas déçue.

CHAPITRE TRENTE-TROIS

Je suis brutalement revenu sur terre le lendemain.

Le journal local avait publié une histoire de moi portant la flamme olympique. Très excité, j'ai démarré mon ordinateur pour lire l'article en ligne. Il y avait ma photo et quelques mots gentils pour dire à quel point participer à un événement aussi spécial avait compté pour moi. Puis j'ai remarqué les nombreux commentaires, des propos méchamment racistes qui demandaient de quel droit j'avais fait ça et pourquoi je ne retournais pas dans mon pays. J'ai préféré en rire. Je n'aimerais rien tant que d'y revenir, si je le pouvais. D'autres disaient que c'était une honte qu'on m'ait accordé cet honneur alors que des Anglais plus méritants auraient dû avoir la place. D'accord, nombre de gens le méritaient aussi, mais ma candidature avait été sélectionnée, cela me rendait-il tellement exécrable ? J'avais été si fier d'avoir ma petite place dans quelque chose d'aussi vaste et merveilleux que les Jeux olympiques, quelque chose qui transcende les races et les politiques !

Ces commentaires m'ont profondément blessé. C'était la première fois que j'avais affaire à des racistes virulents. Je ne parvenais pas à m'ôter leurs propos de la tête.

Certains jours, je m'éveillais en me disant : « Si les gens me haïssent tellement dans ce pays, pourquoi ne les détesterais-je pas en retour ? » C'était eux qui avaient bombardé mon pays, après tout ! N'était-ce pas leur faute si mon enfance avait été ruinée et si j'avais dû parcourir une moitié du monde ? Chaque fois que je voyais dans le miroir mon visage marqué de cicatrices, je me rappelais Calais et l'horreur que vivaient les gens pris au piège là-bas. Je me sentais tellement coupable d'y avoir échappé, alors que d'autres y étaient toujours coincés. Mes cauchemars ont empiré.

D'autres jours, j'avais juste envie de ne pas me lever du lit. Ma famille me manquait, et sans Hazrat, ma vie était plus difficile à tous points de vue. Pour empirer les choses, Qamandin était sous la menace d'une expulsion. Et pour couronner le tout, j'ai dû affronter les reproches de quelques autres musulmans qui m'ont accusé d'avoir retourné ma veste en portant la flamme. J'ai eu l'impression que je ne m'en tirerais pas, quelle que soit mon ardeur à me battre.

Comme quand les choses allaient mal durant mon voyage, j'ai trouvé une consolation dans la prière et la contemplation. Dieu ne m'avait pas abandonné jusqu'alors, il ne l'a pas fait à ce moment-là.

J'aimais discuter d'idéaux religieux avec d'autres musulmans et des proches ayant d'autres croyances. Du fait de mes activités, j'avais désormais des amis hindouistes, chrétiens ou israélites. Je respectais les valeurs et les traditions que nous avions en commun, mais parler avec eux renforçait ma propre foi. Je suppose qu'il s'agissait d'un processus similaire à celui que j'avais déjà traversé sur le plan culturel :

apprendre à céder et à plier mais, en même temps, accepter et aimer qui j'étais et ce en quoi je croyais.

Ma tête était en perpétuel bouillonnement ; je me demandais pourquoi tant de pensées m'assaillaient en permanence. En fait, je crois que cette activité intellectuelle constante était une sorte de mécanisme de défense : dès que je cessais d'être occupé ou de penser à progresser, je me sentais de nouveau déprimé et en colère.

En 2012, j'ai commencé l'université. Le travail ayant payé, j'avais obtenu une place à Manchester pour étudier les sciences politiques. Le moment où j'ai traversé le domaine universitaire, le premier jour, a été un des plus heureux de ma vie. Je ne pouvais pas m'arrêter de sourire. J'étais nerveux, car il y avait là des étudiants très nombreux issus de tous les milieux sociaux. Et j'étais toujours un peu paniqué de voir des filles en jupes ou en robes courtes – les vieilles habitudes meurent difficilement ! Je savais toutefois qu'elles avaient autant que moi le droit d'être là. Elles avaient travaillé dur pour gagner leur place. Ce jour-là, tous les étudiants de première année ne formaient plus qu'un.

Bien sûr, je n'ai pas fait grand-chose de ce qui est traditionnel pendant la semaine d'intégration, par exemple se soûler ou aller à des fêtes délirantes. Mais j'ai participé à quantité d'autres événements ; je m'y suis bien amusé et me suis fait des amis rapidement. J'ai senti que j'allais trouver mon rythme avec les amphithéâtres, les livres et le désir fiévreux d'apprendre.

En rentrant chez moi le troisième jour, fatigué mais content, j'avais la tête appuyée contre la vitre du bus, quand quelque chose d'étrange s'est produit. J'ai de nouveau entendu la voix de mon grand-père maternel, cette voix que j'avais entendue au moment de passer la frontière entre l'Iran et la Turquie pour la seconde fois.

— La vie est une éducation, Gulwali !

Je jure que j'ai entendu ces mots aussi nettement que si le vieil homme s'était tenu juste à côté de moi.

Pourtant, une fois de plus, au moment où je me croyais stabilisé, le tapis émotionnel a glissé sous mes pieds. Un matin de ma quatrième semaine à l'université, en m'éveillant, je me suis senti incapable de sortir du lit. J'avais eu un des pires cauchemars de ma vie, et je ne pouvais tout simplement pas lever la tête de l'oreiller. Je me sentais en état de choc, paniqué.

La simple idée de sortir et, plus encore, d'aller à la fac, me remplissait de terreur. Je suis resté au lit toute la journée tandis que le réveil égrenait des minutes pleines de souffrance qui paraissaient des heures. Ç'a été un des pires jours de ma vie, un des plus effrayants. Je sentais la haine, l'amertume et la colère flotter dans la pièce aussi nettement que s'il s'était agi de présences physiques. Je les ai entendus murmurer mon nom tandis que leurs tentacules pénétraient dans mon âme pour essayer de me faire succomber à leur poison. Un ciel sans lueurs tombe pour toujours sur certaines parties du voyage qu'accomplit tout un chacun, peu importe où il se trouve. Il m'aurait été si facile de renoncer ce jour-là ou, peut-être, d'assister à une réunion extrémiste ou, même, d'essayer de me tuer de nouveau. Si j'avais eu assez de comprimés à portée de main, je crois que j'aurais pu le faire.

Je suis resté allongé là, les rideaux fermés, à me fondre dans l'obscurité tout en essayant de me concentrer seulement sur ma respiration et en m'efforçant, vainement, de faire taire les voix qui me faisaient la guerre dans ma tête. Je me suis tourné. De fins rais de soleil apparaissaient en haut du rideau et, avec eux, est venu l'étrange réconfort d'une prise de conscience lente à naître : le jihad.

J'ai sorti mon coran et j'en ai tourné les pages, à la recherche du mot absolu de Dieu, celui écrit pour le jour du jugement. Je suis tombé sur les pages relatives au jihad. Pour la première fois, j'ai compris ce que ce mot signifie. Non pas au sens faussé et manipulé de « guerre sainte ». C'est l'interprétation erronée qu'utilisent ceux qui agissent au nom de l'islam pour commettre des actes terroristes visant à tuer indistinctement des gens innocents. Le sens littéral de jihad est « lutte » ou « effort » – la guerre sainte à l'intérieur de soi. C'est la bataille que j'ai livrée à moi-même pendant tout ce temps, la confusion et la douleur qui m'ont traumatisé depuis que j'avais fui l'Afghanistan. Et, je le comprends maintenant, cette bataille, il me faudra continuer de la mener. Le jihad est la lutte intérieure à laquelle nous sommes tous confrontés ; c'est un combat que nous devons mener de diverses façons – peu importe la foi qui est la nôtre, peu importe si nous vivons sans aucune foi.

Ce jour-là, tandis que le soleil continuait d'envahir ma chambre, j'ai su sans plus aucun doute que j'avais besoin de mon jihad pour pouvoir continuer à aimer. Je livrais le jihad pour vivre.

ÉPILOGUE

Il existe un autre dicton pachtoune : « Il n'y a pas assez de temps dans cette vie pour l'amour. » Je me demande comment les gens en trouvent pour la haine.

J'aurais pu très facilement mener une vie de haine. J'avais douze ans quand mon père et mon grand-père ont été tués. Tout ce que j'aimais et respectais, ce qui comptait et avait de l'influence pour moi m'a été arraché en un instant.

Il m'aurait été plus facile de choisir la colère. C'est dans mes gènes. En tant que Pachtoune, les notions d'honneur et de famille sont au cœur de mon identité. Nous sommes attachés aux concepts de vengeance et de vendetta qui peuvent durer des générations. La violence appelle la violence.

La décision de partir n'a pas été la mienne mais celle de ma mère qui a fait montre de sagesse en nous envoyant en Europe. Elle savait que si nous étions restés au pays, le résultat aurait été sanglant et horrible – pas un acte grandiose d'honneur et de justice. Pourtant, très souvent, je me suis senti déconcerté, désespéré et enragé par cette décision qui a fait de mon enfance un jeu brutal pour survivre. Souvent, au long de cet effroyable voyage, j'ai failli échouer, renoncer ou même mourir.

En partie, j'ai été sauvé par la chaleur humaine et la gentillesse des amis que je me suis faits et qui ont veillé sur moi. Avant tout, ce livre porte sur la foi, l'espoir et l'optimisme. J'espère aussi qu'il parle d'implication et d'engagement envers les autres êtres humains. Une histoire de gentillesse, d'amour, d'humanité, de fraternité.

Baryalai, cet homme bon qui prit l'enfant perdu que j'étais sous son aile protectrice, a fini par atteindre le Royaume-Uni. Nous nous sommes retrouvés en 2008, et nous nous sommes revus plusieurs fois. Nous avons perdu le contact voilà trois ans. Il a disparu. J'ai peur qu'il ait été expulsé ou qu'il soit entré dans la clandestinité. Son nom est un des rares du livre à ne pas avoir été modifié car j'espère qu'il lira ceci et qu'ainsi nous pourrons nous retrouver.

Mehran, le perpétuel plaisantin qui m'a aidé à tenir le coup avec son humour, habite le Grand Manchester. Il travaille dans le secteur hospitalier et va très bien.

Tristement, je n'ai plus eu de nouvelles d'Abdul – le quatrième membre de notre groupe primitif – depuis le bus, en Iran. J'ignore s'il a finalement pu se mettre en sûreté.

Je n'ai pas non plus revu Shah ou Faizal depuis qu'on nous a fait monter dans des véhicules différents, en Turquie.

Tamim, lui, a atteint le Royaume-Uni en 2009, mais je n'ai plus de nouvelles depuis 2012. Je crains qu'il ait été expulsé lui aussi.

Je n'ai pas revu Jawad depuis Istanbul mais nous sommes en contact par courriels. Il vit et travaille en Grèce désormais.

Hamid, de tous le plus brillant, vit à Londres. Il étudie pour devenir médecin. Je sais qu'il est promis à une brillante carrière. Son ami Ahmad habite Londres également. Il attend du ministère de l'Intérieur l'autorisation de rester au Royaume-Uni.

Jan, Qamandin et l'Ingénieur ont réussi à passer eux aussi. J'ai vu l'Ingénieur pour la dernière fois à Manchester en 2009. Il se comportait bien et étudiait au collège, pourtant le ministère a refusé sa demande d'asile. Il a dû quitter la Grande-Bretagne. Qamandin habite le Kent pour le moment ; lui aussi, se bat pour obtenir le droit de rester. Shafique et moi sommes toujours de proches amis mais, jusqu'à présent, il n'a pas obtenu de réponse définitive du ministère de l'Intérieur. J'essaie de le soutenir dans ses démarches.

Hazrat est revenu d'Afghanistan en 2014 après avoir passé trois ans passés à aider notre famille. Son sort est en débat au ministère.

J'appelle ma mère une fois par semaine. Mais de toutes les choses que j'ai dû traverser, la pire est peut-être que nous ne nous comprenons plus quand nous conversons. J'essaie de lui parler de mon militantisme, de mes examens, de mes campagnes mais ma vie en Angleterre est si différente de celle que je menais au pays qu'elle semble se dérouler sur une autre planète. En l'envoyant au loin, elle a sauvé son fils en même temps qu'elle l'a perdu. De tous, c'est elle qui paie le prix le plus élevé. Mais elle demeurera à tout jamais mon inspiratrice, de même que ma grand-mère qui est morte il y a deux ans. Nous avons pu discuter au téléphone alors qu'elle était mourante. Elle m'a dit qu'elle m'aimait et je lui ai dit que je l'aimais. J'ai souffert de ne pas pouvoir la tenir par la main et lui caresser les cheveux au moment où elle rendait son dernier souffle.

Avec un peu de chance, les possibilités et l'éducation qu'on m'offre ici me permettront de trouver du travail dans quelque chose comme les Nations unies. C'est mon but quand j'aurai obtenu mes diplômes. Après quoi, j'espère pouvoir effectuer le voyage inverse pour rentrer m'occuper de mes compatriotes. Mon rêve ultime serait de devenir un homme politique ou, même, président de l'Afghanistan.

Je crois que la foi et le destin m'ont fait effectuer mon voyage, et je veux remercier du fond du cœur la Grande-Bretagne de m'avoir accepté. J'espère que je lui ai donné quelque chose en retour. Pour autant, je n'ai jamais envisagé d'y rester définitivement. Mon pays sera toujours mon pays, et, chez moi, c'est en Afghanistan. Seulement, à présent, je sais de quoi je suis vraiment fier : d'être un citoyen du monde.

Par mon militantisme et mes engagements, j'espère que j'ai contribué à améliorer la vie d'autres jeunes et à aider les gens à comprendre la détresse des réfugiés et des demandeurs d'asile. Mon ancienne école a créé un prix qu'elle a appelé « Prix Gulwali Passarlay pour surmonter l'adversité ». Que je puisse inciter des jeunes à travailler dur et à s'en sortir est fabuleux !

En fin de compte, c'est pour ça que j'ai voulu écrire ce livre.

Cependant, il y a encore des jours, même maintenant, où je m'éveille après un cauchemar particulièrement éprouvant et où tout ce que je peux faire de mon temps, c'est attendre qu'il passe. Mes cauchemars ne me lâcheront jamais. Pas plus que le souvenir de ceux que j'ai perdus ou les visages des migrants apeurés et vulnérables que j'ai croisés au cours de mon voyage. Est-ce que la petite fille au bonnet bleu que j'ai vue alors que nous passions en Turquie est arrivée quelque part saine et sauve ? Je n'ai pas idée de qui elle était ni de quelle région ravagée par la guerre sa famille avait fui, mais son visage sale et inondé de larmes, ses yeux pleins de terreur sont à jamais gravés dans mon âme. Je ne pourrai jamais l'effacer de ma mémoire et n'essaierai pas. L'ennemi de l'amour, ce n'est pas la haine, c'est l'indifférence. L'ennemi de l'amour, c'est le fait de toujours détourner le regard de ceux qui sont dans le besoin. C'est de ne rien faire alors qu'on peut aider son semblable.

La crise des réfugiés est la plus grande crise qui nous frappe depuis la Seconde Guerre mondiale. Elle trouve son origine dans les conflits, les guerres, la pauvreté, l'injustice et l'oppression. Il est de notre devoir de traiter ces êtres humains qui fuient avec dignité et respect. Nous ne pouvons pas ignorer que ce sont des guerres récentes en Irak, en Libye, en Syrie ou en Afghanistan qui sont la cause de cette crise. Pas plus que nous pouvons prétendre que le désir qu'a l'Occident d'acheter des produits moins cher ou de posséder les derniers objets à la mode en les payant un prix avantageux ne contribue pas à la pauvreté et à l'inégalité.

La vraie liberté, comme la vraie démocratie, est une rue à double sens. Elles exigent que les gens s'informent sur le monde qui les entoure. Pour cela, il faut un esprit honnête et curieux, qui questionne toutes les opinions sans jamais en haïr aucune. Si quelqu'un veut être libre, il lui faut comprendre quelles sont les chaînes qui l'emprisonnent. L'Internet et les réseaux sociaux facilitent énormément la dissémination des idées. Il n'y a pas moyen de faire marche arrière là-dessus ; nous devons donc vivre avec. Cela peut s'avérer très positif comme cela peut se révéler destructeur. Les causes sont puissantes et, désormais, elles parcourent des distances énormes instantanément.

Quand des immigrés ou des réfugiés ne se sentent pas les bienvenus ou sont mis à l'écart de la société, c'est alors qu'ils se retournent contre elle. Beaucoup de jeunes musulmans trouvent injuste qu'on leur demande constamment de s'excuser pour le terrorisme ou qu'on le leur reproche alors qu'il n'a rien à voir avec eux ni avec leur façon de vivre. Prenez l'exemple d'Ahmed, ce petit garçon qui a apporté une horloge à l'école. Tout ce qu'il voulait, c'était la montrer fièrement à son professeur. À la place, on l'a soupçonné de vouloir fabriquer une bombe, et on l'a emmené les menottes aux poignets. Ce que j'ai aimé, cependant, ç'a été la façon dont des Américains de tous âges et de toutes cultures l'ont soutenu. Son père a déclaré que c'était ça qui « faisait l'Amérique ». L'Amérique a des citoyens de tous les milieux qui l'aiment ; le fait que le « rêve américain » soit encore possible explique pourquoi tant de migrants s'y précipitent. Elle a aussi, hélas ! ses extrémistes. Pour nous attaquer à eux, il nous faut les comprendre.

Beaucoup sont mus par la notion romantique de combattre, peut-être, même, de mourir, pour une cause juste. C'est sans doute la raison pour laquelle des jeunes gens issus de tous les milieux sociaux courent le risque de se radicaliser, qu'il s'agisse d'un jeune blanc frustré qui entre dans une église de Noirs et tire sur d'innocents fidèles, du fils désespéré d'un pêcheur somalien qui ouvre le feu dans un centre commercial kenyan ou encore d'une écolière française qui ne supporte pas les contraintes de la vie et cherche l'aventure et l'accomplissement de soi dans le monde excitant qu'offrent les faux prophètes du soi-disant État islamique – un groupe de gens qui ne sont en rien représentatifs de l'islam.

Une réflexion assumée mène à des réponses assumées. Notre monde est un endroit qui change vite – mais de plus en plus de gens demeurent retranchés dans le même mode de pensée que les anciennes générations. Je ne vois pas comment cela peut les aider.

Tout au long de mon parcours, j'ai reçu le soutien de nombreux amis qui m'ont aidé à continuer. Et c'est toujours le cas jusqu'à ce jour. Aucun de nous ne voyage seul dans la vie. Nous avons tous le pouvoir d'aider ceux qui nous entourent ou de leur faire du mal. Ce sont nos choix qui définissent nos chemins, déterminent nos itinéraires personnels et font de nous la personne que nous sommes.

Je veux vous remercier d'avoir lu mon livre et d'avoir pris part à mon voyage. Vraiment. Merci. Mais, s'il vous plaît, ne changez pas le monde pour moi. Faites-le pour les autres enfants qui se trouvent là-dehors, perdus et effrayés alors qu'ils sont en quête de sécurité. Faites-le pour les mères qui préfèrent envoyer leurs enfants dans l'inconnu plutôt que de les voir mourir de faim ou sous les bombes. Faites-le pour que plus aucun enfant ne doive jamais s'éveiller sous un ciel sans lueurs de la même façon que moi.

Si je fais un seul rêve, c'est celui-ci : que, dans le futur, un enfant lise ce livre et demande : « C'est quoi un réfugié ? »

Nous pouvons changer le monde. Tous ensemble ! Nous le pouvons. Nous pouvons en finir avec ça.

NOTE DE LA COAUTEURE

Au cours de son voyage de plus d'un an à travers huit pays, Gulwali a souffert plus qu'un enfant de douze ans l'aurait dû.

Il n'est pas le seul.

En 2014, vingt-trois mille cent demandes d'asile ont été déposées dans les vingt-huit pays de l'Union européenne par des mineurs non accompagnés – des personnes de moins de dix-huit ans qui y entrent sans un adulte (parent ou tuteur). Aujourd'hui, dans le monde, la moitié des réfugiés sont des enfants. Alors que nous écrivions ce livre, durant l'été 2015, un rapport du Haut Commissariat des Nations unies pour les réfugiés, *Le Monde en guerre*, a publié de nouvelles statistiques très choquantes montrant que les déplacements mondiaux de population étaient à leur plus haut niveau jamais enregistré. À la fin 2014, cinquante-neuf millions et demi d'hommes, de femmes et d'enfants avaient été déplacés du fait des guerres, des conflits ou des persécutions.

S'il s'agissait du nombre d'habitants d'un pays, ce dernier serait au vingt-quatrième rang mondial pour la population.

Dix ans plus tôt, ce chiffre s'élevait à trente-sept millions et demi. Cette augmentation prodigieuse est due à plusieurs facteurs parmi lesquels figurent des conflits, des répressions politiques ou des catastrophes naturelles. Certains experts pensent que, d'ici à 2050, les changements du climat pourraient générer cent cinquante millions de réfugiés climatiques, comme on les appelle.

Les raisons qui amènent les gens à fuir leur pays peuvent changer ou apparaître d'un moment à un autre. Pour l'instant, c'est la Syrie qui compte le plus grand nombre de réfugiés ; à l'époque où Gulwali a effectué son périple, c'était l'Afghanistan. Ce qui ne varie pas, c'est la façon dont les passeurs opèrent. Il est peut-être plus facile de décrire l'activité de ces derniers en comparant ses structures à celles d'une entreprise commerciale ou industrielle.

Au plus haut niveau se trouvent les agents nationaux, puissants mais qu'on voit rarement – l'équivalent du PDG. Ces hommes contrôlent le trafic de tout un pays. Ils utilisent des pseudonymes. Variés : Gulwali connaissait le sien seulement sous le nom de Qubat. Sa famille l'a rencontré une fois et lui a versé 8 000 dollars – la somme convenue pour emmener Gulwali jusqu'en Italie.

L'argent avait été déposé entre les mains d'un tiers accepté par les deux parties, et c'était seulement quand Gulwali passait une frontière que celui-ci versait une partie de la somme à Qubat. À ce niveau, les agents bâtissent leur commerce sur leur réputation : il n'est pas dans leur intérêt de tricher ou d'échouer. Mais il faut souligner que si Gulwali était mort en route, aucun argent n'aurait été restitué, et la famille aurait dû effectuer l'intégralité des paiements. J'ai interrogé plusieurs familles dont les enfants étaient morts et pour qui les choses s'étaient passées ainsi.

Au-dessous d'eux se trouvent les agents régionaux – les hommes qui contrôlent une partie d'un pays, des espèces de directeurs généraux. Malik, l'homme à l'attaché-case que Gulwali a rencontré en Turquie, appartient à cette catégorie. Ils se situent souvent au point de rencontre entre l'activité de passeur et divers trafics illégaux : ils tirent profit des deux.

Le trafic de migrants – une activité dont le chiffre d'affaires mondial est estimé à 7 milliards de dollars – est défini ainsi par l'ONU et Amnesty International : « procurer à une personne, pour un profit financier ou un autre bénéfice matériel, une entrée illégale dans un État dont ladite personne n'est pas un ressortissant ou un résident ». D'un autre côté, le trafic d'êtres humains se caractérise par l'exploitation d'un autre être humain en le déplaçant de force et contre sa volonté. La définition de ce trafic selon l'ONU inclut le recrutement, le transport et le recel de gens par la force.

Et encore, comme aimerait le faire remarquer Gulwali, la frontière entre les deux peut se révéler floue. Si un migrant qui se trouve aux mains d'un passeur est forcé de prendre une route dangereuse, comme l'a été Gulwali quand on l'a envoyé en Grèce par voie terrestre, où se trouve la limite entre l'activité de passeur et celle de trafiquant ? Il y a eu plusieurs cas avérés de passeurs qui ont forcé des migrants à monter dans des bateaux incapables d'affronter la mer en les menaçant de leurs armes, qui les ont jetés par-dessus bord ou les ont enfermés dans la cale en les condamnant ainsi à périr noyés. Est-ce une activité de passeur ou de trafiquant ?

L'échelon suivant de l'organisation est celui de la gestion intermédiaire : les gérants de pensions ou les hommes qui peuvent offrir des solutions logistiques spécifiques, tels que les propriétaires d'une flotte de véhicules. Loup Noir entre dans cette catégorie.

Encore en dessous, il y a le niveau opérationnel : les réseaux très fournis d'agents, de capitaines de bateaux, de chauffeurs qu'on paye pour déplacer les gens d'un endroit à un autre. C'est à ce stade que les choses deviennent moins stables et, souvent, tournent mal. C'est à ce stade aussi que les migrants sont les plus vulnérables.

Tout en bas de cet organigramme on trouve des gens comme Serbest, l'homme qui a procuré le cheval et servi de guide pour passer la frontière turque une seconde fois. Gulwali éprouve de la sympathie pour beaucoup de ceux qui œuvraient à ce niveau parce que, souvent, ils luttent pour survivre dans des situations de grande pauvreté ou de guerre, pas très différentes, au fond, de la sienne.

Tout au long de ce livre, les noms et certains détails ont été modifiés pour protéger les identités ; certains personnages ont été omis. Nous avons cherché à être aussi précis que possible mais il convient de rappeler qu'il s'agit des souvenirs parfois brumeux d'un enfant de douze ans. Les dates et le temps se sont mélangés le long de la route. Gulwali avait une notion des mois basée sur le temps qu'il faisait, mais son voyage l'a mené depuis des cols de haute montagne jusqu'à des sous-sols étouffants, ce qui lui a fait parfois éprouver des difficultés à l'évaluer.

Ce qui est décrit ici comme centre de rétention peut avoir été une prison et vice versa. Souvent, l'endroit où il était détenu n'était pas défini à ses yeux : il savait seulement qu'il se trouvait incarcéré.

Revenir sur les détails a été douloureux et traumatisant pour l'auteur.

Gulwali, comme la plupart des Afghans, est doué pour les langues ; il apprend des expressions rapidement. Comme il le dit : « Il le fallait, pour pouvoir survivre. » Son anglais s'est développé vite parce que c'est une langue utilisée partout en Europe par beaucoup de policiers et de fonctionnaires pour essayer de communiquer avec les migrants. Toutefois, à certains endroits du livre, nous avons pris quelques libertés relativement à sa compréhension de cette langue en sorte de soutenir la narration.

Nous n'avons pas pu inclure toutes les histoires, toutes les voix ni toutes les personnes qu'il a rencontrées en route, même si nous aurions aimé le faire. Par-dessus tout, Gulwali et moi espérons que ce livre donnera une voix et un visage humains à la crise des réfugiés. Le simple fait qu'il existe garantit que ces gens n'ont pas été oubliés.

Au moment où nous écrivons, fin juillet 2015, nous savons que plus de deux mille hommes, femmes et enfants se sont noyés dans la Méditerranée depuis le début de l'année. Leur nombre réel pourrait bien être bien plus important. Leur histoire s'est terminée comme ce livre commence. Gulwali aurait pu être de leur nombre : sa voix se serait étouffée dans les profondeurs d'une froide mer.

Je vous laisse avec cette pensée.

Nadene Ghouri, août 2015

REMERCIEMENTS

Je voudrais remercier tous ceux qui m'ont aidé tout au long du voyage de ma vie.

Mais des remerciements particuliers à :

Tous ceux avec qui j'ai voyagé et qui m'ont aidé à rester sain et sauf. Ma travailleuse sociale, Nassi. Tous les enseignants de *Starting Point* et, en particulier, Katy Kellett qui a cru en moi et s'est battue pour moi, et Chris Brodie, mon mentor, ma meilleure amie et seconde mère.

Merci à toute l'équipe de l'Essa Academy, en particulier à M. Badat, Mme Reid et Mme Grills pour m'avoir aidé à trouver ma voix dans le domaine de la politique et du militantisme. Et aussi à Mme Bolton que je suis allé voir chaque fois que je me sentais abattu ou bouleversé.

Merci à tout le monde au Bolton Sixth Form College, en particulier à MM. Hindle et Ivory, qui, tous les deux, m'ont instruit et encouragé. Et à tous à l'université de Manchester, en particulier le docteur Julian Skyrme.

À Kath Evans du NHS anglais, qui a été pour moi une source d'inspiration. À Clara Steele, du service d'aide aux enfants de Bolton, qui m'a impliqué dans la représentation des jeunes.

Aux divers membres et responsables d'organisations pour la jeunesse que j'ai rencontrés à l'occasion de divers comités, commissions, forums et groupes – vous êtes formidables !

À Julie Hilling, MP, pour les lettres de soutien qu'ils ont envoyées au Bureau de l'Intérieur.

Merci à Roya, pour tout son soutien émotionnel et moral et à Sahrish pour son amitié, sa prévenance et son admiration.

Je suis à tout jamais débiteur envers mes parents d'adoption, Sean et Karen, pour la chaleur humaine, l'amour et le soutien qu'ils m'ont apportés ainsi que pour m'avoir permis de partager leur foyer et leur vie familiale.

À Nadene Ghouri qui m'a inspiré et sans qui je n'aurais pas écrit ce livre. Sa passion et son enthousiasme m'ont permis d'aller jusqu'au bout tant elle m'a aidé dans le stress et la souffrance. Merci aussi à son époux, Sam Robertson, et à tout le monde chez Gladstone's Library pour nous avoir si bien soignés durant le processus d'écriture.

Enfin, merci à mon merveilleux agent, Brandi Bowles, et à tout le monde chez Harper One pour avoir cru à ce livre et en avoir fait une réalité.

Il y a tant d'autres gens qui ont fait partie de mon voyage. Je suis désolé si votre nom ne figure pas ici mais j'espère que vous savez à quel point vous êtes importants pour moi. Je suis débiteur envers un trop grand nombre de personnes.

NOTE SUR LES AUTEURS

GULWALI PASSARLAY a été envoyé loin d'Afghanistan alors qu'il était un jeune garçon pour fuir le conflit qui avait déjà coûté la vie à son père. Après un voyage extrêmement tortueux à travers huit pays, Gulwali est arrivé au Royaume-Uni un an plus tard. Depuis, il se consacre aux études. Désormais âgé de vingt et un ans, il est en train de préparer un diplôme de sciences politiques à l'université de Manchester. Gulwali est membre de divers mouvements ou associations prestigieuses dans le domaine politique, caritatif ou militant, ce qui constitue autant d'étapes dans la quête de son but ultime : participer à l'élection présidentielle afghane.

En 2012, il s'est vu inviter à porter la flamme olympique.

NADENE GHOURI est une journaliste qui a reçu plusieurs récompenses professionnelles et a été correspondante locale à la fois pour la BBC et Al Jazeera en anglais. Elle est coauteure des best-sellers publiés par le New York Times *The Favoured Daughter* (*Lettres à mes filles*) avec Fawzia Koofi et *Born into the Children of God* avec Natacha Tormey.

Elle a été auteure en résidence à la Gladstone's Library, au Pays de Galles.

Nadene Ghouri a aussi conseillé le *Foreign Office* (le ministère britannique des Affaires étrangères) et plusieurs ONG sur les communications stratégiques et de consolidation de la paix. Elle a aussi formé des journalistes et participé à la création de stations de radio dans les pays les plus dangereux du monde.

TABLE DES MATIÈRES

« Pour l'éditeur, le principe est d'utiliser des papiers composés de fibres naturelles, renouvelables, recyclables et fabriquées à partir de bois issus de forêts qui adoptent un système d'aménagement durable. En outre, l'éditeur attend de ses fournisseurs de papier qu'ils s'inscrivent dans une démarche de certification environnementale reconnue. »

Édité par la Librairie Générale Française – LPJ
(58, rue Jean Bleuzen, 92170 Vanves)

Composition PCA

Achevé d'imprimer en décembre 2022, en France par
La Nouvelle Imprimerie Laballery
58500 Clamecy (Nièvre)
N° d'impression : 212248
Dépôt légal 1re publication : mars 2018
Édition 03 - janvier 2023

80.2883.3 / 03 – ISBN : 978-2-01-626558-1

Loi n° 49-956 du 16 juillet 1949 sur les publications destinées à la jeunesse

Dernier dépôt légal : janvier 2023